ゴシック建築リブヴォールトのルーツ

五島 利兵衛

中央公論美術出版

目　次

第1章　序論 …………………………………………………… 3
　序 …………………………………………………………… 3
　1　本研究の目的 ………………………………………… 5
　2　本研究の位置づけ …………………………………… 7
　3　リブ論争と施工法からみた問題点 ………………… 8
　4　リブヴォールトの施工法に関する既往の研究の概要 …… 15
　　4-1　伸縮せき板工法 ……………………………… 15
　　4-2　全面板張工法 ………………………………… 18
　　4-3　固定せき板工法 ……………………………… 20
　　4-4　石塊・ロープ工法 …………………………… 22
　　4-5　近年のフリーハンド工法 …………………… 24
　　4-6　まとめ ………………………………………… 26
　5　本書の課題と構成 …………………………………… 29
　付論　石の文化を理解する2つのキーワード ………… 31

第2章　リブ論争とルーツ ………………………………… 35
　序 …………………………………………………………… 35
　1　古典説について ……………………………………… 36
　　1-1　古典説の問題点 ……………………………… 36
　　1-2　「交差リブヴォールト」という名称 ……… 38
　　1-3　リブ論争について …………………………… 39
　　1-4　ジルマンの主張について …………………… 40

1-5　サブレ、アブラムの主張について……………………… *42*
　　1-6　ドーム状リブヴォールトについて……………………… *45*
　　1-7　リブヴォールトの成立史に関する考察………………… *46*
　2　「ドーム状リブヴォールト＝ペンデンティブドーム」
　　　という史観の可能性について……………………………… *48*
　　2-1　ドーム・ルーツ説の検討………………………………… *48*
　　2-2　リブヴォールトの形状の変遷について………………… *51*
　　2-3　石層の問題について……………………………………… *54*
　　2-4　支点数について…………………………………………… *56*
　　2-5　アーチ、リブの機能について…………………………… *59*

第3章　ケルン大聖堂内陣石造天井の形態分析………………… *67*
　序……………………………………………………………………… *67*
　1　リブヴォールトNo.90の現況……………………………………… *69*
　2　リブヴォールトNo.90の幾何学的形態分析 …………………… *72*
　3　壁付きアーチ、A-A'断面………………………………………… *74*
　4　横断アーチ、B-B'断面の分析…………………………………… *74*
　　4-1　横断アーチの分析について……………………………… *74*
　　4-2　横断アーチの分析結果について………………………… *75*
　　4-3　横断アーチ側断面図における
　　　　　ウェブ頂線の曲率について………………………………… *76*
　5　交差リブ、C-C'断面の分析 …………………………………… *76*
　　5-1　交差リブの分析について………………………………… *76*
　　5-2　横断アーチと交差リブの形態関係について…………… *77*
　　5-3　交差リブと腰固めの幾何学的関係について…………… *78*
　6　まとめ……………………………………………………………… *78*

　　添付資料　No.90リブヴォールト実測図…………………… *83*

第4章　リブヴォールトの腰固めと施工順序 …………………… 85
　序 ……………………………………………………………………… 85
　1　ヴォールトの分解と破壊関節の位置 ……………………………… 86
　2　腰固めの実際の高さとその決定方法 ……………………………… 88
　3　施工過程における腰固めの機能 …………………………………… 92
　4　シュジェールの記録から見た腰の先固めの推定 ………………… 97
　5　まとめ ………………………………………………………………101

　　　添付資料　フリーハンド工法の発見者ジョアン・
　　　　　　　　クラウディウス・フォン・ラッソーについて ……107

第5章　石造天井殻迫石積み型式の分類と表記法 ……………111
　序 ………………………………………………………………………111
　1　フィッチンの主張の検討 …………………………………………113
　2　ドーム状ヴォールト殻迫石積み型式分類表 ……………………116
　3　表記法の一般化 ……………………………………………………119
　4　まとめ ………………………………………………………………126

第6章　ケルン大聖堂内陣石造天井一部実物大模型実験 ……131
　序 ………………………………………………………………………131
　1　第1実験 ……………………………………………………………132
　　　1-1　実物大模型によるフリーハンド
　　　　　　施工実験の目的と実験の条件 …………………………132
　　　1-2　実験装置 ……………………………………………………134
　　　1-3　石層フレームによる迫石ずり落ち実験 …………………135
　　　1-4　補助工法としての支柱工法による
　　　　　　実験（第1実験）とその考察 …………………………137

2　第2実験 …………………………………………… *140*
　　　　2-1　改良装置による実験 …………………………… *140*
　　　　2-2　実験の目的と条件 ……………………………… *141*
　　　　2-3　実験装置の改良 ………………………………… *142*
　　　　2-4　実験の内容と結果 ……………………………… *145*
　　　　2-5　実験結果の考察 ………………………………… *147*
　　3　第3～第5実験 …………………………………… *148*
　　　　3-1　第3～第5実験の目的と条件 ………………… *148*
　　　　3-2　第3実験の概要 ………………………………… *151*
　　　　3-3　第4実験の概要 ………………………………… *152*
　　　　3-4　第3、第4実験の結果の考察 ………………… *152*
　　　　3-5　第5実験の概要 ………………………………… *155*
　　4　まとめ …………………………………………………… *162*
　　　　添付資料　軟らかいアーチの実験実習 ……………… *163*

第7章　ランス大聖堂西正面の設計法 …………………… *165*
　　序 ……………………………………………………………… *165*
　　1　パッケの中世教会堂の設計基準線の研究 …………… *166*
　　2　ランス西正面へのピタゴラス三角形、16目格子の適用 …… *167*
　　3　双正方形の適用とその適合性 ………………………… *170*
　　4　まとめ …………………………………………………… *172*

第8章　ケルン大聖堂南袖廊の飛梁取替え工事報告 …… *179*
　　序 ……………………………………………………………… *179*
　　1　飛梁の推力 ……………………………………………… *182*
　　　　1-1　構造計算書の概要 ……………………………… *182*

1-2　飛梁の推力 ………………………………………………… *185*
　2　工事概要 ……………………………………………………………… *186*
　　　2-1　工事期間 ………………………………………………………… *186*
　　　2-2　使用された石材とその特性 ………………………………… *186*
　3　リブヴォールトの一部実測 ……………………………………… *188*
　4　セットバックの実測 ……………………………………………… *190*
　5　実測断面図の分析 ………………………………………………… *191*
　　　5-1　双正方形について ……………………………………………… *192*
　　　5-2　4対4のグリッドの適用 ……………………………………… *193*
　　　5-3　9対9のグリッドの適用 ……………………………………… *193*
　6　まとめ ……………………………………………………………… *196*
　付論　　9×9設計法の由来 ……………………………………… *196*
　　　　　添付資料　構造計算書 ……………………………………… *198*

第9章　ライン河流域の教会堂石造天井の調査 …………… *205*
　序 …………………………………………………………………………… *205*
　1　ケルン大聖堂石造天井 …………………………………………… *207*
　　　1-1　身廊、袖廊の石造天井 ……………………………………… *209*
　　　1-2　側廊天井 ………………………………………………………… *209*
　2　ザンクト・アポステルン、ケルン ……………………………… *212*
　3　サン・アントニウス教会堂のフリーハンド改修工事 …… *212*
　　　3-1　調査の経緯 ……………………………………………………… *212*
　　　3-2　改修作業の概要 ………………………………………………… *214*
　4　アーヴァイラーの教会堂 ………………………………………… *217*
　5　クサンテンの大聖堂 ……………………………………………… *218*
　6　サン・マーチン教会堂 …………………………………………… *222*

7　マリア・ラーハ修道院教会堂……………………………………224
　　8　マインツ大聖堂………………………………………………………225
　　　　8-1　身廊天井……………………………………………………225
　　　　8-2　内陣ドーム天井……………………………………………225
　　　　8-3　側廊天井……………………………………………………226
　　9　アーヘン礼拝堂………………………………………………………227
　　　　添付資料　ブロイヤー・ファームのアルバム（抜粋）………230

第10章　結　び……………………………………………………………233
　　1　石積み型式の変化……………………………………………………235
　　2　形態の変化……………………………………………………………236
　　　　2-1　分蓋工法とリブの発生……………………………………237
　　　　2-2　周辺アーチの輪郭機能と高さ調節………………………239
　　3　ドーム状ヴォールトから
　　　　　　　リブヴォールトへの変遷（図解）……………………241

　　　　参照文献目録……………………………………………………247
　　　　図版出典一覧……………………………………………………250
　　　　論文目録及び教材資料…………………………………………253

　　　　あとがき…………………………………………………………265

ゴシック建築リブヴォールトのルーツ

本書は、独立行政法人日本学術振興会平成29年度科学研究費補助金（研究成果公開促進費）の交付を受けた出版である。

第1章　序論

序

　ゴシック建築交差リブヴォールトの研究は、19世紀中期ヴィオレ・ル・デュック（1814-1879, 仏）によって確立された。これを古典説と言う。20世紀に入ると、第1次世界大戦（1914-1918）が起こり、多くの教会堂が被災した。これを契機に、古典説を見直す議論が起こった。それがリブ論争である。リブ論争は小さな論争であるが、ゴシック建築観にかかわる大きな論争である。やがて第2次世界大戦（1939-1945）が起こり、同様に多くの教会堂が被災した。1960年代飯田喜四郎（1924-）は、改めてリブ論争に総合的考察を加えた。本研究の出発点は飯田喜四郎の研究成果である。その成果は次の3点に集約できる。

　①交差ヴォールトにおいてリブ、アーチは装飾である、と言う反古典説は正当である。
　②交差リブヴォールトは、素手（フリーハンド）で施工された可能性がある。
　③交差リブヴォールトの施工法やルーツは不明である。

　本書は、フリーハンドで施工することをフリーハンド工法と称して定式化し、解明する。
　上記3点から、新しいゴシック建築観としてドーム・ルーツ説が誕生する。①の点から、交差リブヴォールトは、単曲面のトンネル・ヴォールトが交差

図1　ケルン大聖堂の内陣東端部：1248年着工1320年献堂。支柱組織とその上部のリブヴォールト天井、支柱間のステンドグラス、黄金の祭壇からなる。身廊幅13.2m（内法）、身廊リブヴォールト天井高さ45.4m（ベイ区画壁上面）。

してできる単曲面交差ヴォールトであるとの考えを放棄することが求められる。①の結論において、交差リブが装飾と言うのは、リブやアーチの先行架構と矛盾する。装飾するものが本体より先に架構されることはないからである。

では、交差リブヴォールトとはどのようなヴォールトなのであろうか。

リブ論争の当初から、交差リブヴォールトは多かれ少なかれ中高であることは議論されている。中高とは、中央が大きく膨らんだ場合ドーム状交差リブヴォールト（ドーム状ヴォールトと略称）で、少ない場合平頭交差リブヴォールト（交差リブヴォールトまたはリブヴォールト、リブ付き交差ヴォールトなどと略称）と呼ばれている。交差リブヴォールトとは交差リブや横断アーチ・壁付アーチの先行架構を前提とした複曲面交差ヴォールトである。

複曲面は、単曲面とは異なりドームの系統に属し、力の流れが水平と縦の2重になるのである。1930年代のリブ論争では交差ヴォールト（単曲面）という固定観念が複曲面を圧倒し、明瞭な結論を得ないまま終了し、第2次大戦後再度表面化、飯田の研究へと繋がる。

①と②のフリーハンド工法の可能性を組み合わせると、オリエント、ビザンチン建築のフリーハンド工法との関連性が考えられる。この点で、先ほどのドーム状ヴォールトは、交差リブの有無の違いはあるがビザンチン建築のペンデンティブ・ドームを祖形とすると考えられる。またこの解釈によって

工法・ルーツの技術史が明瞭になり、③の問題が解決する。

本書では、交差リブヴォールトの祖形は、ドーム状ヴォールトを通じて入ってきたビザンチン・ペンデンティブドームであるとの視点から西欧石造天井でのフリーハンド工法を取り上げて、ドーム状ヴォールトからリブヴォールトへの形態変遷、その過程での交差リブの発生、トンネル・ヴォールトへの変化をも許容する柔軟なヴォールティングを解明する。

1　本研究の目的

本研究は、ゴシック建築石造天井リブヴォールトのルーツの解明に必要な施工法の問題としてその曲面（パネル、ウェブ）がフリーハンド工法 freehand method で造られたと言う推定を理論的に考察し、実験的に検証しようとするものである。フリーハンド工法とは、センタリングやせき板などの仮設材をほとんど使わずに、こて一丁か、こてのほかにごく簡単な補助的道具を使用して、石工がヴォールトのウェブを造ったと推定される工法をいう。フリーハンド工法は古くオリエントやビザンチンの建築で知られている（図2・3）。現在でも庶民住宅の天井として全く素手だけの工法や、簡単なせき板で修理する工法が用いられている（図4・5）。

ゴシック建築は12世紀中期に、パリを中心とする北部フランスで形成されたもので、12世紀後半の過渡的段階を経て、13世紀前半に古典的様式が成立した。それ以降この建築は、フランス全土からヨーロッパ諸国に伝搬し、国際様式となった。この様式は15世紀後半から16世紀まで続き、わずかであるがその遺構は十字軍を通して近東の一部にも見られる。ゴシック建築はキリスト教を共通の宗教とする中世の西欧文明が最高頂に達した時に完成されたもので、他のいかなる時代にも見られないほど巧妙にして洗練された石工技術の上に成り立っている。

中世教会堂建築において最大の課題の1つは、身廊・側廊に石造天井をいかにかけるかということであった。ロマネスクでは、各種の石造天井が用いられたが、ゴシックではほとんどすべての建物でリブヴォールトが用いら

図2 センタリングを用いないで造られたテーベのラメセウムの倉庫室のヴォールト

図3 センタリングを用いないで造られたイスタンブールのハギヤ・ソフィア大聖堂西側ギャラリー付属室のヴォールト

図4 何の支持材も使わずに素手だけでヴォールトを造る。南イラン

図5 ドイツのフリーハンド工法、サンマーチン教会堂改修工事、1990年1月、ブロイヤー・ファームのアルバムから

れた。リブヴォールトとは、交差ヴォールトのベイ区画の周辺に横断アーチ transverse arch と、壁付アーチ wall rib 交差稜線に交差リブ diagonal rib（ogive）をとりつけている石造天井で、ゴシック建築を最も特徴づけるものの1つである。このようなリブ・アーチを使用する石造天井は古代ローマや中世のアルメニア、また、スペインを含めた北アフリカの初期イスラム建築にも見られるが、ゴシックのリブヴォールトは、その直接の前身がアングロノルマン建築のリブヴォールトであること以外に、そのルーツについても、本研究の課題であるヴォールトの施工法についても明らかではない。

第1章　序論

2　本研究の位置づけ

　フランスでゴシック建築の研究が始まったのは19世紀に入ってからである。それまでは、古典古代を理想とする風潮によりゴシック建築は粗野で悪趣味なものとして顧みられなかった。18世紀中ごろからロマン派の作家により、西欧本来の建築としての価値が認められ始めた。フランスでは大革命により破壊され荒廃した教会堂などの文化財を国家的に保護するために1831年文化財保護事業部が設置された。1834年にはフランス考古学会が設立され、中世建築に対する考古学的研究はますます活発になった。1850年から79年にかけて中世建築の修理・保護活動の中心的人物であったユジェーヌ・エマニュエル・ヴィオレ・ル・デュック（1814～1879年）は、修理工事を通じて中世建築の最大の理解者となった。彼は、スケッチで養った鋭い観察眼で得た中世建築の膨大な知識を、構造合理主義的な理論大系にまとめあげた。1854年から68年にかけて刊行されたフランス中世建築辞典[1]がそれである。19世紀の中世考古学研究のモニュメントと言うべきこの辞典の中にのべられた彼の主張は、古典説としてフランス内外に大きな影響を与えた。ヴィオレ・ル・デュックはリブヴォールトの施工法については伸縮せき板 cerce mobile 工法を提唱した。この工法はその後の施工法に関する研究の軸をなすものであったが、歴史的裏付けを欠くために別の施工法も提唱されており、ショワジーの全面板張 planking 工法、ラッソーの石塊・ロープ stone-weighted rope 工法（フリーハンド工法）、フィッチンの固定せき板 lagging units 工法、及びフランスで実用されている伸縮せき板応用工法などがそれで、リブの機能を総合的に検討した飯田喜四郎博士（以下、飯田と略称）は、ラッソーの方法を含む簡単な器具を用いたフリーハンド工法でリブヴォールトが造られたと推定しているが、具体的な施工法を提案していない。本書はこの推定を理論的、実験的に発展させ、現地調査によって裏付けた研究である。

　リブヴォールトの施工法の問題はリブの機能に関する解釈が軸となっているといっても過言ではない。そこでまずリブの機能に関する論争を施工法の

視点から概観して問題点を指摘し、つぎに、リブヴォールトの施工法に関する研究経過の概要と本論文の課題・構成について述べる。

3　リブ論争と施工法からみた問題点

　飯田はリブの機能問題に総合的な検討を加えた。戦前及び戦後の各史家の主張の要旨を紹介し、その問題点を整理し、考察する形で研究を展開し、リブの機能問題を解明している[2]。ここでは飯田の研究を参考にしてリブ論争を概観し、施工法の観点から残された課題を明らかにする。

　1914年から18年にかけての第1次世界大戦で被災した教会堂においてリブを構造骨組と考える古典説とは矛盾する現象が現れた。これを契機として、1930年代にはリブの機能論争がフランスで展開された。この論争にはリブヴォールトの施工法に関する新しい提案はないが、そこに提起された問題は施工法にかかわる重要な内容を含んでいる。

　北米の研究者ジルマン（ロードアイランド・デザイン学校教授）は、1918年6月から10月にかけて戦災教会堂のうちランスとソワッソンを選び、古典説に反する現象を調査した[3]。次いで、サブレは、この反古典説的現象を含めてリブの機能を力学的に説明し、リブは単なる装飾にすぎないとした。（1928年）[4]。彼は、フランス土木局主任技師で、彼の力学的説明は19世紀末から20世紀初頭にかけて建造した石造橋の工事の経験を基礎としたものであった。

　アブラム（政府公認建築士）は、サブレの構造理論を拡張して総合的な古典説批判を展開し、リブは、構造的支持機能はもたず、古典説の主張は、リブヴォールトの外観に誤った構造的解釈を与えたものであり、先入観をすてて中世建築を造形的作品として評価する必要を説いた[5]。

　アブラムの批判は、古典説を総括的に代表する立場にあったオーベル（1884～1962年）に向けられていた。オーベルは、中世建築の研究では最高学府とされる古典学校Ecole des Chartes出身で、ラスティリ R.de Lasteyrieの高弟であり、1920年には同校の教授となった。1923年には考古学会会長、1934年には学士院会員になり、1936年以来「文化財修理特別講座」で中世

建築史を担当していた。オーベルはアブラムの主張に対して「かかる理論が認められるとすれば、ゴシック建築の破滅であり、ゴシック建築を理解し、説明しようとした人はきわめて大きな誤謬をおかしたことになる」と述べ、164頁に及ぶ反論を考古学会誌上に発表してその立場を明らかにした[6]。

次いで、土木局主任技師マッソンは、トンネル・ヴォールトに半円筒梁という弾性論に基づく解釈を与え、この立場から横断アーチと交差リブの構造的支持機能は有効であると主張したが、施工法についてはふれていない[7]。

ソルボンヌ大学のフォッション教授は、1939年、研究誌Recherche第1号に交差リブ特集を組んだ。これは戦前におけるリブ論争を最もよくまとめた資料とされており、フォッション自身も見解を発表している[8]。ここでは、サブレ、アブラム、オーベル、フォッションの主張を施工法の観点から考察しよう。

リブ・アーチを構造骨組と解釈する考え方（古典説）は、「骨組としてのリブ・アーチと薄いヴォールト」という考え方と深く結びついている。これは、交差ヴォールトと交差リブヴォールトとは、どのように構造的に異なるかという問いかけに対する1つの回答として存在している。交差ヴォールトはそれ自身自立できる構造体であるから、リブが出現したのは構造支持機能を果たすためという立場からすると、リブヴォールトのウェブの肉厚は、交差ヴォールトに比べて薄くなっていなければならない。ここから「薄くなっている」という思い込みが発生する危険性がある。事実、ヴォールト・ウェブの肉厚については、組織的調査はなく、交差ヴォールトのウェブ厚にくらべて、交差リブヴォールトのウェブ厚が薄くなっているということは、既知の少数の事例でも観察されていない。一方、リブは構造的機能を果していないという主張は、ヴォールト・ウェブの稜アーチ[9]の断面にくらべて交差リブの断面は問題にならない程小さいということを1つの根拠としており、構造的機能を果たすためではなく、造形的機能のためにリブは発生したとする。

1966年、イギリスの構造学者ヘイマン（ケンブリッジ大学教授）は、リブヴォールトの構造についてシェル理論に基づく検討を加え、交差ヴォールトは15×7.5mの規模でもウェブ厚が20cmあればリブなしで自立できるとして

いる[10]。ゴシック大聖堂のヴォールト・ウェブ厚は通常1尺（32cm）とされるから、リブなしでヴォールトは十分自立できるわけである。

　1977年、プリンストン大学のマーク教授は、ケルン大聖堂内陣の4分ヴォールトの光弾性模型解析を行い、ヴォールトの荷重伝達経路を明らかにした。その結果、ピアに接する部分以外においては、リブは構造上有効な役割を果たさず、アブラムの名はあげていないが彼の主張は本質的に正しいとした[11]。

　以上のような第2次大戦後の研究から、「骨組としてのリブ・アーチと薄いヴォールト」という説は否定されることになった。

　しかしながらリブ・アーチを構造骨組と解釈する考え方は、施工法と深く結びついている。すなわち、先行架構（ヴォールト・ウェブに先立ってリブ・アーチを架構すること）されたリブ・アーチを石造の永久センタリングとして利用する施工方法の考え方である。これに対してリブ・アーチを造形要素とする考え方は施工法とは無縁である。この点に関して、リブ論争はどのような展開をみせるのであろうか。以下に各研究者の見解をみてみよう[12]。

　サブレは「周辺アーチ、交差リブをセンタリングの一部とすることによって工期の短縮をはかったという説も、中世の施工速度をみるとき、わずか数日の工期を惜しんだとは考えられない。トンネル・ヴォールトにくらべて交差ヴォールトのセンタリングはやや複雑だが、見事な小屋組を作った中世の大工にとっては物の数ではなかったと思われる」（p.22）として、リブを石造センタリングとして採用したという考え方を否定している。しかし、彼はリブをヴォールト・ウェブに先立って架構することの構造上の意味については触れていない。

　アブラムは「交差ヴォールトの稜線は截石が困難なのでリブを使用した、という説がある。しかし中世の交差ヴォールトは稜線に截石を用いず、また、内輪を外装するから正確な截石は不必要であった。また正確に截石できないので稜線が弱いという説もある。しかし稜線の強度も石材ではなくモルタルの強度で決まってくるから、正確な切り石を用いていないからと云って弱いとは云えない」（p.33）とし、また「リブの暫定効用説——リブはウェブ

のモルタルが硬化するまで有用なセンタリングという説——では一時的にせよ、リブが全荷重を支持することになる。しかしリブの断面はこの説を裏付けるほど大きくはない」(p.35) と述べ、石造センタリングとしてのリブの機能を否定している。そして、リブの機能について「スパンの

図6　第1次大戦後の身廊ヴォールトの修理工事
ソワッソン大聖堂

異なるトンネルヴォールトの交差線は3次元曲線となる。立体幾何学を知らぬ中世の工匠は規則正しい交差線を作れなかった。この交差線を作りやすい2次曲線に置きかえると同時に外観上この部分を強調することはきわめて有利な解法であった」(p.35) としているが、3次元曲線の交差線を2次元化することは木造センタリングでも成し得ることであるから、リブの機能を造形的なものと結論している。しかし、アブラムもリブをヴォールト・ウェブに先立って作る理由については明らかにしていない。

　一方、オーベルは、リブの機能について「(1)ヴォールトの建設を容易にし、モルタルが硬化するまでは保安となる。(2)ヴォールトの弱点である稜線と頂線を補強する。補強効果はヴォールト・ウェブの軽量化、材料の低質化にともなってますます大きくなる」(p.44) として2つの役割をリブに与える。そして後述するように、オーベルは伸縮せき板工法を支持し、リブの石造センタリングとしての機能を強調する。しかし、オーベルによれば、リブはヴォールト・ウェブの施工中、木造センタリングによって支持される（図6）。このような支持された状況ではリブに石造センタリングとして支持機能があるのだろうか。木造センタリングは石造センタリングと、その上のヴォールト・ウェブを同時に支持しなければならないから、リブにはショワジーの言うように木造センタリングの剛化機能しか考えられないことになる[13]。また、この剛化機能は断面の大きい木造センタリングを用いれば不必要であ

11

る。それ故、オーベルの主張するリブヴォールト・ウェブ建設中の機能とは、ヴォールト・ウェブが完成して木造センタリングを取り外した時から、モルタルが硬化するまでの間、木造センタリングに代わってヴォールト・ウェブを支持する保安装置としての機能しか残らないことになる。要するにオーベルもまたリブの先行架構について全く明らかにしていない。

　フォッションは、「オージブは建築家が……自分の築こうとするヴォールトの実大線形を石でもって描くことによって、多様な相互貫入方式のヴォールトが可能となった。しかし、このような結果は、木製型枠〈木造センタリング〉を用いることによっても得ることが出来た。それなのに、どうしてその上、手間もかかれば費用もかさむ石造の型枠を選ぶのであろうか。石造の型枠を構成するあのアーチやリブは、困難なヴォールト架構を容易にするというような図形的な有用性のほかに、なにか別の利点をもってはいなかったのであろうか」と疑問を提出し、「オジーヴはおおきな圧縮力の働く『場所』を実体化し、明確化し、とりわけまたそこに力感を賦与していく。……オジーヴの圧密の度合いはヴォールト小間（筆者注：ウェブ）より少なく、オジーヴはヴォールトの一部として荷重を部分的に負担し、これを横圧力に変えるヴォールト剛性化の部材をなしている。こうなるのは、ヴォールト部分とリブ部分とでは材料が同じではなく、すなわち、リブ部分はヴォールト部分に較べて強度も大きく組積みも丁寧で素材間の遊びが少ないからである」[14]と述べるが、リブがどうしてヴォールト・ウェブに先立ってつくられるのかについては何も答えていない。

　戦前のリブ論争は、フォッションに代表される疑問を「リブの先行架構と石造センタリングとしてのリブ・アーチ」の問題、アブラムの問題提起を「リブの先行架構と造形要素としてのリブ・アーチ」の問題として要約することができるが、これらは疑問のまま残った。

　第2次世界大戦後も、フランスではオーベル、フォッションの主張が公式見解として通用した。しかし、1960年代に入ってフィッチン、飯田が相次いで、仮設問題やリブ問題を包括的に扱い、フリーハンド工法をとりあげたことによって、リブの先行架構の考察に新しい展開が生じてくる。それに先

立って以上に概観したリブ論争を施工法からみた時のリブの機能について整理しておこう。リブ論争の中で主張されたリブの機能は、大別して次の3つに集約される。すなわち、①リブのヴォールト支持機能、②ヴォールト建設用の仮設材節約機能、③ヴォー

図7　レッセー教会堂身廊の交差リブと横断アーチ

ルトの稜線の強調機能、の3つである。これらを、リブとヴォールトの架構工程との関係でみると、①と②はリブの先行架構を前提とする。しかし、③はリブとヴォールトの同時架構とリブの追加架構（ヴォールトができてから、リブを追加するように施工）のいずれの施工法を用いても成立する機能であり、リブの先行架構を前提としない。構造力学的には、ヴォールト・ウェブの断面（厚さ）と、リブの断面の大きさの比較から、①の支持機能がほぼ否定され、②と③の機能が残った。そこで、②リブの仮設材節約的機能が浮かび上がってくる。上記の疑問とともにリブヴォールトの施工法にとってリブの仮設材節約機能とはどのような意味をもつのであろうか。

　次に、リブの機能に関する飯田の主張をみてみよう。

　飯田はその著「12〜13世紀のゴシックの交差リブ」(1966) においてサブレ、アブラムの反古典説を継承し、中世史料によるゴシック工匠の考えの検討、交差リブヴォールトの仮設工事の問題、更には現在のフランスの修理保存工事で採用されている工法に至るまで論及して、反古典説をより総合的なものに発展させた。

　リブの発生と機能について飯田は戦災教会堂の事例（図7及び第2章図21参照）から判断して、「交差リブは単独でもウェブ建設用のセンタリングになりうる」[15]と述べている。また一方で、飯田は、ビザンチンにおけるモザイクによる稜線の強調、ロマネスクにおける塗装による稜線の強調に代わって、ゴシックではリブによる稜線の強調が行われたと言う。

リブに関する飯田の主張は

という構図になっている。

　飯田のこの主張は古典説と反古典説を融合し、形式上、リブ論争の中で解決されなかった「リブの先行架構と石造センタリングとしてのリブ・アーチ」と「リブの先行架構と造形要素としてのリブ・アーチ」という問題をリブの機能変化という形で結合し、内容上、先行架構におけるフォッションの疑問——木造センタリングで間に合うのにどうして手間も費用もかかる石造センタリング（リブ）を採用したのか——及びアブラムの問題提起に対する回答となっている。

　リブの機能についてヴィオレ・ル・デュックは石造の永久センタリングという考えを提起した（古典説）。それは施工中におけるセンタリングの支持機能がヴォールト完成後も持続するという考え方である。これに対して、サブレ、アブラムは、リブは装飾的機能のためであり、施工中も含めてリブの構造的機能は存在しないと主張した（反古典説）。上記の構図にみる飯田の主張はリブの機能の変化説とも言えるもので、その機能変化は、ヴォールト・ウェブのフリーハンド工法との結びつきにあるとされる。

　この機能の変化説は力学的には次のように解釈されよう。すなわち、完成したヴォールトでは交差稜線に沿って稜アーチが発生し、このアーチがヴォールトの支持機能を果たしている。施工中のヴォールトでは理論上稜アーチは存在しないが、実際の施工で木造の仮設材を使わないフリーハンド工法と考えた場合、稜アーチをヴォールト・ウェブ施工に先立って造るということになるであろう。この稜アーチが交差リブと考えられ、施工中の支持機能はヴォールト完成とともにヴォールト・ウェブ内に漸次移行してゆくことになる。

第1章　序論

　以上、飯田の主張の内容、意義について述べたが、簡単に要約するとリブの先行架構―仮設材節約機能―フリーハンド工法という視点にある。

　次に、リブヴォールトの施工法に関する研究を概観し、その中でリブの先行架構がどのように考えられているかを検討し、飯田の主張する、簡単な補助器具を使うフリーハンド工法説に至る研究の系譜を明らかにしよう。

4　リブヴォールトの施工法に関する既往の研究の概要

4-1　伸縮せき板工法

　この工法は、ヴィオレ・ル・デュックが20年余にわたって中世建築の調査・修理に携わり、その経験と知識をもとに提唱したもので、現在でも根強い支持者がある。伸縮せき板工法とは、周辺アーチと交差リブにより、予めヴォールトの構造骨組を作り、この骨組をセンタリングとして、その上にスパンに応じて伸縮させるせき板を用いて、層状にヴォールト石材を積み上げてゆくもので、この工法によってヴォールト・ウェブは容易に作ることができ、仮設材も著しく節約できるとされる（図8A～D）。

　この工法の要旨を示すと、

(1) 起拱点から約1/3以下のヴォールトの石層は直下の石層の上に自立できる（図8A）が、これ以上はせき板による支持が必要である。手間や経費を節減するために伸縮せき板を用いる。
(2) 伸縮せき板は2枚の板でできており、縮めた時の最小長さは約1/3の所のヴォールト石層の長さ、伸ばした時の最大長さは頂線の要石間の石層長さである（図8B）。
(3) 伸縮せき板の板厚は約4cmで、天端は石層の湾曲をつくりだすためにアーチ型とし、側面には天端と同じ曲率の溝をつけて、溝にはめ込んだ2本のくさびでせき板を伸縮させて長さを調節する。
(4) リブやアーチ外輪への伸縮せき板のとりつけは、天端両端の金具を用い

15

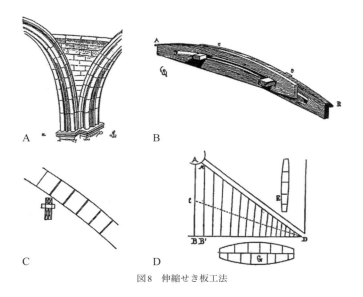

図8　伸縮せき板工法

て行う。

(5)伸縮せき板は石層の目地に沿って鉛直にとりつけ（図8C）、金具とリブやアーチの外輪とのアキにはモルタルをつめて固定する。せき板を鉛直におかないと、石層の中間の幅が両端より大きくなるため迫石の加工が必要となる。（図8D）。

　この工法は、ヴィオレ・ル・デュックの友人で建築史家のショワジーによって否定されたが、1930年代のリブ論争中、古典説擁護の立場にあったオーベルは、「先ず、周辺アーチ、交差リブを作り、そのセンタリングを取り外さないままでこの骨組の上にせき板、または伸縮せき板を置いてウェブを作る。一般に、せき板はアーチ外輪に直接のせるので、ウェブ建設後にアーチ外輪とウェブ内輪との間の空隙はモルタルでふさぐ。せき板が長くなるときは中間を軽微な支柱で補強する」[16]と述べ、交差ヴォールトよりも仮設材が軽快なものですむ利点をあげている。つまり、リブは木造センタリングで支持されながら、石造センタリングとしての機能を発揮しているという

第1章　序論

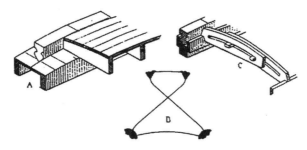

図9　センタリングのとりつけ方

のである（図9参照）。

　第2次大戦後は、フランス文化財保護事業部の建築家たち（パッケ、エルプ）は、ヴォールト・ウェブの修理工事で伸縮せき板を用いており、きわめて便利で有効な工法であると述べている[17]。

　この伸縮せき板工法については次のような問題点が指摘されている。ショワジー（c）、アブラム（a）、フィッチン（f）、飯田（i）による問題点をまとめておこう。

①中世に使用されたという記録がないこと（c）
②ゴシックのヴォールトの規模は伸縮せき板を使用するには過大であり、ウェブを形成する石層の張り高さが小さすぎること（c）
③スパンの小さいヴォールトには使用できるが、その場合も伸縮せき板はリブやアーチの外輪ではなく、リブやアーチを支持するセンタリング上にとりつけること（図9）（c）
④モルタルの硬化時間が著しく長く、伸縮せき板をすぐに外せないこと（a）
⑤20世紀のヴォールト建設工事では実用されていないこと（a）
⑥伸縮せき板はA、B2枚の板で構成されている。従って、一列の石層のうちAで支持される部分とBで支持される部分とがあり、これらの両部分の境界で石層の内輪は不連続になること（図10）（f）
⑦伸縮せき板を鉛直配置する場合、骨組アーチとウェブとの間の目地厚が

17

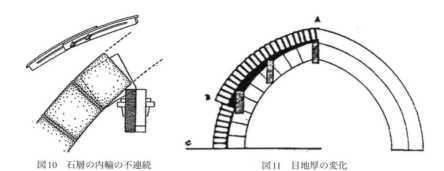

図10　石層の内輪の不連続　　　　図11　目地厚の変化

変化すること（図11）(i)

なお、戦後の伸縮せき板応用工法については「4-5　近年のフリーハンド工法」の項で述べる。

4-2　全面板張工法

この工法は、ショワジー（1841～1909年）がその著書『建築史』（1899年）の中で提唱している[18]。彼はパリ土木大学の建築担当の教授で、構造技術に造詣の深い建築史家であった。ヴィオレ・ル・デュックの構造論理主義を基本的に継承しながらも、技術者としてヴィオレ・ル・デュックより一層合理的な説明をゴシック建築に与えた。ショワジーによれば、リブは構造骨組として機能し、ヴォールト・ウェブのほとんどの荷重を支持するが、リブヴォールトは伸縮せき板工法ではなく全面板張工法で一般的に施工されたとされる。

全面板張工法とは、平行する2重枠のセンタリングでアーチ、リブをつくり、そのセンタリングの枠の上に全面的にせき板を平らに張りめぐらして、この上に石材を並べてヴォールト・ウェブをつくるという方法である（図9A・12・13・14）。

ヴィオレ・ル・デュックの主張を修正・補足したショワジーの見解は広く受け入れられ、敷衍されて古典説となった。それによればリブは

第1章　序論

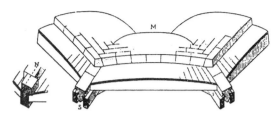

図12　全面板張工法

図13　粗雑な全面板張工法の例　スウェーデン、ゴットランド島、レルブロの教会堂鐘塔に残る1330年頃のヴォールト建設用せき板と支柱

図14　全面板張りの簡略工法の例　イタリア、カプリ島、アナカプリでのヴォールト建設。板材で多角形のヴォールト下地を作り、その上に土を置いて半円形に成形する

①木造センタリングの変形を防止する剛化機能をもつ。
②交差ヴォールトは稜線部分を強く作るために肉厚を大きくする必要があるが、リブヴォールトではその必要がないので、ヴォールトは軽くなる。
③リブによって交差ヴォールトの稜線の截石問題が解決され、どんな平面上にも、ヴォールトをかけられる。
④大型の切石を用いたリブは目地の多いウェブよりも圧密変形しないのでスチフナーとなり、大部分のウェブの荷重を支持する。

とされた。しかし、施工法については前記の伸縮せき板工法が依然として受け入れられていた。
　ショワジーの全面板張工法では木造センタリングの上に永久センタリング

19

としての石造アーチを作る。このアーチは、その上にヴォールト・ウェブを造るとき、その荷重による木造センタリングの変形量を減らすために、木造センタリングをあらかじめ剛化する役割をもつ、とされる。

しかし、リブによる剛化機能は剛性の高い木造センタリングを使用すれば必要のない機能である。従って、剛化機能ということを除けば、リブ（石造の永久センタリング）をヴォールト・ウェブに先立ってつくる必要はないことになる。つまり、全面板張工法ではリブはヴォールト・ウェブとの同時架構で良いのであり、リブを先行架構する必要はない。

4-3　固定せき板工法

フィッチンは、その著『ゴシック大聖堂の建設』（1961年）においてゴシック建築の仮設工事全般を研究し、中でもリブヴォールトの施工法について詳細な検討を加えている[19]。その中でフィッチンは、リブの機能については、オーベルと同じく、仮設材料の節約と補強機能を認めるが、施工法は、ヴィオレ・ル・デュックの伸縮せき板工法及びショワジーの全面板張工法を改良した固定せき板工法を提唱した。この工法では、周辺アーチ、交差リブのセンタリングを2重枠として後者の上にせき板をのせるが（図15）、取り外しを考慮してセンタリングは2分したものを用いる。そして、ヴォールト・ウェブを支持するせき板は、ショワジーのように全面的に張るのではなく、図15のようにせき板を石層の荷重を有効に支持できるように石層の傾きと同じ傾きでリブ・アーチのセンタリングの曲率にそって放射状にとりつけ、固定する。これらのセンタリングとせき板は地上で製作し、仮組み立てし、これにならってウェブ用石材や、リブ・アーチの石材を地上で正確に加工する。また石層

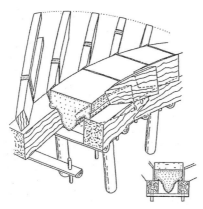

図15　固定せき板工法

アーチの曲率に合うせき板をつくるために伸縮せき板を形板として利用する、という。

フィッチンの提案するせき板は2本の角材を両端で緊結したもので（図16）、その長所は、軽いが石層の荷重に対して強く、材料や手間が少なくて済み、また、石層の湾曲を決める曲線を容易につくりだせることである。

フィッチンの固定せき板工法について飯田は次のような問題点を指摘している。ゴシック教会堂のリブヴォールトでは

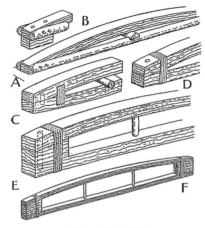

図16　固定せき板

(1) 各ベイの石層数や石層幅は一定していない。従って石層毎に固定するせき板では反復使用できず、ベイ毎にせき板を加工しなければならない。
(2) 石層はねじれたり、次第に細くなって消失してしまったり、1層と2層が組み合わさっている場合もある。従って、直線状（2次元）のせき板の上に石層を作ったとは考えられない。
(3) 石層幅を平均14〜15cmとすると、せき板幅（厚さ）を5cmと仮定してもせき板相互の間隔は9〜10cmとなり、きわめて多数のせき板が必要となる。石層の長さが7mに及ぶ頂線付近ではせき板幅は10cm近くになるので、せき板相互の間隔は5cmになってしまう。
(4) 地上でヴォールトを仮り組み立てしたことを立証するような、番付をもつ迫石は全く発見されていない。

このほかにも次の問題である。すなわち、フィッチンは、上記せき板を利用して石層をつくる時は、図17のように、ヴォールト下側の水平足場の上にのって、側面から作業したという。もし、このように作業をするのであれ

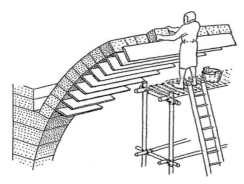

図17 固定せき板を使用した作業方法

ば、前もってせき板をとりつけておくことはできない。そこで石工が石層を完了する度毎に、大工がせき板を順次とりつけてゆかねばならないことになるが、その場合大工仕事と石工仕事が交差して混乱することが予想される。この図のような作業方法は伸縮せき板工法かフリーハンド工法に適したものである。また固定せき板工法は、ショワジーの全面板張工法と同じく、リブとヴォールト・ウェブの同時架構でも良く、リブの先行架構を必要としない。

4-4 石塊・ロープ工法

　フィッチンの功績の1つは、19世紀初期のフリーハンド工法の1つである石塊・ロープ工法を再発見したことである。以下、フィッチンに従って、この工法について述べる。プロシアの王室建築家ラッソーは中世の石造天井の観察と、当時ウィーンで実際に行われていた工法から一端に石塊を結びつけたロープを使いながらフリーハンドでヴォールトを造る方法（図18）を1831年に紹介した。ラッソーの提唱する工法は長く埋もれ、130年余年経った1961年にフィッチンによって再発見されたのである[20]。

　この工法の要旨を示すと、

(1) 交差ヴォールトの石層は湾曲し、アーチになっている。
(2) 正尖頭アーチの石層接触面が水平となす角度は頂点でも60°で、レンガかこれに近い寸法の迫石を用いて積む場合、石層がアーチとして完成する以前でもモルタルの接着力により迫石はずり落ちないので、各石層はフリーハンドで積み上げることができる。

第1章　序論

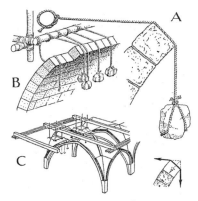
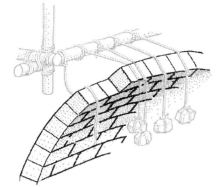

図18　石塊・ロープ工法　　　　　　図19　図18-Bの推定復元図

(3)フリーハンドでヴォールトを建設する場合、石層端部を十分に支持する必要があり、支持体としては壁体でも隣接する石層でも良い。

(4)石層端部は下方から交差リブ又はセンタリングdiagonal lineで十分に支持するようにし、この交差リブ又は交差センタリング上で各石層が釣り合うように各石層を同時に施工する。この交差ヴォールトの施工法は基本的にドームと同じで、各石層リングを完結させながら積み上げてゆく。

(5)ドームの場合は、頂線に近い部分は石層接触面の角度が強くなるので、何らかの方法で迫石を保持する必要がある。ウィーンでは、一端を石層背後で固定したロープに石塊をつけて迫石のすべり落ちを防ぐ簡単な方法を用いている。

(6)この方法は仮設材を著しく節約でき、さらにヴォールト完成以前に石層が次第に固定されてゆくので仮設材工法よりも強いヴォールトが作れる。

(7)薄いヴォールトを全面板張りの仮設材工法でつくろうとすると、石工がその上にのって作業するため、強い仮設材でないと必ず亀裂を発生する。また、ヴォールトを無事積み終わったとしても仮設材取り外しの際、変形や亀裂が生じる。モルタルが完全に乾燥するまで仮設材をのこしておくとモルタルの収縮による目地ぎれを起こす。従って、薄いヴォールトはせき板張りの仮設材工法で建設できるとは考えられない。

フリーハンド工法によれば、引き締まったモルタル目地網により、薄くて強いヴォールトが造れる。

ラッソーの主張はケンブリッジ大学のウィウェルWillam Whewellによって1831年にJouranal of the Royal Institution of Great Britainに紹介されたもので、同年フランスでもJournal du genie civilに発表され、クレルCrellのArchitectural Journalにも掲載された。しかし、建築史家の注意にとまらず、忘れさられ、あるいは無視されてきた。その重要性を考慮してフィッチンは、この論文を長文にわたって引用している。フィッチンはラッソーの工法について、作業が簡単で、多くのヴォールト建設に用いられたことは疑いない、としている。そして、せき板が不要なためリブやアーチのセンタリングは一重枠で良いなどの利点を指摘している。ドームやヴォールトがフリーハンド工法で造られたという報告や見聞録は、古くオリエントやビザンチンを始め、現在でも見られる（図2〜5参照）。しかし、ゴシックのリブヴォールトの施工をフリーハンドであるとするまとまった記述はラッソーのそれが最初であろう。

20世紀初頭、ポーターはロンバルディアのヴォールトがフリーハンド工法で造られたと主張し、それをガルは、リブヴォールトの4つの特徴の1つとしてあげている[21]。しかし、ポーターの主張は恐らく観察結果による推定であったのに対して、ラッソーは、実際に行われているフリーハンド工法に基づいて記述しているため、その内容が極めて具体的である。

4-5　近年のフリーハンド工法

住宅不足に対応する技術的解法のひとつとして、熟練技能を必要としないフリーハンドによる経済的なヴォールト建設工法が、近年エジプトを中心として開発されているが、イタリアのトリノでは戦災をうけたサンタ・テレサ教会堂で「センタリングなしのヴォールト建設」が1946年に行われている。高さ約70フィート、幅約40フィートのレンガ造ヴォールトの建設工事を紹介した写真の説明は次の通りである。

「身廊第1ベイのヴォールトは崩壊寸前の危険な状態であった。ヴォールトは20フィートスパンの半円ヴォールトが交差している36フィートスパンの楕円形（稜線の）ヴォールトであった。レンガ職人が作業するための簡単な足場がつくられた。交差稜線の下には、ゆがみを防ぐために2つの型板shaped boardがガイドラインとして当てがわれた。そして、ヴォールトは連続したレンガ造のリングとしてすばやくつくられる。レンガは中空で、普通の迫石のように組むのではなく、小口と小口が連結される。モルタルが、だぼとして働いてレンガを保持するので、モルタルが硬化するまでリングはその位置にとどまっている。わずか3インチであるが、モルタルが硬化するとその上に人がのって歩くことができる。（ヴォールトは）4つの側面から（中央に向かって）同時につくられてゆく」[22]

この例と同様にセンタリングなしで簡単にヴォールトを建設する方法としてフランスでは、文化財保護事業部が戦災教会堂の修理工事に前記の伸縮せき板を採用した。

「伸縮せき板はきわめて便利で、これに代わる工法はなく、現在でも用いられており、センタリングなしでも大規模なヴォールトを作れる」とし、また、「伸縮せき板によるヴォールト・ウェブ建設法はヴィオレ・ル・デュックの著書の中だけの考察ではない。ルアンでは伸縮せき板を用いて破壊されたヴォールトのウェブを再建した」としている。さらに、修理工事として次のような例があげられている。「法王宮のヴォールト再建工事では、各アーチ建設後、センタリングを取り解き、板張りのせき板を用いずに（筆者注：伸縮せき板で）ウェブを作った。ここではアーチの上に小壁を作り、アーチの隆起変形を予防した。ウェブ完成後、軟石を用いたコンクリートで腰を固めた。一般にセンタリングは取り外さずにウェブを作る」[23]。

確かにルアンではアーチ、リブのセンタリングはきわめて軽微なものであり、ヴォールトのウェブの迫石は、伸縮せき板の上にフリーハンドで積まれている。しかし、伸縮せき板はヴィオレ・ル・デュックが提案した通りのも

のだが、その使用方法は明らかに異なっており、ヴィオレ・ル・デュックが提唱するようにせき板を鉛直に配置するのではなく、アーチ・リブの曲線に直交する方向にとりつけている。これは、本来の伸縮せき板工法ではなく伸縮せき板応用工法である（図20）。

図20　ルアン大聖堂で使用した伸縮せき板

　なお、法王宮ではアーチのセンタリングを取り外してからウェブを造った点が注目される。その場合、アーチ、リブは石造センタリングとして利用される訳であるが、その変形を予防するためにアーチ、リブの上に小壁を造ったのちにヴォールト・ウェブを建設し、その完成後に腰固めを施工している。しかし、北フランスのゴシック建築では通常、リブ、ヴォールトのリブ・アーチの上に小壁を造ることはないので、「一般にセンタリングは取り外さずにウェブを作る」とされる。すなわち、アーチ、リブは石造センタリングとしてウェブを独力で支持できないから、その上に予め小壁を積み上げるか、木造センタリングを取り付けたままの状態でウェブを施工しなければならないとしている訳である。しかしながら、サン・ドニではセンタリングを取り外されたが、小壁を積み上げられていないリブ、アーチの上にウェブを積んでいる。このように現在の修理工事とは異なる工程が可能であった理由についていまだに検討されていない。

　筆者は、ライン川沿いの石造天井の改修工事に立ち合い、その施工法をつぶさに観察し、記録した。この内容は本書に掲載した。

4-6　まとめ

　飯田はわが国ではじめてリブについて総合的に研究し、リブヴォールトの施工法を考察した。フィッチンは独自の形式の固定せき板工法を提案したの

ちに、ラッソーのフリーハンド工法を詳しく紹介した。飯田はフィッチンの固定せき板工法を非とするが、フィッチンが再発見したラッソーの石塊・ロープ工法を含めてゴシックのリブヴォールトは、簡単な器具を用いてフリーハンドで造られたと推定している。

　先ず、リブの機能に関する飯田の見解を述べ、次いで施工法について飯田の主張を引用しよう。

　　「第2次大戦後は、ゴシックのヴォールトが構造上曲面板であるというマッソンの主張の重要性が理解されるようになった。中世の工匠の考え方を直接知るための研究もおこなわれ、また戦災修理を通じて文化財保護事業部の建築家たちの見解もある程度発表された。現在ではリブを古典説の云う意味で純構造材と主張する研究者はきわめて少ない。『リブは構造材であるがヴォールトの全荷重を支持するわけではない。しかし施工上の役割はきわめて大きく、これにより仮設材は節約され、ヴォールト建設工事が簡単になる』という主張が最も多い。ゴシックのヴォールトを曲面板と考える研究者もまたほぼ同じ見解を示す。ゴシックの優れた研究者であったフランクルの見解はやや異なり、初期のリブは非構造材であったが、のちに構造上、施工上の機能をもつようになったとする。……またラヴダンの見解もそのほかの美術史家・考古学者と異なり、古典説によるリブヴォールトの解釈は否定するが、16世紀のスペインの例からみて、中世の工匠はヴィオレ・ル・デュクと同じ考え方であったとする。古建築の維持、修理を担当している文化財の建築家達の考え方はほぼラヴダンに近く、交差リブの施工上の効用を通じてヴィオレ・ル・デュクの推定の正しさを裏付けようとしているように見受けられ、『薄いウェブを骨組アーチで支持する』のがゴシックのリブヴォールトであるとする。」

　そして、飯田は、リブヴォールトの施工法について「ゴシックの交差リブヴォールトのウェブは、現在のイランのドームやヴォールトのように仮設な

し（筆者注：フリーハンド）で、またはラッソーの言うように素手による簡単な工法で、あるいは現在の修理工事でみられるようにヴィオレ・ル・デュックの考案した伸縮せき板を『応用』した程度の単純な器具を使用し、石工の裁量で小形石材を適当に積み上げたものであろう」と述べている[24]。

　一般に、末期ロマネスクや初期ゴシックのドームやヴォールトは石層の幅も傾斜も一定しないねじれた不規則な曲面であり、せき板でその形を予め決定することはできない。石塊・ロープ工法はこのような曲面天井を造りうる施工法で、施工に当たって誤差を少なくするために型板、半径の長さや縄や棒などの簡単な器具を使用したと考えられる。

　伸縮せき板応用工法は実用されているが、小規模なヴォールトに限られている。たとえ大規模なヴォールトの建設に使用できるとしてもこの工法で造られるヴォールト・ウェブはせき板と同一面内にある規則正しい幅の石層で構成されるものになり、例えば、シャルトル大聖堂にみられるようにせき板と同一面に納まらない石層や1列が数列に拡大したり、数列が1列に縮小するような石層で構成されるヴォールトは造れない。そこで飯田は「（リブヴォールトのウェブは）伸縮せき板を『応用』した程度の単純な器具」というような漠然とした表現を用い、「石工の裁量で小形の石材を適当に積み上げられた」、換言すればフリーハンドで積み上げたと推定しているのである。

　中世の石造天井はフリーハンドで造られたのではないかという推定は従来も見られたが、フィッチンによる再発見と飯田による推論により、さらにその蓋然性は高められることになった。19世紀以来の研究経過をまとめると次頁の図のようになる。

　この系譜の中で成立した伸縮せき板応用工法と石塊・ロープ工法をいずれもフリーハンド工法とする飯田の考え方は次のような意味をもつ。

①リブヴォールトのウェブは、ラッソーを始めとして、これまでフリーハンド工法で造られたとする考え方がしばしば見られたが、この考えは古典説の伸縮せき板工法という考えに対して傍流にすぎなかった。だが、伸縮せき板工法そのものがフリーハンド工法であるとする見解は、リブ

第1章 序論

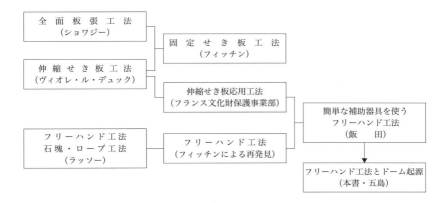

ヴォールトのウェブの施工法をフリーハンド工法の観点から本格的に検討する道を開くものである。

②19世紀に別々に主張された施工法は全面板張工法を除いてフリーハンド工法として一致している。一方はフランスにおける修理工事の現場で用いられていたと考えられる工法[25]、他方は、19世紀初期のプロシアで実際に行われていた工法であるが、この両工法はいずれも広く流布していた伝統的工法であったことを予想させる。

以上に述べたフリーハンド工法の展望と推定が本論文の出発点である。

5　本書の課題と構成

リブ論争やその中から提起されたフリーハンド工法から、ゴシック交差リブヴォールトのルーツはドームであるという筆者の主張が導かれる。ドームのルーツを考えた場合、ドームから交差ヴォールトにどのように変化したのかを明らかにする必要がある。その変化を可能とするのがフリーハンド工法である。このような視点から本書の課題とするフリーハンド工法を考察する。

ゴシック交差リブヴォールトがフリーハンド工法という認識は、まだ萌芽的であるので、フリーハンド工法を総合的に扱い、各課題を詳細に検討し、

29

ゴシック交差リブヴォールトがフリーハンド工法で施工されたことを立証することに力点を置いた。

本書は主に次の5つの課題を取り組んだ。

第1に、リブヴォールトの腰固めと施工順序に関する考察である。リブヴォールトはフリーハンドで造られ、その施工中リブは仮設材（センタリング）の機能を果たすという考えは飯田によって示された。ところでリブが仮設材として支持機能をもつためにはリブがアーチとして自立することが必要である。そのため、筆者はリブヴォールトの背後の凹部に粗石モルタルの充塡（腰固め）→木造センタリングの取り外し→リブを石造センタリングとして利用しながらヴォールト殻迫石積みという施工順序を想定し、簡単な実験や中世史料を援用しながら考察する。

第2に、リブヴォールトを含めて殻迫石積みを合理的に把握するためにその型式の分類と表記法を考察した。

第3に、フリーハンド工法の実験のために、ヴォールトの形状を正確に再現しなければならない。本研究ではケルン大聖堂をとりあげ、そのヴォールト形状を把握し、その形態的特性を考察した。また、そのヴォールト・ウェブを構成する石層の特徴や殻迫石の大きさを検討し、実物大実験のための正確な資料を作成した。

第4に、リブヴォールトがフリーハンドで造られたとする推定を実物大で実験することによって検討することである。実験の対象としてケルン大聖堂の平頭ヴォールトを選んだ。実験方法は、装置の工夫によって隣接する2〜3個の石層だけでヴォールト曲面を構成するすべての石層がもつ条件を再現できるようにした。実験では塗布直後のモルタル接着力、石層のアーチ作用、伸縮せき板応用工法や石塊・ロープ工法の実用性、その他の簡単な器具を使った補助工法などの問題を検討した。

第5に、現地ドイツに赴き、石造天井の改修現場に立ち会い、実際にフリーハンド工法で施工されている現場を記録し、考察をすること。

最後に、フリーハンド工法の技術史を述べ、ドーム（ドーム状ヴォールト）から交差リブヴォールトへの変遷を図解で示した。

第1章　序論

付論　石の文化を理解する2つのキーワード

　古代オリエントからヨーロッパ文明に至る西洋建築史5000年の歩みを、2つのキーワード：グリッド・シンメトリーとフリーハンド工法で理解することができる。

　我々日本人は、木の文化に長く接しており、明治以降も変わらない。それ故、石の文化を理解できないままで来ている。日本において西洋建築を研究することは石の文化の研究であり、その石の文化をどのように築いてきたのかを理解するのが上記キーワードである。

　シンメトリーは、現在左右対称と言う意味だが、もともとは碁盤目のことで、一定の単位を繰り返して測量することを言う。それで、誤解を避けるためにグリッド・シンメトリーと呼ぶ。このグリッド・シンメトリーは建築にも適用され、西洋建築史を形成する軸になっている。この方法はエジプトに始まり、ギリシアで建築設計法として確立した。グリッド・シンメトリーは、整数比で出来ているが、単なる整数比ではない。

　整数比の対立概念として幾何学的方法がある。この幾何学は、平面から立面を導く方法として、メソポタミアに始まり、古代ローマで双正方形によるアーチ構造の設計法として確立した。その思想は、万物の出発点は球であると言う信念であり、球の断面に内接正方形と外接正方形を描いた図形を双正方形と言う。この図形は、中世ゴシック建築に受け継がれており、その内容の文献が残っている。現在でも立面のことを英語で持ち上げるElevation（平面を持ち上げて、立面をつくること）と言うのはその名残である。

　古代ローマ以前にギリシアでは、双正方形とグリッド・シンメトリーの融合がなされている。双正方形は7対7のグリッドに置き換えられる。また、黄金比や正三角形は、3対5、6対7などに置き換えられる。この置き換えのために平面数と言う数学が発展した。そして、建築美を追求し、簡潔な整数比で表現する方法が発展する。このことからギリシアで建築設計法が確立した。

パルテノン神殿では、4対9の比例が適用されている。これは、1対$\sqrt{5}$を整数に置き換えたもので、元の幾何学は、正方形2つ組み合わせてその正方形の一辺と対角線の比を取ったものである。さらに整数比は奇数によるものと偶数によるものとを使い分け、奇数は力学の決定法に、偶数はデザインの決定法に用いた。そして、整数比の奥にはロゴスと言う万物の法則があると説いた。これが西洋建築の設計や精神面の骨格を形成した。

フリーハンド工法は、施工法に関係したもので型枠を用いないでアーチ式天井（ドーム状ヴォールトなど）を造る方法を言う。もとはメソポタミアに起源を持ち、古代ローマ、その衣鉢を受け継いだビザンチンで大きく発展し、中世ゴシック建築のリブヴォールトを施工する方法となった。

矩形のレンガや石材を用い、曲率は目地モルタルで調整する施工法で、形が自由に作れ、応用範囲が大きい。この方法による石造天井は、通常ドーム状ヴォールトと称される。この石造天井の施工法がアルプス以北のゲルマン人に取り入れられて、ドーム状から交差状の形態に進化した。これが、光をたくさん取り入れられる交差リブヴォールトの成立である。ゴシック様式の完成である。交差リブと言う細いアーチの上にヴォールトが載っている形式は、木造建築の中で生活してきたゲルマン人には、感覚的精神的に梁と板（曲面のパネル）と言うイメージに重なったと言える。

これは大局的に石造建築と木造建築の両文化の接触として理解できる。ゲルマンとは森の人と言う意味で、ゴシックは森林と木造のイメージを石で造形化したと言われる。現在、筆者五島はケルン大聖堂管理事務所と提携して、被災した石造建築で実行されている伝統的な修復作業のフリーハンド工法を調査しており、その技術的特徴が解明されつつある。

注記

1　E. E. Viollrt-le-Duc：*Dictionnaire raisonne de l'architecture francaise du XIIe au XVI siècle*, Paris, 1854-68. Tome 4. p. 85
2　研究経過をまとめるにあたり、飯田喜四郎：12〜13世紀のゴシックの交差リブ、私家版、1966年6月及び同：フランス・ゴシック——交差リブの機能、

建築雑誌、1968年1月号、pp. 25-28、同：中世建築史の研究——ゴシック建築の構造合理主義——、建築雑誌、vol.97、No.1200、1982年11月号を参照した。

3 R. Gilman：*The Theory of Gothic Architecture and the Effect of Shellfire at Rheims and Soisson American*, Journal of Archeology, 2 Series Vol. XXIIV, 1920, No. 1, pp. 37-72.

4 V. Sabouret：*Les voutes d'aretes nervurees, role simplement decorative des nervures*, Le Genie Civil 1928-3, vol.XLII, pp. 205-209.

5 P. Abraham：*Viollet-le-Duc et le rationalism medieval*, Paris, 1934.

6 M. Aubert：*Les plus anciennes croisees d'ogives, leur role dans la construction*, Bulletin Monumental, 1934, Tome 93, pp.5-67, pp. 137-237.
訳文は、飯田前掲書12～13世紀のゴシックの交差リブ、pp. 26, 50-64.

7 H. Masson：*Le rationalism dans l'architecture du Moyen Age*, Bulletin Monumental, 1935, Tome 94, pp. 29-50.

8 H. Focillonほか：*Le problem de l'ogive*, Recherche No.1, 1939, Centre International des Instituts de Recherche, Paris.

9 厚さaのウェブの交差ヴォールトにおいて、稜線を中心として2～3aの幅の部分によって構成されるアーチ。このアーチはウェブと一体となっており、独立したアーチではないが、この部分は交差ヴォールトの大部分の荷重を支持する。

10 *The Stone Skelton*, Int. J. of Solids Structures, 1966, vol. 2, pp. 249-279.

11 *Photoelastic and Finite-element Analysis of a Quadripartite*, Vault, Experimental Mechanics, 1973, XIII, pp. 322-329.
The Structural Behavior of Medieval Ribbed Vaulting, JSAH, 1977, vol.XXXIV, pp. 241-251.

12 各研究者の見解の邦文要旨は飯田前掲書による。

13 A. Choisy：*Histoire de l'architecture*, Tome2, p. 120.

14 アンリ・フォッション著、神沢栄三郎他訳：西欧の芸術2　ゴシック（上）、鹿島出版会、1976年、pp. 11-13.

15 飯田前掲書p. 263.

16 飯田前掲書p. 59.

17 飯田前掲書pp. 241-250.

18 Choisy, *op.cit.*, pp. 216-217.

19 J. Fitchen：*The Construction of Gothic Cathedrals, A Study of Medieval Vault Erection*, Oxford, 1961.

20 *Ibid.*, pp. 180-185 に紹介。ラッソーの実際見たヴォールトの形状は、図19のように石層がアーチ状に湾曲していたであろう。

21 P. Frankl：*The Gothic*, Princeton. 1960, p. 763.

22 Fitchen, *op.cit.*, p. 178　訳文中の（　）内は筆者の注。

23 飯田前掲書 p. 244, 248, 253.

24 同書 p. 264, 263.

25 古典説の伸縮せき板工法を「修理工事の現場で使用されていたと考えられる工法」としたのは次のような推定に基づく。

伸縮せき板ヴィオレ・ル・デュックがその著書の中で考案した装置ではなく、彼がその実際の使用を目撃した装置である。しかし彼はその使用方法を熟知していなかったので、事典でそれを叙述するに当たり、幾何学上の理由に基づく誤った説明を与えた。現在のフランス文化財保護事業部の建築家たちは、事典に掲載された挿図に従って伸縮せき板を造り、19世紀の正しい方法で使用しているので、ヴォールト・ウェブの建設に成功しているのである。彼らは伸縮せき板の使用方法に関するヴィオレ・ル・デュックの誤った説明を無視しているか、幸運にもこの説明を読んでいないのであろう。

第2章　リブ論争とルーツ

序

　1930年代フランスで起こったリブ論争の中で、ゴシック建築研究の第1人者であるアンリ・フォションは「オジーブ（交差リブ）のルーツは一体何であろうか。オジーブを使用した最も古い建物は何だったのであろうか。この2重の疑問は建築の最もデリケートで、最も議論の多い問題に触れるものである」と述べている。フォッションは他方で「ゴシック建築は1つの弁証法である」と述べている。それであるならばリブヴォールトの内部に潜む矛盾した性格・ドーム的性格に目を向け、その性格の由来を探ることが大事である。

　フォッションやリブ論争者の根底には交差リブヴォールトは交差ヴォールトから生まれたと言う固定観念を持っている。反古典説の装飾説を吟味すれば、単曲面の交差ヴォールトから交差リブヴォールトが生まれるのは不

図1　リブヴォールトのルーツ解明のための実験の様子
（左：筆者五島利兵衛、右：飯田喜四郎教授）

可能であることが分かる。

結論から言うと、リブヴォールトのルーツは、複曲面のドーム・ビザンチン建築のドーム状ヴォールトにおかなければ、横断アーチや交差リブの発生もヴォールトの形態変遷も石層の変化も明らかにできない。本章は、1975年に提起したドーム・ルーツ説の論考に加筆したものである。

1　古典説について

1-1　古典説の問題点

ゴシック・リブヴォールトの前身であるロマネスク・リブヴォールトは次の3つの特徴を持っている。

①形態がドーム状である。
②交差リブ及横断アーチの存在と、その断面・スパンの逆比例関係[1]。
③ベイの正方形と支柱の強弱システム。

古典説では、サンタンブロジオ教会堂石造天井のドーム状リブヴォールトを交差ヴォールトと解釈し、トンネルヴォールトが交差した交差ヴォールトの楕円形稜線を半円化したためであると解釈されている。

この解釈には無理がある。トンネルヴォールト及びその交差した交差ヴォールトは単曲面である。ドーム状ヴォールトの場合は複曲面である。全く施工法が異なるので、別の技術の系譜上に成り立っている。

図2　サンタンブロジオ教会堂内部

第2章　リブ論争とルーツ

表1　古典説による交差リブヴォールトの成立過程

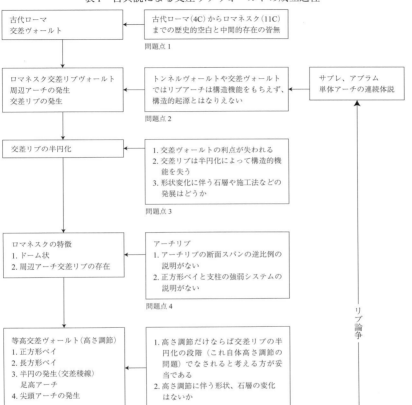

37

古典説の解釈を図式化すると「交差リブヴォールト＝交差ヴォールトの一種」[2]という考え方（これを古典説と呼ぶ）である。古典説による交差リブヴォールトの成立過程を図式化したものが表1である。
　この考え方の個々の問題については表の中で指摘したとおりであるが、全体的な視野から古典説の検討を試みると次のようである。

① 古典説はリブの発生理由と機能及びリブの形態変化とヴォールトの形状との関係についての説明に2分される。
② 古典説はリブの発生理由と機能の説明の中で、交差ヴォールトという構造体に骨組的役割を持つリブの発生理由を説いた。第1次世界大戦を経過した1920年代から疑問が提出され、いわゆるリブ論争として発展するのはこの説明に対してである。
③ これはリブ論争の問題点であるが、その後の議論は「交差リブヴォールト＝交差ヴォールトの一種」という古典史観の枠内で展開されることになる。つまり、相違点であるリブのみに目が奪われ、そのルーツ、伝播、構造的機能等に議論が集中される。
④ そのため、ドーム状リブヴォールト対して異端ないし軽視が生み出され、交差リブヴォールトの前身に対する正確な検討を妨げている[3]。このことは古典説のもう一つの説明──リブの形態変化とヴォールト形状との関係についてもおろそかになっている。

1-2 「交差リブヴォールト」という名称

　ゴシック建築の石造天井を「交差リブヴォールト」と誰がいつ規定したのか私には不明であるが、上記に記したよう弊害を生むので本章では交差状リブヴォールトという名称を使用する。

① 交差リブヴォールトと言う名称はリブ＋交差ヴォールトという風に分解され、交差ヴォールトという構造体にリブが組み合わさったものという先入観を生んでいる[4]。

②ドーム状リブヴォールト[5]との対比で交差状リブヴォールトという名称を用いる。

この名称の問題はリブヴォールトをどのようにとらえるかという本質的問題が含まれている。リブヴォールトをリブとヴォールトを切り離して、リブ＋交差ヴォールトとして描く時はすでに後者の交差ヴォールトはそれ自体自立した構造体であるからリブの発生及び機能における構造的要因の契機を失うのである。反古典説の主張はその前提においてすでにリブの非構造性を内包している。リブ論争は古典説[6]の矛盾や限界を明らかにしたが、反古典説[7]は古典説を乗り越えるに至っていない。

1–3　リブ論争について

リブ論争において古典説も反古典説もともに「リブ＋交差ヴォールト」像を基盤としており、これがリブ論争の限界ともなってわけであるが、リブ論争で議論された項目を列記すると次の通りである。

①トンネルヴォールトにおける横断アーチの機能
②交差ヴォールトにおける交差リブの機能
③交差ヴォールトの稜線の截石問題
④ヴォールトパネルの肉厚とリブによる補強の問題
⑤リブの暫定効用——モルタルが硬化するまで仮枠センタリングとしての効用
⑥腰固めとリブとの関係——腰固めのある部分に対してリブは構造上全く不要ということ
⑦貫入リブと支持リブのそれぞれの発生理由、機能、前者から後者への変化の理由について
⑧峰リブの役割について
⑨リブはウェブの迫石より大形なのでたわみが少なくヴォールトを補強するということについて

表2　リブヴォールトのルーツ説をめぐる対比表

⑩交差ヴォールトより交差リブヴォールトの方が、建設資金が安いということについて

　古典説と反古典説両者をひっくるめて交差ヴォールト・ルーツ説と呼べよう。これらの説と筆者のドーム・ルーツ説とを対比させ、主張の全体像が分かるようにしたのが表2である。

1-4　ジルマンの主張について

　R.ジルマンは1914〜18年の第1次世界大戦により戦災を受けた教会堂約800棟のうちゴシックの代表作であるランスとソワッソンを選び、1918年6

月から10月にかけて破損状況を調査し、古典説について検討を加えた[8]。

このジルマンの調査結果とそれによる主張は2つの側面に分けて考察した方が適切であろう。

1つは、建築造形としてのゴシック教会堂を合理主義ではなく非物質的なプログラムにおいて解釈する必要があること、つまり、造形精神についてである。

今1つは、交差状リブヴォールトそのものである。これについては具体的な観察事例が挙げられている。列記すると次の通りである。

①ひとつのベイのヴォールトが崩壊しても隣接ベイのヴォールトが崩壊しない。
②交差リブで区画されたウェブの一部が落下しても隣接する区画のウェブは自立している。
③飛梁が破壊されてもヴォールトは落下せず、ヴォールトが崩壊しても飛梁はピアを転倒させていない。
④小さな教会堂では特にヴォールトが軽快で、ウェブはタイルのように崩れ落ちている。
⑤ランスのヴォールトは著しく厚く、砲弾に穴をあけられたが崩壊しなかった。
⑥リブが落下した場合、ウェブの破壊線はほぼリブの方向をたどっている。
⑦リブは、見かけは小さいが横断アーチが崩壊しても落下しない。
⑧リブとウェブの両方が落下している例は、リブが落下した例より多い。

こうした事例は第2次世界大戦による被害においても観察され、交差状リブヴォールトの構造的検討を行う際、納得のゆく理論的説明が要求される。ジルマンはリブそのものの機能については、

①腰固めのある部分におけるリブには支持機能はない
②腰固めのある部分より上部については支持機能がある、としている。

表3　ジルマンの主張

	古典説	ジルマンの主張
造形精神	構造合理主義	高さと神秘性を求める宗教感情
リブの機能	ヴォールトの荷重はすべてリブ、アーチにより伝達される	①腰固め部分では支持機能なし ②腰固め部分より上部では支持機能あり

以上、ジルマンの主張を表にすると表3の通りである。

1-5　サブレ、アブラムの主張について

サブレ、アブラムの主張[9]によってリブ論争が引き起こされ、交差状リブヴォールトの詳細な検討と豊かな考察が生み出され、正確な交差状リブヴォールト像を描写しうる足がかりを提供している。ここではサブレ、アブラムの主張の問題点を指摘し、リブ論争を克服する方向を提示したい。

① サブレ、アブラムの主張はリブの支持機能について「構造的論理」の否定を明確に提起し、それに代わるものとして「造形的論理」を対置した。石造建築における最も重要かつ困難な架構であるリブヴォールトにおいて普遍的に存在するリブの存在理由を説明する時、その発生理由、機能に全く構造的要因がないという事は「不安」や腑に落ちないものをもたらしている。多くの美術史家や考古学者が古典説に執着し、今なおその影響が後をたたないのもこのような理由によると思われる。以下、このような「不安」の根拠を明らかにする方向で論じたい。

② 「交差リブヴォールト」の名称についての項で論じたように、古典説、反古典説ともに「リブ＋交差ヴォールト」像を基盤としているが、サブレ、アブラムの主張（反古典説）は、この「リブ＋交差ヴォールト」像の考え方を純化した地点において成立している。古典説はもっと多様な面、特にドーム状リブヴォールトを含めて論じているのに対し、反古典説は多様な面を切り捨て、交差ヴォールトに対するリブの構造力学的機能という1点に絞って議論を展開し、結論を導いている。「リブ＋交差ヴォールト」像及びそこから必然的に生まれる交差ヴォールトに対する

リブの構造的検討という論理展開自体に問題が存在していることは前述した通りである。

③サブレ、アブラムは、リブの構造的検討の中で、なぜ技術の発展——リブやリブヴォールトの形態発展を論じないのか。この点が大きな問題であり、サブレ、アブラムの主張の限界となっている。古典説は、その論の是非はともかく交差状リブヴォールトを変化発展の論理で説明し、説得力のあるものにしている。「技術は客観的論理を持っている」とよく言われるが、リブヴォールトという架構技術は変遷するものであり、歴史上見られる遺構はリブヴォールトの発展史の個々の環を形成していると言えよう。交差状リブヴォールトの真実に迫るには成立史の考察は不可欠であり、その中でロマネスクの、交差状と異質なドーム状の発生理由、リブの存在と発展(貫入リブ、交差リブ、繰り形)の問題、6分ヴォールトの発生理由と歴史的意義、ウェブ施工におけるイギリス型とフランス型の存在、ベイと支柱組織の変遷(正方形ベイから長方形ベイへの変化、支柱組織の強弱組織から等断面組織への変化)、足高アーチ、尖頭アーチの発生理由等多くの基本的事項を総合的統一的に論じ、整合性のある説明を提起する必要がある。サブレ、アブラムの主張はこれらの問題にはほとんど答えることなく結論を導いているため説得力を欠いている。リブ論争がかみ合わず、実りあるものになっていない理由の一つにサブレ、アブラムの主張に変化発展の論理が欠如していることが挙げられる。

④アブラムの主張の構造力学的検討部分を列記すると次の通りである。

1) リブとウェブの相互独立性の問題
2) 稜線の継ぎ目の有無の問題
3) 石層目地の問題
4) 曲面板かどうかという問題
5) ヴォールト形状の問題

　ここで、1)の問題について古典説ではリブヴォールトは、アーチ、リブの骨組の上に独立した三角形曲面板を載せたものとして描いているが、アブラムはリブとウェブは均質な一体→応力が直線状に変化→

ヴォールトの内輪に亀裂が入る前にリブがすでに亀裂を起す→リブはヴォールトの支持ないし強度増加の役割を果たし得ない、という構図で論理を展開している。

　古典説は「リブは永久センタリングとしての支持機能を持つためにヴォールトウェブと独立していなければならない」[10]と主張する。つまり、支持リブを構造機能上重要であると述べている。そして「初期にはこのことが理解されていなかった」[11]として貫入リブの未熟さを説明している。

　アブラムはこの貫入リブと、リブとウェブの同時亀裂を事例として挙げている。そして「曲面板と交差リブの間に間隙が発生し、両者が相互に独立した例もある。この場合は古典説の言う骨組と曲面板の相互独立ということではなく、交差リブが構造上不要なことを示すものである」[12]と反論している。

　1)の相互独立性の問題は次の2つの面から検討し、その内容を整理する。

㈠ヴォールトとリブが相互に独立した構造なのか——つまり自立した構造なのか、別言すれば一方が破壊されると他方がそれに伴って破壊されるのかと言う点である。

戦災教会堂の観察事例として
①ウェブが落ちてもリブが残っている現象
②リブが剝落してもヴォールトウェブが残っている現象
こうした現象から相互に自立した構造であるという事ができる。

㈡この自立した両者の構造の相互関係についてである。

上記2つの観察事例からはリブがヴォールトウェブを支持しているという結論は得られない。古典説（修正古典説[13]を含む）がリブの支持機能を主張する根拠を列記すると、

(1)ヴォールトウェブの肉厚の薄さと補強の必要性
(2)リブはヴォールトウェブの迫石より大形なのでたわみが少なくヴォー

第2章　リブ論争とルーツ

ルトを補強しうる。

(3)自立ヴォールト論（H.マッソン[14]）の主張
(4)「中高の交差リブヴォールトでは周辺アーチと交差リブが荷重を分担するが、平頭になると周辺アーチはほとんど荷重を負担せず稜アーチと交差リブが荷重を全面的に支持する」（オーベル）[15]
(5)「リブが落下した場合ウェブの破壊線はほぼリブの方向をたどっている」（ジルマン）[16]
(6)「合力を伝達する部分の稜アーチの断面は、交差リブの断面よりはるかに大きく、後者構造上の役割はほとんど問題にならない」（サブレ）[17]

以上6つの根拠のうち(5)のジルマンの観察事例は、前述したように腰固めのある部分より上部においてリブは支持機能があるとする根拠となっているのでここに入れた。

(6)のサブレの主張は、リブとウェブの断面比較論であるため、リブの支持機能の可能性をも示唆しているので、ここに挙げた。

リブの構造力学的機能についての検討はマッソンの説の検討として稿を改める。以下では、オーベルの主張と関連するがドーム状リブヴォールトとの関係でリブの構造的機能の問題について論じたい。

1-6　ドーム状リブヴォールトについて

V.サブレ、P.アブラムは交差状リブヴォールトの構造力学的検討を行っている[18]。しかしながら前身としてのドーム状リブヴォールトについては検討していない。ここでは、サブレ、アブラムの理論をそのままドーム状リブヴォールトに援用してドーム状リブヴォールトの構造力学的検討を行う。

アブラムの交差ヴォールト図[19]において交差リブ部分を半円化、周辺アーチ部分の尖頭

図3　ドーム状ヴォールトの構造[20]

アーチを半円化したものが図3である。図3において、ヴォールト形状がドーム状になるためヴォールトと支柱との接合部分にも修正が必要となり、柱型は矩形から⇧型に変更した。

　「ドーム状ヴォールトの荷重は曲面に沿って直接支点に伝達するか、稜線にそって伝達する。中世のヴォールトはすべて腰固めを備えている。従って1ベイのドーム状ヴォールトは腰固めを起点とする幅の狭い4本のV字型トンネルヴォールトとこのトンネルヴォールトに限定された部分のドーム状ヴォールトで構成される。後者が本当の意味のドーム状ヴォールトで、その荷重はV字型トンネルヴォールトの稜線に集中して支点に伝達される。従ってトンネルヴォールトの荷重を支持するのは稜線に沿ったV字形断面部分——稜アーチである。」[21]

　「中央部分の実際のドーム状ヴォールトの合力は稜線沿いに伝達してピアに到る。すでに述べたようにこの合力は稜線に沿った広い部分に分布しながら伝達されるものであり、この合力の分布範囲は稜を中心としてヴォールトの肉厚以上の幅に及ぶ。従ってこの合力を伝達する部分の稜アーチの断面は、横断アーチの断面よりもそれほど大きくなく、後者の構造上の役割は軽視されない。」[22]

1–7　リブヴォールトの成立史に関する考察

　リブヴォールトの考察には次の2つの解析作業が必要である。

　1つは、リブヴォールト—石層—ベイ、支柱組織といったものの結びつきのメカニズムを追求することである。これは、リブヴォールトの発達史の横断面の考察であるが、これを発展段階ごとに行う必要がある。古典説では、リブヴォールトの構造体とベイ支柱組織の関係が考察されておらず、この欠如がリブヴォールト像を正確に描写しえない要因の一つになっている。

　今一つは、リブヴォールトの発達史に「客観的論理」を求める作業である。この中で大きな問題は交差状リブヴォールトの前身をロマネスクの横断アー

第2章　リブ論争とルーツ

表4　交差ヴォールト・ルーツ説

	古代ローマ	ロマネスク	
①	構造合理主義	交差リブとの組み合わせ	①
②	トンネルヴォールト → 交差ヴォールト	ドーム状リブヴォールト	交差状リブヴォールト
③		横断アーチ付トンネルヴォールト	③'

表5　ドーム・ルーツ説

	ビザンチン	ロマネスク	ゴシック
ドイツルート	単一ペンデンティブ・ドーム （ドーム状ヴォールト）	ドーム状リブヴォールト	交差状リブヴォールト
フランスルート	（等断面支柱組織）	横断アーチ付トンネルヴォールト （トリビューン1/4アーチ）	（飛梁の発展）

チ付きトンネルヴォールト、あるいはドーム状リブヴォールトとするのか、更にその前身を古代ローマの交差ヴォールトなのかどうかということである。この点について交差ヴォールト・ルーツ説を図式化すると表4のようになる。

　この図式で分かるように交差ヴォールト・ルーツ説は①、③、③と①'、③'の成立過程に大別できる。大まかに言うと③と③'が古典説、①と①'が修正古典説、③が反古典説である。ここで、①と③は論外として、とくに③と③'が重要である。この③と③'においてドーム状とリブの発生と横断アーチ付きトンネルヴォールトの三者の関係が説明されねばならない。しかしながら反古典説の主張によってトンネルヴォールトないし交差ヴォールトにおけるリブ（横断アーチを含む）の構造的発生理由は否定され、上表の発展史は造形史として以外は描き得ない観を呈した。ここで次のような図式（表5）を対置すると古典説の理論的成果と反古典説の主張をうまく融合しえる。

　この図式で古代ローマのトンネルヴォールトないし交差ヴォールトの代わりにビザンチンのペンデンティブドームを置いた。そして、ドーム状リブヴォールトと横断アーチ付トンネルヴォールトとは、構造形式での発展過程はなく、両者それぞれビザンチンのペンデンティブドームの発展ないし解体過程として位置づけ、ドーム状リブヴォールトへの発展をドイツルート、横断アーチ付トンネルヴォールトへの解体過程をフランスルートとして描き、それらの総合過程としてゴシック交差状リブヴォールトの成立を論ずる。フ

ランスでは構造的なものよりも造形や空間の発展においてゴシック建築の成立に寄与することが大きい。

2 「ドーム状リブヴォールト＝ペンデンティブドーム」という史観の可能性について

2-1 ドーム・ルーツ説の検討

ロマネスクのドーム状リブヴォールトをペンデンティブドームであると解釈して、「ドーム状リブヴォールトが発展して交差状リブヴォールトとなっ

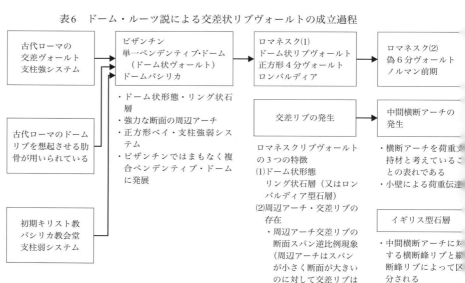

表6 ドーム・ルーツ説による交差状リブヴォールトの成立過程

第2章 リブ論争とルーツ

た」という考え方を前述した。この考え方を次の項目から検討を加える。

① リブヴォールト発達史におけるプレロマネスク期の空白の問題。
② ロマネスク・リブヴォールトの3つの特徴の発生理由と機能上の問題。
③ 貫入リブから支持（非貫入）リブへの発展及び繰り形による有効断面の縮小について。
④ 石層におけるリング状、イギリス型、フランス型について。
⑤ 6分ヴォールトの発生と衰退について。
⑥ 半円アーチから足高アーチを経て尖頭アーチへの発展について。
⑦ 正方形ベイから長方形ベイへの発展及び支柱の強弱組織から等断面組織

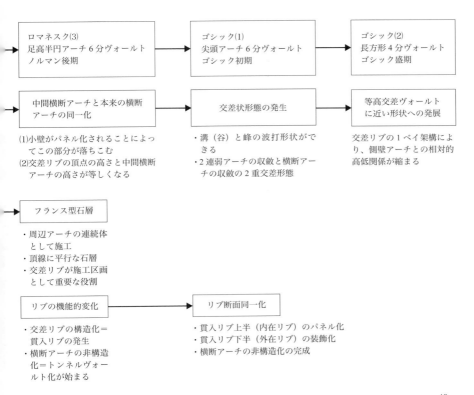

への発展について。

これらの項目を、内容的に検討を加え、古代ローマ、ビザンチンからロマネスクを経てゴシックに至るまでの流れを表にしたものが表6である。

表7　リブヴォールトの成立過程

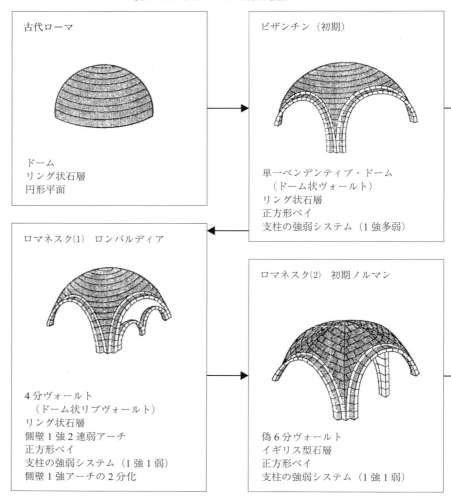

第2章　リブ論争とルーツ

2-2　リブヴォールトの形状の変遷について

　リブヴォールトの形状は発達史の中で一番興味がある問題であるが、筆者のドーム・ルーツ史観を図表化したのが表7である。

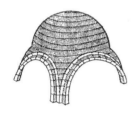

ビザンチン（前期）

複合ペンデンティブ・ドーム
リング状石層
正方形ベイ
支柱の強弱システム（1強多弱）

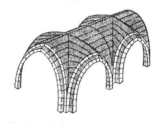

ゴシック(2)　盛期ゴシック

4分ヴォールト
フランス型石層
交差状形態
側壁尖頭アーチ（1スパン）
長方形ベイ
等断面支柱システム

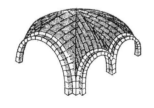

ロマネスク(3)　後期ノルマン

6分ヴォールト→フランス型石層
二重交差状形態
側壁足高2連弱アーチ
正方形ベイ
支柱の強弱システム（1強1弱）

ゴシック(1)　初期ゴシック

6分ヴォールト
フランス型石層
二重交差状形態
側壁尖頭2連弱アーチ
正方形ベイ
支柱の強弱又は等断面システム

51

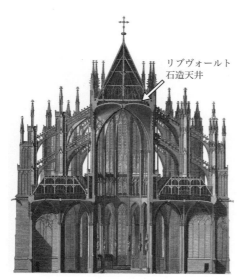

図4　ケルン大聖堂内陣断面図（管理事務所作成）
三角形屋根裏の身廊リブヴォールト断面が中高になっている

　以下、ドーム状リブヴォールト（以下ドーム状と略す）から交差状リブヴォールト（以下交差状と略す）への発展の問題について検討する。ドーム状と交差状の形態的相違の問題は、古典説が理論的に検討しているように交差リブと周辺アーチの高さ関係の問題として捉え得る。周辺アーチの頂点が交差リブの回転体上にあればドーム状リブヴォールトはペンデンティブドームと同一形態である。周辺アーチの頂点が交差リブの頂点と同一高さにあれば交差ヴォールトである。ドーム状リブヴォールトと一般に称した場合、①ペンデンティブドームと全く同一形態と②単一ペンデンティブドームと全く同一形態ではないが中央部分が盛り上がり、ペンデンティブドームに近似した形態とを含んでいる。つまり、後者は、ペンデンティブドームと交差ヴォールトとの中間ないし前者に近い形態の存在ということができる。盛期ゴシックの交差状リブヴォールトでも「多かれ少なかれ中高の特殊なヴォールトである」[23]（図4の身廊リブヴォールト石造天井の断面を参照）。

　以上は、交差リブと周辺アーチの背（張り高さ）だけで見たわけであるが、後述するようにベイの2分化という問題との関係でアーチ背の問題を見ていく必要がある。この点が古典説と決定的に違う点である。そのために尖頭アーチの発生理由や6分ヴォールトの成立理由についての説明が異なって来る。この点を表にすると表8の通りである。

　交差状リブヴォールトの形態において古典説は、問題点の所で指摘したように構造上の説明においても事実との一致においても問題点を持ってい

表8　ルーツ説をめぐる問題点及び利点

	ドーム状から交差状への変化	張り高さ調節の理由	問題点及び利点
古典説	交差リブと周辺アーチの背（張り高さ）の調節	ドーム状では壁リブに横圧がかかる欠点を取り除くため	①尖頭アーチの発生を見る6分ヴォールトでは依然として強い中高の形態である ②実際には半円アーチと尖頭アーチは同時に使用されており、尖頭ヴォールトを支持する壁体が円筒ヴォールトを支持する壁体よりも薄くつくられているというわけではなく、構造上有利なので尖頭アーチ、尖頭ヴォールトを選んだということは言えない ③高さ調節とベイの2分化及び6分ヴォールトの成立との説明がないため、あたかも正方形ベイのドーム状形態がそのまま正方形ベイの交差状リブヴォールトになったという印象を与え、長方形ベイの交差状形態の成立が説明されない ④交差ヴォールト→ドーム状リブヴォールト→交差状リブヴォールトという先入観がある
ドーム・ルーツ説	同上	ヴォールトパネルの2分化によって生じる側壁アーチのスパンと高さの矛盾とその解決のため	①6分ヴォールトと尖頭アーチの発生との関係がうまく説明される ②交差状への変化を形態上の理由から説明できる ③半円アーチ→足高半円アーチ→尖頭アーチの発展を一貫した論理性で説明できる ④石層におけるイギリス型とフランス型の存在理由が説明できる

る。これに対して、ヴォールトウェブの2分化として説明した場合、側壁のアーチの2分化、その回答としての交差状の形態、尖頭アーチ、6分ヴォールトの生成が説明される。つまり、交差リブと周辺アーチの高さ関係が変動する、別言すれば高さ調節の必要性が生まれるとドーム状形態から交差状形態への質的転換が生じる。その確固たる要因として2分化（後述）が存在する。それは高さ調節と言う意味が古典説とは異なり、2分化によって生じる側壁アーチのスパンと高さの矛盾とその解決として描かれる。1スパンで2スパンアーチの高さを得ようとすると1スパンアーチを何らかの形で高める必要がある。

　その結果として足高半円アーチを経て尖頭アーチが生じる。このことを、視点を変えて次のように説明できる。周辺アーチをその高さを変えずに、スパン（2スパン）だけを縮め1スパンアーチにし、この1スパンアーチを左右

に並べる。そうすると周辺アーチの頂点は交差リブの回転体より上にはみ出す。これによってドーム状形態が波打ち、谷と峰ができ、ドーム状の外観は交差状の外観を呈することになる。

2-3 石層の問題について

　ドーム状と交差状のリブヴォールトの違いの今一つの面は、石層の問題である。まず、ペンデンティブドームと同一形態、同一石層のドーム状リブヴォールトを考える。ここでは完全なドームと同じく水平リングを交差リブ（半円アーチ）の基準線に沿って積み上げた石層目地をもつ。ここでペンデンティブドームないしドーム状リブヴォールトは完全なドームとは異なり構造枠組みが正方形であり、積み重ねられた水平リングのうち下半分に属する水平リングは切断され連続性を失い、周辺アーチの間を結ぶないし埋めると言う機能に変化している。

　すなわち、リブヴォールトの上半分と下半分とは質的に異なる機能を持っていると言ってよいであろう。下半分の石層に注目すると、その施工は周辺アーチの間をどう埋めるか──周辺アーチの4頂点を結ぶ石層の形状をどうするかと言う問題に帰着する。その一番の簡単なものとして直線状が考えられる。この直線状石層を基に上部石層架構を行ったヴォールトウェブを表9でカタロニア型と称した[25]。この石層の形状は正方形ベイに45°の傾きをもった内接正方形であり、ウェブ施工区分としてはベイの各辺の中点──周辺アーチの頂点──を結んでできる1/4正方形になる。ここに峰リブが発生する理由がある。それは構造ないし施工区分としての機能を持ったものである。

　次いで、施工区分として交差リブをも若干ながら考え出した石層の形状がイギリス型である。イギリス型では交差リブ上で石層が幾分屈折する。これら両型の石層は交差リブと直交し、峰リブないし峰（ボスと周辺アーチの頂点を結ぶ線）と45°で交わる。言わば、偽4分ヴォールトと名付けられよう。この変化を交差リブ周辺アーチと交差リブの高さ調節との関係で見ると、交差リブでの谷や頂線での峰の形成がまだわずかな程度であることを示唆している。

第2章　リブ論争とルーツ

表9　石層の変遷

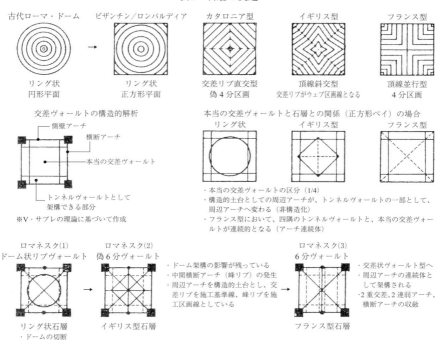

　前述したように、側壁アーチが2分化され、これまで峰であった部分が谷となり、交差リブ部分のより深くなった窪みとともにヴォールトは6分化される。すなわち、横断方向の峰リブが横断アーチ化し、これと交差リブにより6つの施工区分に分割される。この6分ヴォールトにおいて下半分（持ち出して積める部分）を、交差リブと周辺アーチの間を直線状に埋める方法（この点では前記のカタロニア型、イギリス型と変わらない）で施工していくと側壁アーチの連続体としてのトンネルヴォールトの左右より積み上げていく形となる。

　つまり、頂線平行型であり、上半分もこのように施工される。フランス型の成立である。ここで問題なのは6分ヴォールトでは、周辺アーチと交差リブの頂点の高さの差がドーム状ヴォールトと変わらぬ位にあり、そのため石層の積み上げ高さが交差リブ側と側壁側で異なって来る。その解決法として、

55

①石層の幅を交差リブ側で幾分厚くした形で施工する（放射状型）
②同一幅で施工することを旨としながら、所々に途中で石層が切れるものを入れて調節する。この場合、石層目地の基準線を頂線に置くか、水平線に置くか、あるいは交差リブや側壁アーチに置くことも考えられる。頂線に基準線を置いたものがフランス型である。
③ヴォールトウェブの上下で石層目地の方向を変えるやり方。例えば下半分ではイギリス型、上半分ではフランス型といったやり方である。アンジューのドーム状リブヴォールトでは現にこのようなウェブ施工法が見られる。

ヴォールトウェブの石層におけるフランス型の成立はヴォールト全体の波打つ形状が周辺アーチの連続体ないしその収斂として意識され、迫石の葺き上げる方向がドーム状の場合の点に対して交差状の線を明確に認識した所に生まれる。以上石層の変化等について述べたものが表9である。

2-4 支点数について

形状や石層などに変化が生じるには内的又は外的な余程の理由がなければならない。石造建築において最も困難な部分は石造天井であり、その安全な架構とはその荷重や横圧をいかに処理するかという点にかかっている。横圧

表10 ベイと支柱組織の変遷

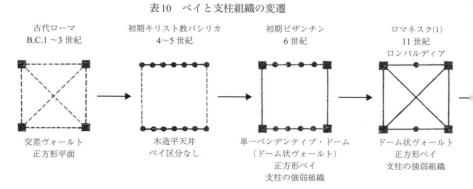

第2章　リブ論争とルーツ

処理には飛梁が考案されるわけであるが、荷重については支柱の組織の変化に注目しなければならない。支柱組織とベイの変化を表にしたものが表10である。

　古代ローマでは4隅にしか柱がなく、正方形区画ないしベイの上に交差ヴォールトが載る。初期キリスト教時代の支柱組織は木造天井又はトンネルヴォールトであるためベイ区画がなく等断面支柱が密に並んでいる。古代ローマの支柱を強柱とすると初期キリスト教時代の支柱は弱柱と言えるだろう。ビザンチンのペンデンティブドーム架構は支柱組織において見ると古代ローマの交差ヴォールトの支柱組織と初期キリスト教バシリカ教会堂の支柱組織とを結合した形になっている。ビザンチンのペンデンティブドームをドーム・バシリカと通称されているが、支柱組織の在り方からすると交差ヴォールト・バシリカというのが正しい。あるいは交差ヴォールト支柱組織の上にドーム天井を架構した形式と言えるだろう。

　ここで次の諸点が重要である。

①従来の説では正方形区画をいかに架構するかと言う点のみが強調されている。スキンチ・ドームやトロンプ・ドームとペンデンティブドームの違いは単にドーム架構の違いだけでなく支柱組織の在り方において決定的に違っているのである。前二者は正方形区画の四面が壁であり、この

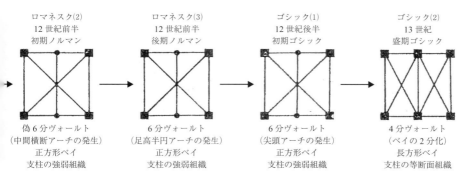

壁体が支持構造となっている。後者は四隅の支柱によって支持する構造である。

②ドームは初期において円形次いで矩形の壁体で支持するのが常であった。古代ローマのパンテオンは円形の壁体が支持構造である。一方、トンネルヴォールトや長堂形式の木造屋根の支持体は列柱を旨としていたと考えられる。恐らく古代ギリシアの神殿に始まると思われる。この段階では構造の単位ベイの発生は考えられない。交差ヴォールトの正方形区画四柱支持がベイの発生と考えられる。この三者が結び付き、ドーム架構・正方形ベイ・支柱の強弱組織として成立したのがビザンチン建築である。従ってベイ組織の始まりは古代ローマの交差ヴォールトに置くにしても支柱の強弱組織はビザンチン建築に始まるとしなければならない。ビザンチン建築では強柱の間の弱柱の数は2本以上であるが、ロンバルディア建築では強弱交互組織となる。この強弱交互組織はいつ始まったか分からないが、それを1つの古典的形式に洗練したのは恐らくロンバルディアであろう。ビザンチン建築では複合ペンデンティブドームへとすみやかに発展していくが、そこには古代ローマ以来培われてきたドームへの郷愁とそれを実現する技術的裏付けが見られる。

　一方、ロンバルディア・ドーム架構に満足し、そのもとでの洗練と発展を行っているが、そこにはドームへの執着が見られる。いずれにしろロンバルディアの正方形ベイ・支柱の強弱交互組織・ペンデンティブドーム架構がその後の西欧のリブヴォールトの発展の原点となる。

③ロンバルディアの支柱組織において1正方形ベイを見ると強柱4、弱柱2都合6柱ある。ところが、この支柱組織に置いて中間の弱柱は身廊石造天井を支持していない構造形式である。つまり、弱柱は構造機能上「遊んでいる」のであり、ここに強弱組織の致命的欠陥が存在する。身廊天井はドームであり、それを支えるのは四隅の支柱は側廊の天井を支えるだけのという認識が生きている間は、強弱組織に致命的欠陥は「存在しない」。

　しかしながら、身廊の石造天井をドームとして意識せず、それを有

利・安全に架構しようとすると、この「遊んでいる」中間支柱を利用しようとする考えが起こるのは当然であり、極めて合理的で自然な発想である。身廊天井を4柱ではなく6柱で支えようとする。支点数の増加である。この支点数の増加はベイの変化から見ると正方形ベイが1/2正方形ベイに分割されることである。ベイの2分化である。

　この2分化が中間横断アーチを生み、ヴォールトウェブを2分化していくのである。6分ヴォールトの成立も尖頭アーチの発生も2分化の過程の所産である。6分ヴォールトは究極的に長方形ベイの交差状リブヴォールトの成立にとって変わられ、その歴史的役割を終える。

　こうした2分化は従来論じられてきていないが、ドーム状リブヴォールトから交差状リブヴォールトへの発展の底流にその変化発展の推進力として支点数の増加に始まる2分化の過程があることを洞察することが重要である。これは筆者のドーム・ルーツ説の要とも言える部分であり、古典説と決定的に違っているとところである。

2–5　アーチ、リブの機能について

　アーチ、リブの機能の問題は、ルーツの問題とともにリブ論争の主たる争点である。アンリ・フォションは「オジーブのルーツは一体何であろうか。オジーブを使用した最も古い建物は何だったのであろうか。この2重の疑問は建築の最もデリケートで、最も議論の多い問題に触れるものである」と述べ、以下議論を展開しているが、それをまとめると、次の通りである。

①古代ローマからロンバルディアに引き継がれた。しかし、その両者間の仲介者が見当たらない。
②イスラム支配下のスペインやフランス西部地方のリブ付円蓋も考えられる。後者は「典型的なオジーブに至る中間的段階を表しているものと考えられる……。このヴォールトでは直角に走る目地が、環状に載石を並べていく円蓋の組積み法を思わせる。」
③アルメニアのオジーブ（10世紀末）が西欧に移植され、古い交差ヴォー

表11 アーチ、リブの変遷

古代ローマ、ビザンチン	ロマネスク(1) ロンバルディア	ロマネスク(2) 初期ノルマン
ドームの内側に材料節約、装飾あるいは補強の役割で用いられる	・断面の太い円周アーチ（構造的）と断面の細い交差リブ（装飾的、補強的、施工基準線） ・アーチ・リブの断面スパン逆比例現象	・偽6分ヴォールト ・中間横断アーチの発生 ・アーチ・リブの断面スパン逆比例現象 ・（峰リブの発生）

ルトと組み合わされた。

　こうしたフォシヨンの考えはリブとヴォールトを切り離し、リブだけのルーツに迫っている。そしてリブヴォールトは交差ヴォールトの一種ないし派生したという考えを前提にしている。
　リブの機能についてのフォシヨンの見解は次の通りである。

①オジーブの初期の諸実験は、疑いもなくそれが構造的に支持体として案出されたものである。また、オジーブが急速に流布したのも構造体の一部としてであった。そして西欧において交差ヴォールトと対決する。
②「オジーブは建築家が自分の引いた図面を具体的な形にし、自分が築こうとするヴォールトの実大線形を石でもって描くことを可能にしていた」（P・アブラム）。これによって非常に多様なヴォールト相互貫入方式が発展する。しかし、石造の型枠を選ぶのであろうか。ロマネスクの半円筒ヴォールトにおいては横断アーチの場所は任意であるが、オジーブは対角線状に、かつ決定的な箇所を選んで設けられている。自然発生的な対角線アーチが、意図して考究された対角線アーチになったという

第2章 リブ論争とルーツ

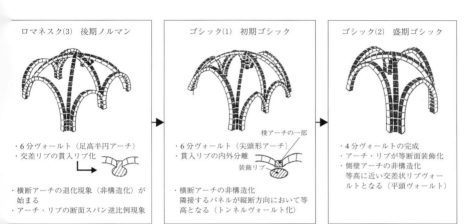

ことが重大である。オジーブは大きな圧縮力の働く「場所」を実体化し、明確化し、とりわけそこに力感を賦与していく。こうした進化発展の中間段階として貫入リブがある。

③ヴォールトの圧密現象や剛性化の現象

オジーブはヴォールトの一部として荷重を部分的に負担し、これを横圧力に変える剛性化の部材をなしている。

④交差ヴォールトがオジーブ・ヴォールト同じ技術的利点をそなえていたとすれば、リブなしの交差ヴォールト架構が稀であり、また装飾を否定したシトー派が何故オジーブを広く受け入れたのか。

⑤中世の建築家は、大聖堂についてヴィオレ・ル・デュックの考え方と同じような考え方をしていた。

⑥オジーブは施工技術的、構造的、視覚的価値を有する。

以上がフォションの考え方である。彼の考え方でリブが構造的機能を有するとする理論的説明はただ③の圧密や剛性化の現象部分だけである。これについてはサブレや、アブラムによる反論がなされている。また、反古典説は歴史的考察を欠いていることが決定的欠陥となっている。構造力学的検討と

ともに歴史的考察を行い、その中でリブヴォールトの形状変遷、石層の変遷、6分ヴォールトと尖頭アーチの発生、正方形ベイと支柱の強弱組織、及びそれらの長方形ベイ、支柱の等断面組織への発展などと総合的に関連させて検討を加える必要がある。こうした検討を踏まえてアーチ、リブの発展を表にしたのが表11である。

アーチ、リブの機能やルーツを考える上で重要なことは横断アーチと交差リブの断面・スパンの逆比例現象である。この点について従来の説はどう説明しているのか見てみる。

①古典説（ヴィオレ・ル・デュック）は「交差リブヴォールトの横断アーチの断面がリブより大きいのは飛梁の推力に対抗するため」と説明している。

②反古典説（アブラム）は「構造部材の規模を荷重に応じて決定することは建築技術者にとって基本的な知識である。しかるにリブの断面はスパンに全く比例しておらず、小さなスパンの側廊にも大スパンの身廊にも一般に同一規模のリブを使用している。また横断アーチは、よりスパンが大きく、ヴォールトを支持すると考えられている交差リブよりも一般に大断面に作られている」とリブの非構造的機能の根拠として説明している。

その他、断面についてはリブの繰り形の問題があるがここでは省略する。

アーチ・リブの断面スパン逆比例現象はドーム状リブヴォールトを前身として考えた場合、構造上極めて合理的である。即ち、周辺アーチがその上に載るリブヴォールトの土台であり、構造的骨組である。それに比して交差リブはドーム状リブヴォールトの補強ないし施工基準線を兼ねた装飾的なものであり、構造的機能は持ちえない。周辺アーチの高さが高くなり交差ヴォールト的形状になるに従い周辺アーチはその構造的機能を喪失し、逆に交差リブ部分が荷重伝達の集中する重要な部分となる。

アーチ・リブの断面スパン逆比例現象はその前身がドーム状であり、ドー

ム架構を基本としたものであることを示唆する重要な事柄である。

①アーチ、リブはリブヴォールトとしてヴォールトと本質的に一つのものである。
②リブヴォールトの前身を交差ヴォールトとするとリブ、アーチの発生理由や機能を説明できない。
③アーチ、リブの断面スパン逆比例現象はリブヴォールトの前身がペンデンティブドームと同じドーム状リブヴォールトであることを示している。
④アーチ、リブの機能はリブヴォールトの形状がドーム状から交差状に変わるにつれて変化する。
⑤リブヴォールトの形状はアーチ、リブによる施工基準線によって決められる。
⑥交差リブの発生は、ヴィオレ・ル・デュックの言うように型枠から発生したと考えられる。

　ドーム状ヴォールトをフリーハンド工法で施工する時、施工基準線として木造型枠として用いられる。西欧が歴史的に施工技術の著しく低下した時代のとき、ドーム状ヴォールトの形状維持のため木造型枠を残したままの状態があったと思われる。そのやり方が、技術が向上した時代に型枠を石造化する着想に至ったものであろう。初期の石造型枠（交差リブ）は、横断アーチと同じく貫入リブとして作られた。ドーム状から交差状にヴォールトが変遷するとき、貫入リブは型枠及び施工基準線として重要な役割を果たした。しかし、盛期ゴシックの時、交差ヴォールトに近い交差状リブヴォールトでは、交差リブの貫入はなくなり、交差リブの構造的役割は施工時のみとなり、完成後は造形的装飾的役割になったと考えられる。さらに、リブの発生は分蓋工法と関連している。フリーハンド工法で造られるヴォールトは、4分されて、それぞれが独立した湾曲を持つところに石層アーチの端部を長期的に安定させるために石造センタリング（リブ）が必然的に発生する。

注記
1 交差リブと横断アーチのスパンを比較すると、前者は後者より大きい。しかし、その断面を比較すると反対に後者の方が大きい。
2 例えば「交差リブヴォールトは交差ヴォールトから派生したもの」(オーベル)。
3 「交差リブヴォールト＝交差ヴォールトの一種」という文脈から古代ローマの交差ヴォールトを祖と仰ぎ、ドームまたはドームがかったヴォールトを異端視する考えが生じる。フランス中西部のドーム状リブヴォールトは北部リブヴォールトと相補ってゴシック建築史の太い流れを形成しているが、その研究が立ち遅れているものもこのような史観に起因している。従来のゴシック研究はイール・ド・フランスを中心としたもので、言わばそこから時間的空間的にと遠ざかるにつれて不透明度が増している。
4 例えば、①「西欧では、リブを必要としない交差ヴォールトと組み合わせようとしたのでリブの自由な発達は妨げられ、骨組アーチとヴォールトの関係は一定せず、その役割は大きくなったり、小さくなったりした」(パルトルサイチス)、②「リブは石工の考案で、アルメニア地方で開発され、急速に伝播した構造アーチである。フランスでは強い伝統を持つ交差ヴォールトに構造リブを用いるという、アルメニアとは異なった方向をたどった」(フォション)。
5 普通、ドーム状ヴォールトと呼ばれているが、正確を期してドーム状リブヴォールトと称する。
6 ヴィオレ・ル・デュックやショワジーの説は古典説と呼ばれている。ここではその後の修正古典説も含めている。
7 V.サブレやP.アブラムの説は反古典説と言われる。
8 Roger Gilman : *The Theory of Gothic Architecture and the Effect of Shellfire at Rheims and Soissons*, American journal of Archeology. 2 series, vol. XXIV, 1920, ne1, p.30/72.
9 「交差リブヴォールト：リブの役割は装飾」Victor Sabouret, 土木雑誌（仏）, 1928.

   Pol Abram : *Viollet-le-Duc et le rationalismē mediēval*.
10 飯田前掲書p.220.
11 同上。
12 同上p.68.
13 サブレ、アブラムの反古典説の批判を受け入れて修正しつつも「交差リブは構造上の機能を持つ」(オーベル)とする説。古典説の修正者の主張は様々

であるが、リブ又はアーチが何らかの構造的機能を持っているとする点では共通している。

14　Henri Mason : *Le rationalismē dans l'architecture du moyen àge*, B. M. 1935, 94巻 p.29/50.
15　飯田前掲書p.80.
16　同上p.14.
17　同上p.21.
18　同上pp.21, 29-30.
19　飯田前掲書、付図、p.6、2-17図
20　ここでの名称は従来通り、ドーム状ヴォールトと称したのは交差ヴォールトという構造に対応して、リブのないヴォールト構造体を考えたためである。
21　飯田前掲書p.29.
22　同上p.21.
23　同上p.58.
24　世界建築全集7、西洋建築Ⅱ、平凡社、1961年、p.537.
25　カタロニア・ヴォールトはこのような斜交型の石層を持っているが、現在のカタロニア・ヴォールトから推定すると峰リブは発生していない（*Medieval Structure the Gothic Vault*, p.23）。この形式は前イギリス型とも言える。ロンバルディア・ヴォールトについては残念ながら石層が分からない。ビザンチンのペンデンティブドームでは、周辺アーチと並行する石層で積まれている。石層の問題は最後の章結びを参照。
26　アンリー・フォション著、神沢栄三他訳：西欧の芸術1　ロマネスク（下）、鹿島出版会、1976年、p.113.
27　同書p.113.
28　アンリー・フォション著、神沢栄三他訳：西欧の芸術2　ゴシック（上）、鹿島出版会、1976年、p.11.
29　飯田前掲書p.60.
30　同書p.90.

第3章　ケルン大聖堂内陣石造天井の形態分析

序

　本章では、西欧中世ゴシック建築の代表作の一つであるケルン大聖堂の内陣身廊リブヴォールトNo.90の測量図を取り上げ、その形態に関して幾何学的考察を行う。

　これまで、リブヴォールトの形状について、しばしば複曲面という指摘がなされてきており、このことを断面図等など確認できる資料は多い。しかし、リブヴォールトの正確な形態に関する測量図や形態の分析事例はほとんどない。だが、公刊されず各聖堂に保管されている例は多いように思われる。本研究での測量図面もケルン大聖堂に保管されるものであった。このように公刊された測量図面も少ない中で、この測量図の考察は複曲面形状を数値的に確認する点で学術的意義は大きい[1]。

　ケルン大聖堂（図1、図2）は、フランス、アミアン大聖堂を手本にして設計され、1248年内陣より起工、1320年内陣を献堂した。これが本稿で取り上げる内陣リブヴォールトがフランス型（図7）になっている理由である。その後、工事は進められたが、1560年工事は中断し、1840年工事が再開され、ようやく1880年に完成した。本格的なゴシック建築としてドイツ最初のもので、規模も当時最大のものであった。

　第2次世界大戦に際し、幸い内陣身廊部の被弾は免れた（図3）。従って、同内陣石造天井（図5）は中世期当時のリブヴォールトの形態を残す貴重な遺構である[2]。

図1　ケルン大聖堂西正面　　　　　図2　ケルン大聖堂内東方を眺める

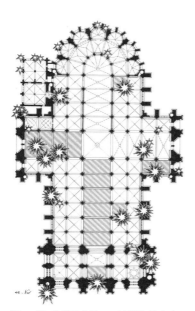
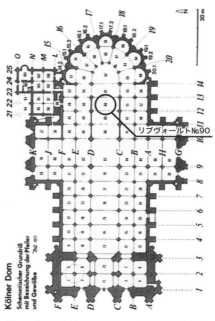

図3　第2次世界大戦での被弾箇所平面図　　図4　番号付き平面図とヴォールトNo.90の位置
　　（ケルン大聖堂管理事務所提供）　　　　　（ケルン大聖堂管理事務所提供図面に加筆）

第3章　ケルン大聖堂内陣石造天井の形態分析

　今回取り上げる測量図面は、750年祭の準備の一環として作成されたものである[3]。測量の目的は、ヴォールトの形態を正確に知ることによって中世当時のリブヴォールトの施工を明らかにしようとするものであった。図7に見るように、内陣のリブヴォールトは、フランス型であり、本考察は、フランス・ゴシックのリブヴォールトの考察にもつながるものである。

1　リブヴォールトNo.90の現況

　ケルン大聖堂の石造天井であるリブヴォールトはすべて番号が付けられて管理されている（図4）。
　ケルン大聖堂内陣の身廊リブヴォールトは、4分ヴォールトと放射状ヴォールトの2種類のリブヴォールトからなっている。4分ヴォールトは東西方向に4個並び、半円に丸くなった東端部は放射状リブヴォールトである。内陣部分のリブヴォールトの番号は、交差部に隣接する部分からNo.88、89、90、91、92である。No. 92は放射状リブヴォールトである。この内、No. 90

図5　内陣天井見上げとNo.90のリブヴォールトの位置（矢印部分）

図6　No.90の4分ヴォールト（矢印）を含む内陣天井裏を西（交差部）に向かって撮影

について実測されており、本章ではこの4分ヴォールトの実測値について考察したものである（図6の矢印のヴォールト）。

　4分ヴォールトと言うのは、長方形ベイに交差リブを架けたもので、ベイが4つの三角形曲面板に区分されることから命名されている。リブヴォールトは、アーチ・リブと4個のヴォールト・ウェブ（ウェブは曲面板のことで、リブやアーチを除いた部分。単にウェブとも呼ぶ）で構成されている。内陣ではそれぞれのヴォールト・ウェブの石層が頂線に平行なアーチを示しており、ウェブは全体的として複曲面の形態をしている。屋根裏から見た時のNo.90のリブヴォールトの形態は図7に示す。

　リブヴォールトの下部は、腰固めされており、支柱や壁の延長となっている（腰固めは、図8を参照）。その上部が本来のリブヴォールトを形成している。ここで横断アーチ、壁付きアーチや交差リブは尖頭形をなしており、アーチやリブの間に複曲面のウェブが架構されている。

　リブヴォールトの形状考察において、先ず、これらの尖頭アーチの中心点の位置や半径の大きさがどうなっているのか、次いで、横断アーチと交差リ

第3章　ケルン大聖堂内陣石造天井の形態分析

図7　ケルン大聖堂リブヴォールト No.90 の詳細（天井裏）、表面の石灰モルタルがはがれ、石層がフランス型を示している（右側が東、奥が北、手前左側が南）。

図8　リブヴォールトの腰固め、写真凹部の底面が腰固めの上面、右手の壁が横断アーチ上の区画壁（19世紀に増補）で、隣のベイの腰固めに移ることのできる丸い穴（矢印）が開いている。

ブとの形態関係、ヴォールト・ウェブ頂線の曲率や腰固めの決め方について調べた。

　天井裏から見たリブヴォールトは、4分ヴォールトの形態、複曲面ウェブ、その中の石層の状態、石灰モルタルで外装されている様子、安全性確認のためハンマーで叩いた跡などが克明に見て取れる。このリブヴォールトの周囲はベイ区画と言い、東西方向は壁付きアーチで、その上に壁体が立ち上がっており、南北方向には横断アーチが走り、その上は区画壁で、ベイの仕切りとなっている。ベイの4隅は凹部をなし、腰固めがされている。腰固めの上面は観察できる（図8）。区画壁は、腰固めのところに、隣のベイの腰固めに行き来できる丸い穴があけられ、作業用に移動できる構造になっている[4]。また、南側北側の両端に床が設けられてあり、消防用を兼ねた作業用通路になっている[5]。

2　リブヴォールトNo.90の幾何学的形態分析

　測量図は、座標点が数値で示されている。従って、座標の数値をもとに復元的にリブヴォールトの形態を正確に知ることが出来る。本章は、測量図面に記載されている数値から幾何学的に考察し、リブヴォールトの設計に用いた幾何学を推定する方法で作業した。

　測量図は3つの断面図から出来ている。図9伏図に示すように、A–A'断面（図10）は、要石を通って東西方向に切断した断面図で、壁付きアーチが示されている。B–B'断面（図11）は、要石を通って、南北方向に切断した断面図で横断アーチとウェブの断面が測量されている。C–C'断面（図15）は、交差リブの西北側半分の形態が測量されている。交差リブ全体は、飾迫縁図（図16）として測量されている。本章では、壁付アーチのA–A'断面の分析は割愛し、図面のみ掲載した。

　測量図の座標では、レベルとそのレベルにおける尖頭アーチの位置が測量されている。また、交差リブについては更にリブの迫石の接合点の座標が示されている。

第3章　ケルン大聖堂内陣石造天井の形態分析

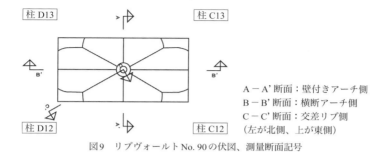

図9　リブヴォールトNo. 90の伏図、測量断面記号

　考察は先ずこれらの座標点をもとに中心点を求め、次いでその半径の円弧（であるかどうか）、半径の大きさ及びヴォールト・ウェブの曲率、腰固めの高さなどとの関係における幾何学的関係について考察する。
　考察手順は次の通りである。

①横断アーチ、交差リブの中心を求める。
②アーチ、リブは円弧と仮定し、それらの中心の位置および半径を調べる。
③ヴォールト・ウェブの曲率とその半径の中心位置及び腰固めの高さを調べる。
④壁付きアーチについては、本章では考察から割愛した。

リブ、アーチの中心の考察の方法は次の通りである。

①測量図には、測量点の座標が示されているので、その座標点を利用して中心点を求める。
②座標点の数は、1つの円弧につき5〜15個あるので、それらすべてについて弦を引き、その垂直二等分線により、各々の中心点を求める。
③その中心点の分布図を描き、その密集度によって中心点の位置を求める。
④求めた中心点から、実測値との誤差が一番少ない円弧を描きその半径を求める。
⑤単位はすべてmmである。

73

3　壁付きアーチ、A-A'断面

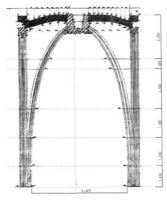

図10　A－A'断面、壁付きアーチ

　壁付きアーチ側の断面は図10の通りである。下部が足高され、それゆえ測量点が少なく、十分な分析をするだけのデータが不足しており、そのため、その幾何学的考察は割愛せざるをえないが、この図の観察から得られることは、概略次のようである。足高は測量レベルの2段目ぐらいで、それ以上がアーチで、そのアーチの半径は、下部内法スパン6,465の約2倍となっている。

　ウェブ厚は、要石を通る中心線上での数値である。他の図面も図10のように、細かく数値が記入されている。

4　横断アーチ、B-B'断面の分析

4-1　横断アーチの分析について

　横断アーチのB-B'断面は要石を通る中心軸でとられ、横断アーチの形態、ウェブの頂線（南北断面）が描かれている（図11）。横断アーチの各レベルに水平線が引かれており、このレベルと中心線からの距離が記されてある。水平線とアーチとの交点が座標点である。

　図12において、垂直二等分線により、円の中心点を求める。その結果、中心点は2つあることが分かる。

　この図において、求めた中心点により円弧を描き、その半径を求める。半径の大きさは左手アーチの半径（右側中心点）R11,987.6 R11,794.5である。右手アーチの半径は（左側中心点）R10,957.0 R11,943.3である（図13）。

第3章　ケルン大聖堂内陣石造天井の形態分析

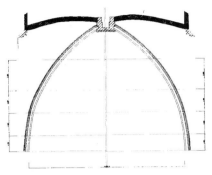

図11　B-B'断面、横断アーチとウェブ頂線

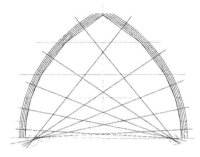

図12　横断アーチ、B-B'断面解析図①

4-2　横断アーチの分析結果について

　分析の結果、左右円弧とも2つの中心がある。横断アーチの中心線（頂点を通る垂線）を見ると、その内法スパン12,484.9で、そのうち、左側6,235.0、右側6,249.9である。このことからは、中心線は、左側（北側）に140ずれている。

　横断アーチの形態の内側に形成される三角形は二等辺三角形だが、内法スパン12,484.9に対して、平均で見た場合、左手11,891.1、右手11,450.0、これらの平均値11,670.5である。正三角形とは言えないが、正三角形を意識して作られたと考えられる。

　このことは円弧の中心点が両端のアーチ起拱点に近い所に設定されていることからも推定される。また、上記結果から、尖頭アーチの右、左とも2つの円弧からなっている。そして、右側（南側）円弧の中心点は、左側よりずれが大きい。

　求めた中心点と半径により、

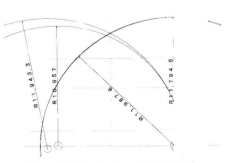

図13　横断アーチ、B-B'断面解析図②

横断アーチを描くと、高さ3,420の位置からアーチの曲率に微妙なずれが見え始め、そのずれは上に行くに従って大きくなる（図13）。

円弧の中心点からの半径について、特にR10,957.0の数値はほかのものと比べて小さい。その理由は定かでないが、ヴォールト天井において上からの圧力による歪みを感じさせる。その圧力の一つに、施工の過程で、腰固めの作業中に型枠が広がった（半径が縮まった）ためと考えられる。

4-3 横断アーチ側断面図におけるウェブ頂線の曲率について

B-B'断面において、ヴォールト・ウェブ頂線の曲率について調べた。この作業は、測量図（B-B'断面図）において、直接、円弧の図形を描き込みながら調べた。ウェブは円弧で出来ており、その中心は、横断アーチと同レベルで、図14に見るように、その半分のスパンの3等分点において中心側3分の1点にあること、また、この円弧の半径は横断アーチの半径とほとん

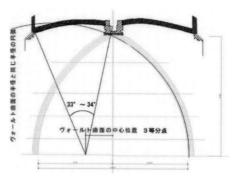

図14　B－B'断面のウェブ頂線への円弧書き込み図

ど誤差がなく同一と考えても良いことも判明した。ウェブの開角は33°から34°である。これらの結果は図14に示した。測量図からウェブの厚みは円弧の半径の約30分の1で出来ている。

5　交差リブ、C-C'断面の分析

5-1　交差リブの分析について

交差リブは、右側測量図（西北側、図15）と全形測量図（図16）を掲げ

第3章　ケルン大聖堂内陣石造天井の形態分析

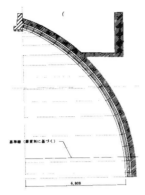

図15　交差リブ、C-C'断面

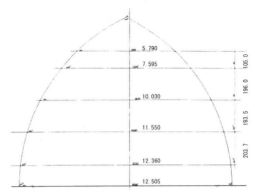

図16　交差リブ全形（西北から東南にかけての交差リブ、左半分がC-C'断面）

た。図15において、13個の中心点を求め、その分布図と半径を図17に示した。この図から小さいほうの円弧の半径はR11,248.9大きいほうの円弧はR12,127.9である。中心点からの円弧を見ると、高さ3,425の位置でアーチの曲率に微妙な変化がみられる。

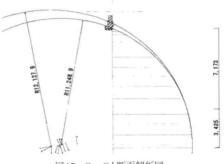

図17　C－C'断面解析図

　ここで、交差リブの測量水平基準線（図15の一点鎖線）は起拱点より840上がったところで取られている。水平基準線でのスパンは、12,360である。本来の内法スパン（基準線より840下がったところ）は、12,501である。

5-2　横断アーチと交差リブの形態関係について

上記考察のために寸法を再記する。横断アーチにおいて
左手アーチの半径（右側中心点）はR11,987.6　R11,794.5である。
右手アーチの半径（左側中心点）はR10,957.0　R11,943.3である。
交差リブにおいて

小さいほうの円弧の半径はR11,248.9である。

大きいほうの円弧の半径はR12,127.9である。

これらの数値を観察すると、横断アーチ、交差リブの半径は同一でなかったであろうか。つまり、同じ型枠を使用したと推定される。

5-3 交差リブと腰固めの幾何学的関係について

次に、交差リブの半径と腰固めの高さについて考察する。腰固めの高さを、測量図から縮尺で求めると8,900である。

既往の研究[6]から、下図のような図式を得ている。実際の腰固めは、この図式に示された対水平角度45°より幾分高く設定されている。対水平角度で見ると3°高く設定されている。今回の測量においてどうなのか調べる。幾何学的に求めた交差リブの半径と腰固めの高さは計算から次の通りである。

図式をそのまま適用した場合、対水平角度45°であるから、小さい方の半径中心位置R11,248.9での腰固めの高さ7,954、大きいほう半径のR12,127.9での腰固めの高さは8,576である。対水平角度48°での高さを求めると、それぞれ8,360、9,013になる。図面（図15）から求めた腰固めの高さは、8,900である。この結果から、下図のような図式に基づき、3°ほど高めに腰固めの高さを決めている。

6 まとめ

ケルン大聖堂内陣身廊リブヴォールトNo.90の形態を測量図に基づいて幾何学的・数値的に分析・検討してきた。本論文の考察を通して、リブヴォールトの幾何学的構成要素、特に横断アーチと交差リブの幾何学的形態およびウェブが作り出す複曲面形状について明瞭に把握することができた。これらの要点をまとめると次の通りである。

①測量図から、横断アーチ、交差リブ共に、僅かであるが、下部と上部で円弧の中心がずれている。すなわち、2つの円弧が並存する形でアーチ、

第3章 ケルン大聖堂内陣石造天井の形態分析

リブが出来ている。これには、施工過程で腰固めの荷重など何らかの圧力が型枠に加わったためと考えられる。

② 横断アーチ、交差リブの半径の大きさから判断すると、型枠は、アーチ、リブともに同じ半径のものを、レベルを変えて使用した可能性がある。

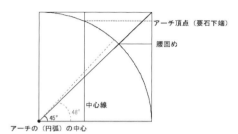

図18　交差リブと腰固めの高さの関係（推定図）
対角線（実線）は対水平角度45°その上の破線は同48°

③ 腰固めの高さは、交差リブの半径を1辺とする正方形の対角線と交差リブ円弧との交点の図式（図18）を用いて決定したと推定される。

④ 図14に見るように、ヴォールト・ウェブの頂線は、湾曲した円弧であり、それ故、リブヴォールトは複曲面形状を形成している。その円弧の曲率は、横断アーチの円弧および半径と同一であり、その中心は横断アーチの半スパンの内側3分の1点に決められている。このことから要石の高さに対して、横断アーチ側の高さがわずかに低くなっている。

注記

1 筆者は、フランス、アンジュー地方のサン・セルジュ教会堂のドーム状ヴォールトの写真測量図を分析している。五島利兵衛、飯田喜四郎：サン・セルジュ教会堂のドーム状ヴォールトの形態的特性の研究、日本建築学会計画系論文集、第387号、1988年1月、pp.154-169.
リブヴォールトが複曲面であることの指摘は五島利兵衛：ゴシック・リブヴォールトに関する研究──施工方法からの考察──、1987年10月、私家版を参照。

2 第2次世界大戦で、連合軍による空襲によって直撃弾を受けたヴォールトは12ヶ所である。うち2発が内陣側廊に落下、10発は、交差廊身廊側廊、外陣側廊、双塔部外壁に落下した。交差廊・外陣の身廊側廊のリブヴォールトはほとんどが崩落した。外陣身廊部の天井崩落は直撃弾ではなく爆風によるものである。今回測量対象に取り上げたNo. 90のリブヴォールトは内陣の身廊

天井で、被災を免れたものであり、中世期に建造されたものである。その石層はフランス型で、フランス・ゴシックの影響を示している。

3　ケルン大聖堂は1997年から1998年にかけて化粧直しのため、ヴォールト内輪を塗装する足場が架けられており、本論文の測量図はこの足場を利用して測量されたものである。管理事務所は、学術的観点から歴史的建造物の厳密な実測に基づく保存研究で業績の高いバンベルグ大学に注目し、依頼して作成したものである。

図19　マーレン・ループニッツ氏　レーゲンスブルグ大聖堂にて

この測量図面は、同大学の建築史保存学研究者マーレン・ループニッツ Maren Lupnitz 女史（図19）が測量し、図化したものである。版権は同女史が所有している。筆者五島は本人にも会い、いろいろ話を聞くことができた。調査結果から、ウェブについて型枠を用いた形跡は見られなかったと言う。リブヴォールトは始めにアーチ、リブが、型枠を使って造られ、次いで、アーチ・リブの上にウェブが作られる。この施工手順については五島利兵衛：フリーハンド応用工法の再現とリブ・ヴォールトのルーツ解明、1998年度～2001年度科学研究補助金（基礎研究（C）（2））研究成果報告書、課題番号10650641、2002年4月を参照。図10、11、14、15、16はマーレン・ループニッツの測量図、その他は筆者が書き込みしたものである。

測量図は、図面だけ頂き、それに関する文章の類は一切ないので、図面の中に書かれている添え書きを紹介する。

図面の添え書きは次の通りである。

  VEROEFFENTLICHTLICHUNGSRECHTE BET MAREN LUPNITZ
  DOM ZU KOELN　BESTANDSAUFNAHME
  PROJEKT:
  CHOR-HOCHSCHNIFF-GEWOELBE
  FELD/PFEILER: 90/C-12-13, u. D12-13
  ZEICHNUNGSNR.11
  DARSTELLUNG EN:
  SCHEMATISCHER GRUND-RISS-M 1:100
  SCHNITTE A-A u. B-B
  ANSICHT, GURTBOGEN

第3章　ケルン大聖堂内陣石造天井の形態分析

　　　MASSTAB 1:50
　　　DATUM: OKT./NOV. 1997, DEZ. 1998
　　　BEARBEITER: MAREN LUPNITZ
　版権はマーレン・ループニッツ所有
　ケルン大聖堂の遺構測量調査
　　　計　　画：内陣身廊ヴォールト
　　　区　　画：90番／支柱間C12-13 と D12-13
　　　図面番号：11
　　　作　　図：100分の1伏図
　　　　　　　　A－A'断面、B－B'断面
　　　　　　　　C－C'断面、飾迫縁図
　　　縮　　尺：50分の1
　　　実　測　日：1997年10、11月、1998年12月
　　　実　測　者：マーレン・ループニッツ
　［本論文筆者注記：支柱のC、Dと断面のC－C'、D－D'とは無関係である］

4　腰固めに開けられた丸い穴は、横断アーチ上のベイ区画壁に開けられたもので、腰固めの上に乗って隣のベイの間を行き来しながら作業したことを物語っている。腰固めの部分は、施工順序として、アーチ、リブに次いで行われ、その上部のウェブの作業足場を構成している。ケルン大聖堂内陣創建当初の横断アーチ上区画壁（区画壁）は、同じ中世のレーゲンスブルグ大聖堂などのように、腰固めの高さから僅かに出るだけでほぼ同じ高さに留まっていた。19世紀に現在のように増補され高くされた。袖廊、外陣の区画壁は、創建当初から穴のあいた丈の高い区画壁となっている（図20）。

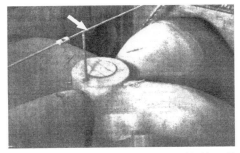

図20　横断アーチの上の区画壁の丸い穴（矢印）の例、ベイはNo.81（北袖廊）のもので、ヴォールトは第2次大戦後再建

5　他のゴシック大聖堂、例えば、レーゲンスブルグ大聖堂の場合、通路は中央に作られ、ヴォールト・ウェブの南北両端は壁際まで見ることができる。ケルン大聖堂の両端の通路は、消防用を兼ねた作業通路で、中世にはなく、後

81

補のものである。図5において、写真の中央に通路がないことが確認される（小屋組の中ほどの高さに鉄骨の中央通路ができている）。両端の通路は写真では見えないが、ターンバックルの両端にウェブに覆いかぶさるように出来ており、写真はその通路から見下ろす形で撮影したものである。

6　ロバート・マークの測量図（飯田喜四郎訳：ゴシック建築の構造、1983年、SD選書183、鹿島出版会、参照）にもとづいて作成した形態図は、五島利兵衛：ゴシック　リブヴォールトの研究──施工法からの考察、1987年10月、私家版、pp. 35-37を参照。

7　五島利兵衛：フリーハンド応用工法の再現とリブ・ヴォールトのルーツ解明、1998年度〜2001年度科学研究補助金（基礎研究（C）（2））研究成果報告書、課題番号10650641、2002年4月を参照

添付資料　No.90リブヴォールト実測図（次頁）
（版権：マーレン・ループニッツ）［Copyright: Mrs. Maren Lüpniz］
実測日：1997年10・11月、1998年12月

第3章　ケルン大聖堂内陣石造天井の形態分析

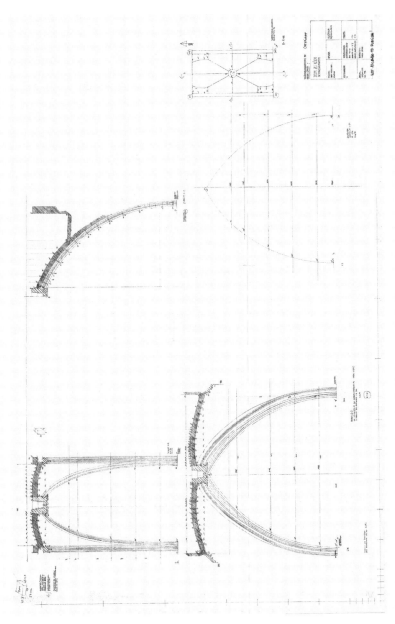

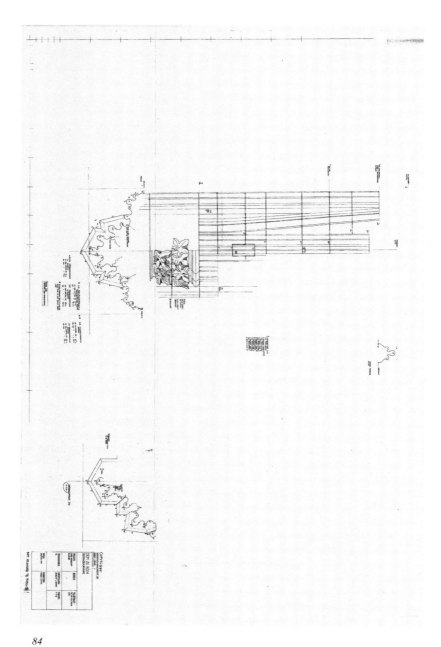

第4章　リブヴォールトの腰固めと施工順序

序

　リブヴォールトは、ヴォールト起拱部の外輪のラッパ状凹部に、粗石とモルタルを混合したコンクリートを充填している。このコンクリート充填物を腰固めfill[1]と称する。従って、リブヴォールトをその構成要素からみるとリブ、殻及び腰固めの3つの部分からなっている。それ故、リブヴォールトのフリーハンド工法を推定する場合、リブの機能や殻迫石積みの方法に限らず、腰固めの役割も検討に加えねばならない。既往の研究では腰固めについてその自重によってヴォールトの推力を安定させる機能とともに荷重伝達機能（リブヴォールトの推力を飛梁に伝達する機能）が指摘されている。しかし、腰固めをリブヴォールトの施工過程の観点からとりあげて検討した研究はない。本章は施工過程における腰固めの施工時期の問題——腰固めをいつ充填したか、すなわち、ヴォールト（殻）の施工途中の段階か、完成後かという問題を考察し、リブヴォールトをフリーハンドで施工する場合、施工途中の段階において腰固めを充填することの必要性を論じたものである。腰の先固め（ヴォールト腰積みがなされた時点で腰固めをする方法）の文献的傍証としてサン・ドニ内陣再建工事に関するシュジェールの記録をとりあげた。先ずリブを架構し、次いでその上にヴォールト（殻）をつくるという順序は既知に属する事柄であるが、この順序の中に腰固め施工という中間段階を導入することは、フリーハンドで施工中リブが石造センタリングとしての機能を果たすかどうかを考える上でも重要な意義をもつものである。

本章第1節では、腰固めに関する正確な認識を得るためにヴォールト（殻）の構造と破壊関節の位置、第2節では腰固めの高さの決定方法について考察した。第3節では腰固めの機能をカテナリー・アーチとの関係で論じ、第4節でサン・ドニ教会堂内陣再建工事に関するシュジュールの記録は、筆者が想定する腰の先固め段階の建設状態を伝えたものと解釈した。そして、結びでは結論としてリブヴォールトの施工を3段階の工程として把握できることを述べた。

1　ヴォールトの分解と破壊関節の位置

　ヴォールト（本章では狭義のヴォールトを言い、殻web又はpanelを意味する）はリブヴォールトの本質的部分をなすものである。ヴォールト最下層の迫石は水平持出積み工法tas de charge[2]を採用している。サブレは、水平持出積みは支壁の延長で本来のヴォールトと構造上区別して考えることができるとする[3]。腰固めは本来のヴォールト外輪の下層の部分が側壁との間に形成するラッパ状凹部（conoid）にコンクリートを充填してできている。言葉をかえれば、本来のヴォールトは下部を腰固めで充填しており、腰固めの上に実際のヴォールトが築かれた状態を呈している。アブラムは、腰固めと、腰固めを基点とする実際のヴォールトを構造上区別するサブレの見解を踏襲している[4]。腰固めに埋もれた部分のヴォールトを腰積みhaunchと称する。以上を整理すると、ヴォールトは構造上・施工

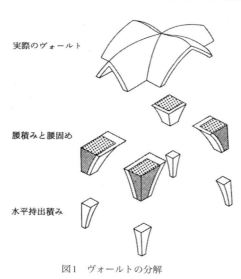

図1　ヴォールトの分解

実際のヴォールト

腰積みと腰固め

水平持出積み

第4章　リブヴォールトの腰固めと施工順序

上3つの部分、すなわち、最下層の水平持出積み、腰固めとそれに相応する腰積み、上層の実際のヴォールトに分けることができる。これを図解したのが図1である。

ところで、水平持出積みや腰固めの高さはどのように決められたのであろうか。サブレは、半円アーチの中心点から、水平線に対して30°の傾斜角度で引いた直線とアーチの交点（これを30°の位置又は高さと略称する）を腰の破壊調節 joint de rupture とする[5]。

石造半円アーチの破壊調節は久しい間約45°の位置とされた。クーロンは、破壊関節の位置を試行錯誤で正しい位置に求める方法を説き、45°の点に設定するのは間違いであることを示した[6]。ゴーティらの実験はクーロンの考えを裏付けた。その位置は1822年ボワタールにより行われた実験でも確認されたもので[7]、アブラムはヴォールトの推力と形状及び厚さとの関係を検討する当り、尖頭トンネル・ヴォールトにも、30°の位置に破壊関節を想定し、メリの図式解法を用いてこの位置のヴォールト推力を計算している[8]。破壊関節を利用してヴォールトの推力を計算する経済的なメリの図式解法が土木年報 Annales des ponts et chaussees に発表されたのは1840年である[9]。ボワタールらの実験による裏付けにも拘らず、破壊関節の位置を約45°とする18世紀初頭以来の考え方が19世紀中期にも通用していた事情は、中世建築の構造、とくにリブヴォールトの構造的役割を重視していたヴィオレ・ル・デュックにもうかがえる。ヴィオレ・ル・デュックによれば（図2参照）「CB間の迫石（但し　∠AOC＝45°）はB点でBD間の迫石で支持されるが、重力の法則によって転倒しようとするのでCA間の迫石を押し出す。従って、アーチの破壊はC点に起こる筈である。しかし迫石相互の摩擦とモルタルの接着力を考慮しなければならない。この摩擦と接着力により迫石はその位置を保ち、その下の

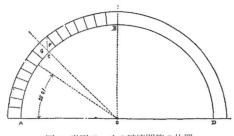

図2　半円アーチの破壊関節の位置

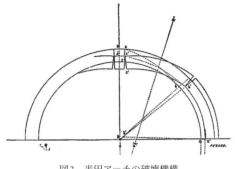

図3 半円アーチの破壊機構

迫石Gと一体化される。しかしFB間にとりつけられた迫石群としての作用をもつので、迫石Fは迫石G、時としては迫石間の角度が35°になるまでさらにその下の1〜2個の迫石をこの作用にまきこむ。35°の点は半径の1/5である。破壊が起こる、すなわち能動的な作用[10]が始まるのは、この点以上に限られる」とされる[11]。

「破壊が起こるのはこの点以上」というあいまいな記述であるが、先行する文章からみてヴィオレ・ル・デュックは35°を破壊関節としている。35°を破壊関節とする場合、腰固めは当然35°以上の高さに造らねばならない。そこでこの引用文に続く飛梁のとりつけ位置に関する記述の説明図では、35°の破壊関節に対して腰固めは約43°の高さに描かれている。

ヴィオレ・ル・デュックは以上のように破壊関節を35°とするが、この引用文に先行して、半円アーチの破壊機構を示した図3[12]では、腰の破壊関節を約43°の位置にとる。破壊関節に関するヴィオレ・ル・デュックの見解にみられる矛盾は、次のように解釈することができるであろう。すなわち、彼は18世紀以来の定説となっていた約45°という破壊関節の位置を観念的には踏襲しているが、中世建築の修理工事における観察結果を考慮して現実には35°を提唱したのであると。

2 腰固めの実際の高さとその決定方法

腰固めの存在は広く知られているが、その規模に関する情報はきわめて乏しい。従って、ごく少数に限られるが、腰固めの実際の高さを知るためにいくつかの教会堂のヴォールト断面図を作成した[13]。その第1は、サン・セ

第4章　リブヴォールトの腰固めと施工順序

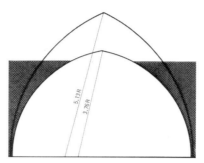

図4　サン・セルジュ教会堂内陣身廊ドーム状ヴォールト断面図（単位：メートル）

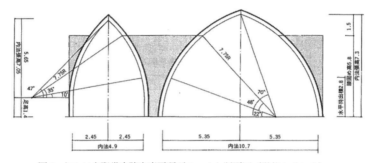

図5　ケルン大聖堂内陣身廊平頭ヴォールト断面図（単位：インチ）

ルジュ教会堂（内陣、身廊1215頃〜25年頃）のドーム状ヴォールトの断面図で、写真測量された図面をもとに筆者が作成したものである（図4）[14]。その第2は、ケルン大聖堂（内陣は1248〜1320年）の内陣身廊ヴォールトで、マークが光弾性模型実験・解析に利用した模型（実物大の50分の1）の資料に加筆して作成したものである（図5）[15]。加筆内容は次の通りである。

マークの資料では下部2.8インチ〈3.6m〉（横断尖頭アーチの起拱線からの高さ）がカットされているので、この部分は、尖頭アーチを起拱線まで延長することによって補った。

図5ではカット部分を水平持出積み（推定）とした。壁付尖頭アーチも同じように起拱線まで延長したが、壁付尖頭アーチの中心の位置（起拱線）は、横断尖頭アーチの起拱線より1.4インチ高くなっており、この部分を足高

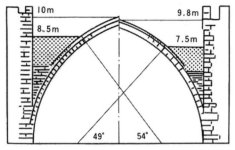

図6 ボーヴェ（左）とアミアン（右）のヴォールト断面図

stilt（尖頭アーチの高さをそろえるために起拱点を鉛直に持ち上げた部分）とした。

筆者が作成したヴォールト断面図の残り2つは、ヴィオレ・ル・デュックが中世建築辞典に掲載しているアミアンとボーヴェ両大聖堂（アミアンは内陣ヴォールト、1269年頃完成；ボーヴェは東端半円部のヴォールト、1272年頃完成）のもので、縮尺から割り出して作成した（図6）[16]。但し、ボーヴェのヴォールトは半円頭部のもので、ケルン、アミアンの長4分ヴォールトと直接比較できないが、参考として作図した。今、腰固めの高さの決定方法を検討するために、横断方向のアーチのスパン、ヴォールトの張高さ（サン・セルジュ以外は横断尖頭アーチの張高さ）、腰固めの高さの数値を表にし、更に、相互の比例関係を知るために腰固めの高さを1とした時の各数値の比を示した（表1）。

次に、リブヴォールト全体とその比例関係における各部位の決定法について考察する。中世の教会堂では平面や立面の作図基準線として16目正方形格子システムによる比例関係、すなわち、ある正方形を同じ大きさの16の

表1 スパン、ヴォールトの背及び腰固めの高さ
単位：メートル（但し、ケルンについてはインチ）

	横断アーチ・スパン		ヴォールト背高さ		腰固め高さ
サン・セルジュ	6.47	（心々）	5.20	（外輪）	3.3
	（比） 2.00	（心々）	1.60	（外輪）	1.0
ケルン	約11.70	（心々）	7.55	（外輪）	5.8
	（比） 2.00	（心々）	1.30	（外輪）	1.0
アミアン	約15.00	（心々）	約9.80	（外輪）	約7.5
	（比） 2.00	（心々）	1.30		1.0
ボーヴェ	約16.00	（心々）	約10.00	（外輪）	約8.5
	（比） 1.90	（心々）	1.20		1.0

小正方形に細分してその格子線を基準線とし、それに簡単な比例関係を組み合わせて各部位を決定してゆく方法がかなり広く採用されたことが知られる[17]。これはリブヴォールトの全体形状と各部位の決定にも採用されたと考えられる。横断アーチ・スパンと腰固めの2：1の関係はその現れであろう。16目正方形格

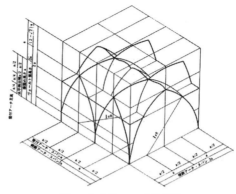

図7　リブヴォールト比例図

子システムによる作図法をケルン大聖堂のリブヴォールトに適用し、その比例図を作成した（図7）。この比例図と図5のリブヴォールトとの関連は次の通りである。

① 横断アーチ・スパンを2aとおく。壁付アーチ・スパン4.9インチは前者のスパン10.7インチのほぼ2分の1である。従って、壁付アーチ・スパンをaとした。
② ヴォールト張高さは$\sqrt{2}$a、腰固め高はaで、石工の秘密として知られるロリッツァの双正方形作図法[18]には、正方形の対角線による$\sqrt{2}$という数値が含まれている。水平持出積み（推定）の高さ2.8インチ（マークがカットした部分で、本章図5で追加した部分）は腰固め高さ5.8インチのほぼ2分の1で、従ってa/2とした。壁付アーチと足高1.4インチは腰固め高aのほぼ4分の1で、従ってa/4とした。
③ 図5において横断側の尖頭アーチの中心は、スパンの中点（図5における一点鎖線と起拱線との交点）より2.4インチ左右に離れた所に位置している。横断尖頭アーチ、壁付尖頭アーチとはヴォールトの一部としてのアーチである。マークはこの2.4インチの位置を2.8インチの高さにおけるスパン9.6インチを4分することによって決めている。比例図では起拱線に

おけるスパンの4分点[19]に尖頭アーチの中心があるものとして作図した。これによって尖頭アーチの半径は3/2a、横断尖頭アーチの頂点の高さは$\sqrt{2}$aで、ヴォールトの張高さと同一となる。

④壁付尖頭アーチの中心は図5でみるように横断尖頭アーチ起拱点より1.4インチ足高された起拱線上で、中点（図5における一点鎖線と足高起拱線との交点）はスパンの中点より左右に5.3インチ離れた所に位置している。5.3インチは横断アーチ・スパン10.7インチのほぼ2分の1であり、従ってaとおいた。このように壁付尖頭アーチの中心も図6のようにアーチ・スパンの延長上に2aを4分する点にある。壁付尖頭アーチの半径も横断尖頭アーチの半径と同じく3/2aで、その頂点の高さは足高a/4を加え、$2\sqrt{5}+1/4・a$（≒1.37a）となり、$\sqrt{2}$aとほぼ同じ高さとなる。

なお、上記の数値や比例関係はすべて内法である。

ケルン大聖堂は、フランス盛期ゴシック、特にアミアンを原形としたとされる。フランス・ゴシックのリブヴォールトの詳細が手許にないので図7の比例図の普遍性を検証することはできないが、全体と各部位の比例関係を示す典型的な盛期ゴシック・リブヴォールトの1例であると言えよう。

3　施工過程における腰固めの機能

リブヴォールトにおける腰固めの機能について構造の安定化（アブラム）[20]、飛梁への推力の伝達（コナント）[21]、ラッパ状部分の変形・亀裂の防止（フィッチン）[22]、腰積み部分の浮き上がりを防止し、起拱部を高窓の壁体と一体化し、その自重によって圧力線を下方に向ける役割（オーベール）[23]、ヴォールトの推力をピア上部と飛梁・控壁に伝達し、また、それとは反対に高窓層と屋根にかかる強風のように外から堂内に向かって作用する力に対してピア上部を補強する（マーク）[24]ことなどが指摘されている。外力に対するピア上部の補強というマークの指摘する機能を除けばこれらの機能をサブレの言う破壊関節における亀裂の防止機能ということで総括できるであろう。

第4章　リブヴォールトの腰固めと施工順序

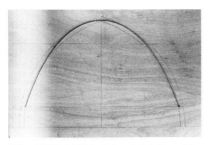

図8　腰固めされない場合、カテナリー・アーチは横断アーチよりはみ出す。

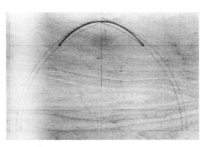

図9　腰固めされた場合、カテナリー・アーチは横断アーチの中に確実に入る。

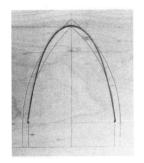

図10　腰固めされない場合、カテナリー・アーチは壁付アーチよりはみ出す。

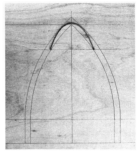

図11　腰固めされた場合、カテナリー・アーチは壁付アーチの中に確実に入る。

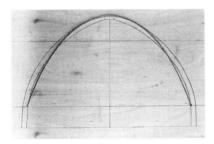

図12　腰固めされない場合、カテナリー・アーチは交差リブよりはみ出す。

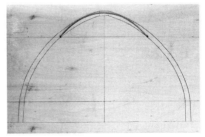

図13　腰固めされた場合、カテナリー・アーチは交差リブの中に確実に入る。

注：図8〜13において一番下の水平線はアーチ起拱線レベル、その上の水平線は水平持出し積みレベル、最上部の水平線はアーチ内法張高レベル、その下の水平線腰固めの高さレベルである。

ここで腰固めの亀裂防止機能について今少し検討するために簡単な実験を行った。ケルン大聖堂内陣身廊平頭ヴォールトの横断アーチ・壁付アーチ及び交差リブ（厚さ33m）の、実物大の縮尺10分の1の図（図5をもとに作成）をベニヤ板に描き、それを逆さにして、鎖によるカテナリー・アーチとの重なり具合を検討した（実験の一部は図8～13に示す）。

　アーチが純粋に圧縮力だけでもっているとした場合[25]、尖頭アーチの中にカテナリー・アーチが納まらねばならない。つまり、尖頭アーチの中にカテナリー・アーチが納まるかどうかでそのアーチが腰固めを必要としているかどうか、センタリングなしで自立できるかどうかを判定することができる。今、尖頭アーチの3ヶ所のレベル（尖頭アーチ起拱線、水平持出積みの高さ、腰固めの高さ）にカテナリー・アーチ（実験用の鎖）の起拱点をとり、鎖のスパン、長さを変化させながら尖頭アーチとの重なり状態を調べた。これを図示したのが表2である（波線がカテナリー・アーチである）[26]。図は各レベルについて尖頭アーチ内法、外法の2ヶ所の起拱点から、尖頭アーチ頂点の内法点と外法点を通るカテナリー・アーチ2個と、尖頭アーチの内法線又は外法線に接するカテナリー・アーチ1個の都合3個を描いた（腰固めレベルの外法起点のカテナリー・アーチについては作図線が重なるため尖頭アーチ外法線に接するカテナリー・アーチを省略）。

　この実験から次のことが明らかとなった。

①起拱線レベルではカテナリー・アーチは尖頭アーチより大きくはみ出し、センタリングなしでは尖頭アーチは崩壊する。
②水平持出積みレベルでは、内法起点より発し、尖頭アーチ内法頂点を通るカテナリー・アーチがわずかに尖頭アーチよりはみ出した（他のカテナリー・アーチはすべて大きくはみ出している）。従って、センタリングなしでは、崩壊するであろう。
③腰固めレベルでは、内法起点より発し、尖頭アーチ内法頂点を通るカテナリー・アーチが尖頭アーチの中に確実に入る。つまり、センタリングなしで自立できる。

第4章 リブヴォールトの腰固めと施工順序

表2 尖頭アーチとカテナリー・アーチとの関係（波線：カテナリー・アーチ）

	内法起点	外法起点
腰固めレベル	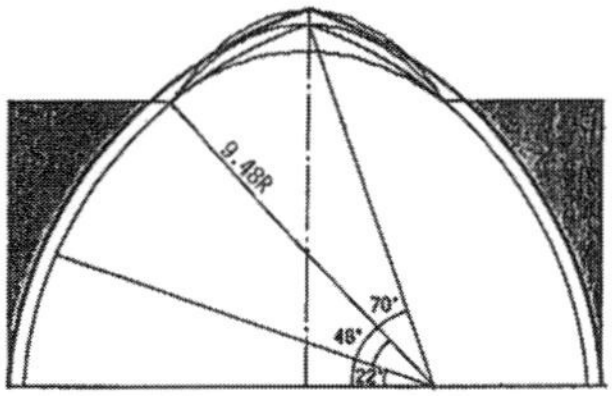	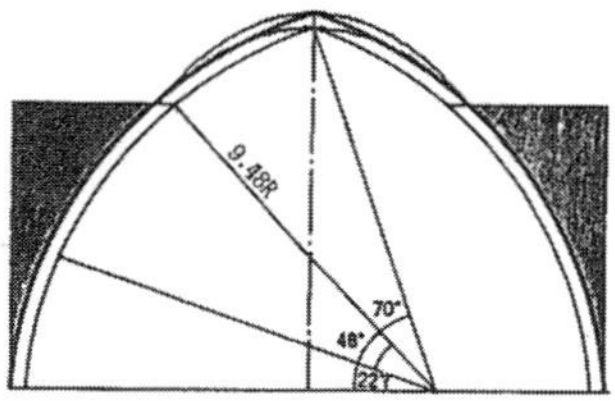
水平持出しレベル	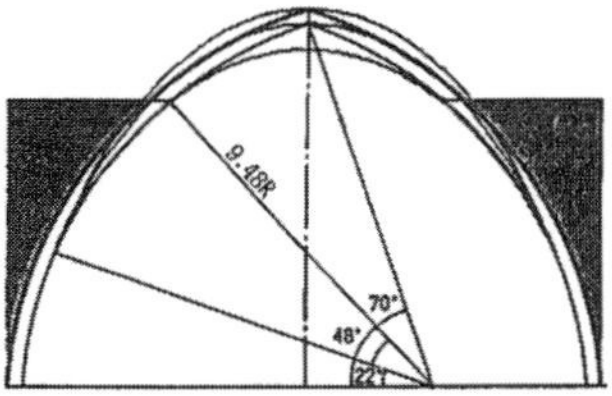	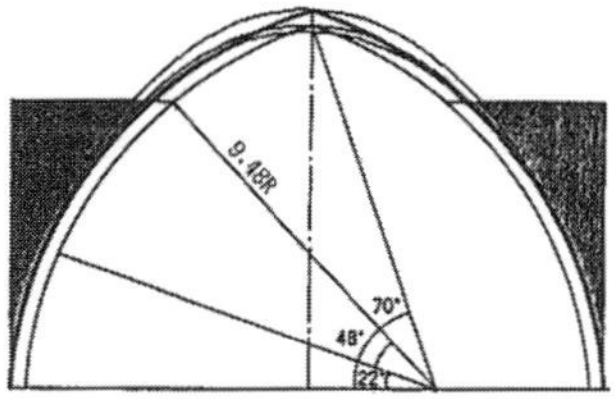
起拱線レベル	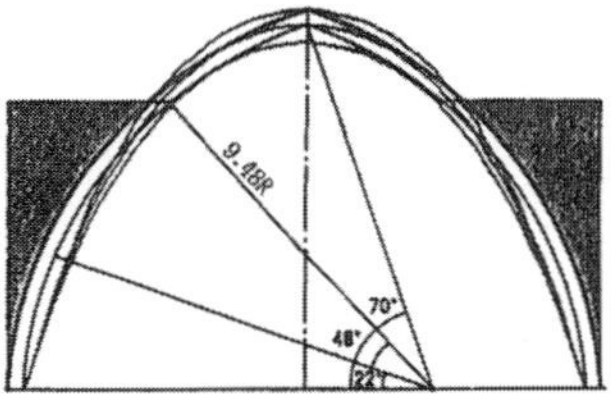	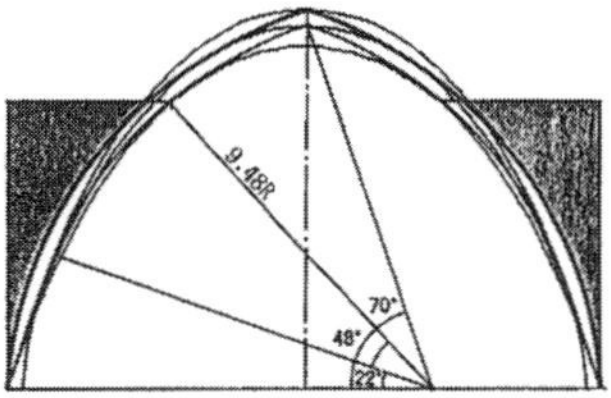

注：この表では横断アーチを例にとっているが、頂点の高さが等しい平頭ヴォールトでは、横断アーチ鉛直面と直交する壁付アーチ、21度で斜交する交差リブの両鉛直面に投影の原理でこの表と同様の結果を得ることができる。

　以上の実験の結果、横断アーチ、壁付アーチ及び、交差リブの自立には腰固めは構造上不可欠の要素と言えるであろう。この実験の中で、尖頭アーチの成（厚）をどれだけにしたら、カテナリー・アーチが納まるか、又は、カテナリー・アーチの起点をどの程度のレベルまでならば（つまり、腰固めをどの程度の高さまで施したら）、尖頭アーチの中に納まるかという限界に関する新たな疑問も生じるが、この問題の検討は別の機会としたい[27]。

　次に、施工上における腰固めの役割について検討する。施工順序におけ

95

る腰固めの時期を次の2通り考えることができる。すなわち、ヴォールト腰積みがなされた時点で腰固めをする方法（これを腰の先固めと呼ぶ——これには、腰積みの一定石層毎に段階的に腰固めすることを含むものとする）と、ヴォールトがすべて完成した後に腰固めをする方法（これを腰の後固めと呼ぶ）である。先ず、腰の後固め方法について考える。この方法では、腰固めするまでは、破壊関節における亀裂防止機能が存在しないからリブヴォールトは仮設材で支持された状態でなければならない。つまり、ヴォールト迫石積みの完成―腰固め―仮設材の取り外しという順序になる。この施工順序ではアーチ・リブ（横断アーチ、壁付アーチ、交差リブ）自身も仮設材で支持された状態で、アーチ・リブは殻迫石積みのガイドラインとしての機能と、施工中におけるセンタリングの変形を防止する機能（剛化機能）しかもたない。

　他方、腰の先固めは次のような利点があげられる。①腰固めは、ヴォールトに先立って架構されるアーチ・リブを構造上、安定させるから、腰固めされた時点でアーチ・リブのセンタリングをとり外す（緩める）ことができる。これを施工順序からみるとアーチ・リブの架構→腰積みと腰固め→アーチ・リブのセンタリングとり外し→腰積みより上部の実際のヴォールトの施工という順序になる。腰固めされた時点でセンタリングをとり外すことはリブに構造的骨組として挙動する可能性を与える。②腰固めされた状態でのベイの大きさをみると、ケルン大聖堂の例で、横断方向はスパン13.6m（内法）が7.1m、壁付側はスパン6.2m（内法）が2.6mと約半分に減少する。更に、ヴォールト張高さでみると9.3m（内法）が1.9mに減少する。ここに断面33×36cmのリブ（ソワッソン大聖堂の身廊ヴォールトの横断アーチと交差リブの大きさ）が架けわたされているとしたら、そのリブはヴォールト施工のための構造的骨組あるいは石造センタリングとして十分機能しうるであろう。なお、リブを施工上の何らかの支持材として利用しながら石塊・ロープ工法又は伸縮せき板応用工法[28]で、腰固めを基点として、石層を順次積み上げてヴォールトをつくるとした場合、石層目地は増大する圧力を受けるのでモルタル中の過剰水分が放出され、従って硬化（乾燥）が早く、強い目地網のヴォールトを経済的につくることができる[29]。以上のように腰の先固め工法は後固め工法に比し

第4章　リブヴォールトの腰固めと施工順序

図14　サン・ドニ教会堂西正面（1137年頃～40年、1833年～44年修理）

図15　サン・ドニ教会堂内陣周歩廊（1140～1144年）

て多くの利点をもっているが、実際にどちらの工法が採用されたのであろうか。このことについて腰の先固め工法の採用を窺わせるのがサン・ドニ教会堂（図14、15）内陣再建工事に関するシュジエールの記録であろう。

4　シュジェールの記録から見た腰の先固めの推定

　サン・ドニ教会堂はゴシックの起点とされる作品で、東正面と内陣（図16～18）を改築した修道院長シュジェールは改築工事の記録を著わした。この記録は改築工事の技術的内容にほとんどふれていないが、工事中の内陣を襲った暴風雨の時の模様を述べた部分は、ヴォールトの建設工程を推定させる貴重な史料である。この部分の文章の解釈は研究者によって相異があるので、暴風雨が襲った時期とその時の内陣の状況を述べた文章の要旨及び各史家の解釈を表3に整理した[20]。シェジェールが伝えている暴風雨の時の状況は次の通りである。

97

図16 シュジェールのサン・ドニ、1140年7月14日の状態

図17 同、1144年6月11日の状態

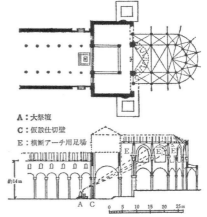

A：大祭壇
C：仮設仕切壁
E：横断アーチ用足場

図18 1143年1月19日の暴風雨の時の主祭壇の位置と工事中の新内陣との関係。横断アーチの高さは現存する西正面の構成から、約20mとし、交差部にはトライアンファルアーチがあったと推定する。水平足場は横断アーチの部分のみとし、支柱は地上から建て上げず、高窓を利用して斜方向に出して水平足場を支えていたとする。

「……柱頭と壁付アーチを含めて増築工事（新しい内陣部をさす）が最後部に達していいたが、独立してかけられた横断アーチ、交差リブが未だヴォールト格間で連結されていない状態であった時、暗雲・豪雨・烈風をともなった当たるべからざる猛烈な嵐がおこった。堅固に建てられた家だけでなく石造の塔や防禦木柵を倒壊させるほどに強い嵐であった。この日、この時、栄光ある故王ダゴベールの年忌に当たり、徳高きシャトル司教ジェワロアがその冥福のため、ミサを主祭壇でおごそかにとりおこなっていた。きわめて強い逆風が、支柱・センタリングで全く支持されていない前記のアーチにまともに吹きつけたため、アーチは正に震動し、いわば前後にゆれ動き、崩壊の危険にさらされた。これらのアーチと屋根の強い震動で危険を知った司教はその冥福をおこなう手をいく度もその方向に向け、十字をきりながら古き聖シメオンの片腕をしきり

第4章　リブヴォールトの腰固めと施工順序

表3　シュジュールによるサン・ドニ内陣工事の暴風雨時の記録と解釈

記録の時期	着工 1140年7月14日	暴風雨（記録） 1143年1月19日	完了 同年10月	献堂式 1144年6月11日
		30ヶ月	9ヶ月	8ヶ月

記録の内容	1.「柱頭と上部アーチを含めて増築部分が予定の高さに達していた」 2.「独立してかけられた主アーチが未だヴォールト格間で連結されていない状態であった」 〈この時、猛烈な嵐がおこった〉 3.「きわめて強い逆風が、全く支柱・センタリングで支持されていない前記アーチにまともに吹き付けたため、アーチは正に振動し……」 〈司教は、十字をきりながら聖シメオンの片腕をしきりにさしのべた〉 4.「神の御力でやわらげられたので、中空に独立してかけられたこれらのアーチに損害を与えることができなかった」
記録の解釈	○「柱頭と上部アーチ」は「付柱の柱頭と壁付アーチ」（パノフスキ、フランクル） ○「独立してかけられた主アーチ」は「横断アーチと交差リブ」（パノフスキ、フランクル） ○「上部アーチはリブ」、「主アーチは飛梁」（フィッチン） ○「上部アーチは壁付アーチ」、「主アーチは横断アーチ」（飯田）
記録にみる施工過程の解釈	○「交差リブヴォールトの建設にはまず骨組みである壁付アーチ・横断アーチ・交差リブをつくり、そのセンタリングを外してしまってからヴォールトパネルをのせる工程が知られる」（フランクル） ○「各ベイの横断アーチをかけ、ある程度モルタルが硬化してからセンタリングを外す。次いで交差リブをかけ、ヴォールトパネルを積む。暴風雨時は、横断アーチだけの足場で、交差リブ用のセンタリングや足場はまだ建てられておらず、下から天井付近まで見透すことができた。足場材は1ベイずつ転用してゆく工法ではなく3ベイ同時に建設された。」（飯田）

にさしのべた。かくして司教はその精神力ではなく、明らかに神寵と聖者たちの加護によって危険をまぬがれた。堅固と考えられていた建物に対して各地でいたましい損害を与えた嵐も、神の御力でやわらげられたので、中空に独立してかけられたこれらのアーチに損害を与えることができなかった……」

次に記録から、主アーチが支柱・センタリングに支持されていない状態（記録時点以前に支柱・センタリングがとり外されていた）であることが知られる。表3に示すようにフィッチンは「上部アーチ」をリブ、飯田は「主アーチ」

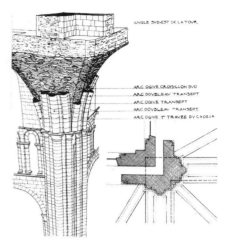

図19 レッセー教会堂交差部支柱上部の腰固め

図20 左図腰固め写真説明図

を横断アーチとするが、上記のパノフスキの解釈を含めてすべての研究者はアーチとリブあるいはそのいずれかが、支柱・センタリングで支持されていないと解釈しているわけである。そこで、今、リブヴォールトの施工過程の最初の段階を考えると、先ず、水平持出積みをつくり、その上に、支柱・センタリングの仮設材を利用して主アーチを架けたであろう[31]。この時点で直ちに主アーチの支柱・センタリングを取り外すことは、前項で述べたように不可能である。従って、支柱・センタリングをとりつけたまま、次の工程——すなわち支柱・センタリングのとり外しを可能とする工程としての腰固めの段階へ移ったと考えなければならない。主アーチの腰固めは、レッセー教会堂の例（図19、20）[32]に見るようにヴォールトの腰固めと一体となった一塊のコンクリートであろう。

それ故、主アーチの支柱・センタリングのとり外された状態とは腰固め（先固め）されているが未完成のヴォールト——ほぼ腰積みのヴォールトと考えられる。以上、シュジェールの記録の伝える建設状態から、リブヴォールトの施工にあたって腰の先固め工法が採用されていたと推定できよう。

第4章　リブヴォールトの腰固めと施工順序

5　まとめ

　第3節で腰の先固め工法が多くの点で有利であることを指摘したが、これを裏付ける文献的傍証として第4節でシュジェールの記録をとりあげた。第3節で述べた簡単な構造力学を援用し、リブとアーチが支柱・センタリングに支持されていない状態を記録が伝えていることから判断して、ヴォールト腰積みの段階で腰固め（腰の先固め）を行ったと推定した。このような、腰の先固め工法によるリブヴォールトは大局的に3段階に分けて施工されたと考えられる。すなわち、第1に、水平持出積みとアーチ・リブ架構の施工段階、第2に、ヴォールトの腰固めの施工段階、第3に、実際のヴォールト（腰固め以上のヴォールト）をつくる施工段階である。アーチ・リブの支柱・センタリングのとり外しは、第2段階の終了後であろう。この3つの施工段階を図示したのが図22である（支柱・センタリングは省略）。使用を停止して放棄された教会堂で、ヴォールトが落下し、リブ・アーチが自立している現象がみられる（図21）。これは、下部の腰固めが残っている状態からみて、施工の第2段階、すなわち、腰固めを施工し、センタリングを取り外した段階を示しているものといえよう。

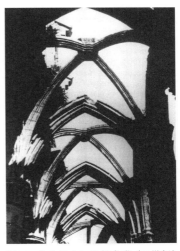

図21　ウルスカンの教会堂（12世紀）の南側廊のリブ
雨水侵入による風化・凍害によってヴォールト・パネルは落下したがアーチ・リブは腰固めされているので自立している。

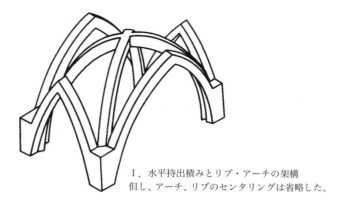

I．水平持出積みとリブ・アーチの架構
但し、アーチ、リブのセンタリングは省略した。

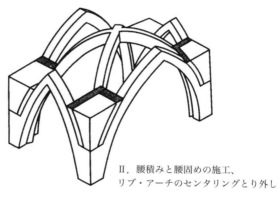

II．腰積みと腰固めの施工、
リブ・アーチのセンタリングとり外し

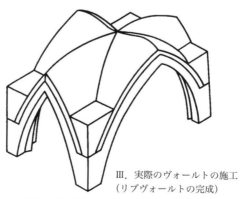

III．実際のヴォールトの施工
（リブヴォールトの完成）

図22　リブヴォールト建設の3つの段階

第4章　リブヴォールトの腰固めと施工順序

注記

1　腰固めという邦訳語は飯田が採用している。ロバート・マーク著、飯田喜四郎訳：ゴシック建築の構造、鹿島出版会、1983年。ラッパ状凹部は図23参照。

2　水平持出積みはtas-de-charge（Viollet-le-duc：*Dictionnaire raisonne de l'architecture francaise du XIe au XVIe siècle Tome* 4 Construction, p. 93）

3　Victor Sabouret：*les voutes d'arete nervurees, role simplement decorative des nervures*, Le genie civil, 1928, pp.205-209.

4　Pol Abraham：*Viollet-le-Duc et le rationalisme medieval*, Paris, 1934, pp. 24-47.

5　V. Sabouret, *op. cit.*, p. 207.

6　アーチ、ヴォールトの破壊関節についての構造力学史は次の通りである。

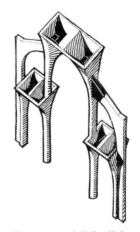

図23　ランス大聖堂の構造
この図は横断アーチ、飛梁を中心に左右2つのベイに跨って描かれている。

石造アーチの問題に最初に静力学を応用したのはフランスのアカデミー会員のド・ラ・イール De La Hire（1640〜1718年）である。当時、迫持受石部が弱い曲面天井は一般にアーチの1/4点（45°の位置）に亀裂が生じると報告された観察事実から出発してド・ラ・イールは水平推力と、頂部と1/4点の間に存在するアーチ部分の合力として約45°に傾いた力を導きだした。1771年、ゴーティ Gauthey（1732〜1806年）は、パリのサント・ジュヌヴィエーヴ教会堂の半球屋根の推力計算にこのド・ラ・イールの方法を適用している。クーロンはアーチ理論をさらに発展させ、1773年の論文の中で安定に必要な推力の範囲を決めた。それは明確なアーチの設計則を示したのではなかったので、当時の技術者たちにあまり評価されなかったが、19世紀に入ってクーロンの限界値を示す式が図式解法で求められるようになると、クーロンの考えは技術者に広く使われるようになった。18世紀の終わりにはゴーティやボアタール Boistand、ロンドレ Rondeletらによって非常に多くの実験が行われ、これらの実験でいずれもクーロンの仮定が裏付けられた。

S.P.ティモシェンコ著、川口昌宏訳：材料力学史、鹿島出版会、1974年、pp. 57-60, 77-78, 189-193.

N.シュトラウブ著、藤本一郎訳：建設技術史、鹿島出版会、1980年、pp.

171-177.

　　　Jacques Heyman：*The Masonry Arch*, Ellis Horward Limited, 1982, pp. 54-55.
7　P. Abraham, *op. cit.*, p. 10.
8　P. Abraham, *op. cit.*, pp. 14-15. なお、この図式解法の結果からアブラムは、腰固めが大きくなることが尖頭アーチ採用理由の1つである、ともしている。同書p. 15.
9　P. Abraham, *op. cit.*, p. 10
10　「能動的な作用」とは、ヴィオレ・ル・デュックの常套的表現で、ひとつの構造部分が隣接する他の構造部分に力を加える場合、能動的作用をもつとされる。ここでは35°以上の部分（迫石群）が推力を発生するアーチであり、35°以下の部分（迫石群）はこの推力を支持するだけの受動的作用しかもたない、と表現される。
11　Viollet-le-Due, *op. cit.*, p. 38, fig. 24.
12　*Ibid.*, p. 27, fig3.
13　ヘイマンによればケンブリッジのキングスカレッジチャペル、ピータバラ大聖堂、ウインザーのセント・ジョージ・チャペルの断面図にも腰固めが記入されているといわれる。
　　　J.Heyman : *The Stone Skelton*, Int. J. of Solids and Structues, 1966, vol. 2, p. 266.
14　Andre Mussat：*Le Style gothique de la France (XIIe - XIIIe siecles)*, Editions A. et J. Picard et Cie, 1963, p. 226, fig. 19, p. 228, fig. 20の写真測量図をもとに作成。但し、腰固めの高さは、側廊ヴォールトの腰固めの高さを準用した。
15　Alexander, K. D. , Mark, R. and, J. F.：*The Structural Behavior of Medieval Ribbed Vaulting*, Journal of the Society of Architectural Historians, XXXVI 1977, p. 245, fig. 6, p. 246, fig. 7にもとづいて作成。マークの模型（資料）は50分の1で、インチ単位でつくられている。メートル寸法はこれを現寸大に換算したものである。
16　Viollet-le-duc, *op. cit.*, p. 172, fig. 98およびp. 178, fig. 101
17　J. P. Paquet：*Les traces directeurs des plans de quelques edifices du domaine royal au moyen age, Les monuments historiques de la France*, vol Ⅳ, N°2, 1963, pp. 59-84.
　　　飯田喜四郎抄訳：中世王領内の若干の教会堂平面の基準線、建築雑誌、1965年、vol. 180, no. 949、pp. 55-57.
18　Lon R. Shelby：*Gothic Design Techniques, the Fifteenth-Century Design Booklets of Mathes Roriczer and Hanns Schmuttermayer*, Southern Illinois University Press,

第4章　リブヴォールトの腰固めと施工順序

1977. technique of quadrature（ad quadratum）は四角法（藤本康雄：ヴィラール・ド・オヌクールの画帖、鹿島出版会、1972年、p. 121）とか、双正方形作図法（飯田喜四郎：12～13世紀のゴシックの交差リブ、私家版、1966年1月、p. 145）などの訳語がある。

19　4分点とは、スパンを4分割してできる点という意味である。しかし、中世における4分点とはスパンを例えば、5等分なり8等分した分割点のうち両端から数えて4番目の分割点という意味のようである。藤本前掲書pp. 144-145.

20　Pol Abraham, *op. cit.*, p. 15.

21　Kenneth john Conant：*Observation on the Vaulting Problems of the Period 1088-1211*, Gazette des Beaux-Arts, 1944, ser. 6, Vol. XXVI, p. 32.

22　John Fitchen：*The Construction of Gothic Cathedrals, a study of medieval vault erection*, Oxford, 1961, p. 83.

23　Marcel Aubert：*Les plus anciennes croisees d'ogives, leur role dans la construction*, Bulletin Monumental, 1934, Vol. XCiii, pp. 5-67 and 137-237, p. 222.

24　ロバート・マーク前掲書p. 45.

25　石灰モルタルの応張力はきわめて小さいので、石造アーチは一般に圧縮力だけをうけるものとして計画される。

26　表2のカテナリー・アーチは実験結果に基づき理論式を用いて描いたものである。

27　本稿ではケルン大聖堂のヴォールトのように、スパン10ｍ以上、アーチ成（肉厚）約30cmのヴォールトを念頭においている。

28　石塊・ロープ工法及び伸縮せき板応用工法については第1章第4節参照。

29　フリーハンド工法と強い目地網の形成については、Lassaulx：*Description of a Mode of Erecting Light Vaults over Churches and Similar Space*, Journal of R. I.G. B. , 1831（ケンブリッジ大学のWilliam Whewell教授が紹介しているものをFitchenが引用・紹介、Fitchen, *op. cit.*, pp. 180-186）.

30　シュジェールの記録の内容は、Erwin Panofshy：*Abbot Suger on the Abbey Church of St. -Denis and its Art Treasures*, second edition by Gerda Panofsky－Soergel, 1979の原文（p. 108）、対英訳（p. 109）を利用。パノフスキの見解は同書pp. 242-243. フランクルの見解は、Paul Frankl：*The Gothic*, Literary Sources and Interpretaions through Eight Centuries, Princeton, 1960, pp. 3-24. フランクルは、パノフスキの英訳をそのまま引用して見解を述べている。フィッチンの見解は、Fitchen, *op. cit.*, pp. 289-295（*Appendix L, Abbot Suger on the New Work at St-Denis*：A Reinterpretaion）. 飯田の見解は、飯田前掲書 pp. 158-173.

105

31 起拱点では壁付アーチ・横断アーチ・交差リブが一点で交わっているので、水平持出積みの中の1個の石材で3本のリブ・アーチを造り出している。そして、センタリングも水平持出積み上でリブ・アーチが完全に枝分かれするところから架けられる。Fitchen, *op. cit.*, pp. 136-138.

32 第2次大戦の戦災はほぼフランス全土に及び、多数の教会堂が被災した。その1つレッセー教会堂は退去するドイツ軍によって爆薬で故意に破壊されたもので、その交差部東南隅の支柱上部は、横断アーチ、交差リブヴォールト（剥落している）などに囲まれた逆円（角）錐の巨大なコンクリート塊の腰固めをあらわに見せている好例である。

補遺

「レーゲンスブルグ大聖堂リブヴォールト施工手順図について」マーレン氏の案内で、ロリッツアーゆかりの同大聖堂を調査した（2001年1月11日）。この調査からヴォールト形状は平頭ヴォールトである。同大聖堂研究書に石造天井の施工手順が図解（右図）されている。同書によると全面型枠工法で造られ、その手順は、図の右下から左上への工程である。①アーチ・リブの型枠を組み交点に要石を置く②アーチやリブの型枠の上に幅広の型枠を置き、2重になった型枠の

上にアーチ・リブの迫石を置く。また幅広の型枠の上にせき板を直接、または桟をかけてせき板を敷き詰める。③せき板の上に迫石を並べ詰めるとヴォールトが出来、モルタルを上塗りして完成する。この工法の問題点は本文で述べた通りである。引用文献：Achm Hubel, Manfred Schuller：*DER DOM ZU REGENNSBURUG* Verlag Friedrich Pustet, 1995, p.51.

第4章　リブヴォールトの腰固めと施工順序

添付資料　フリーハンド工法の発見者ジョアン・クラウディウス・フォン・ラッソーについて

Dr. Thomas Shumacher との筆談（抜粋）(2001年10月11日)。
同氏は1956年生まれ、ケルン大聖堂管理事務所管理責任者。ケルン大聖堂完成期の19世紀の技術を研究、大著 Grossbaustelle Koelner Dom（1993年）を著わす。
写真：左手・T. シューマッハー博士、右手・筆者、ケルン大聖堂屋上にて

誰が内陣の90番目のヴォールトを測量したのですか？
　　1997年か1998年にヴォールトを塗装した時ヴォールトの下に足場を設けました。その時マレン・ループニッツ Maren Luepnitz は、中世のヴォールトを詳細に見る機会を得ました。彼女がいくつか図面を作ったのを覚えています。

彼女はどのようにヴォールトを測量したのですか？
　　彼女は、紐、鉛、定規のような普通の道具を使いました。時々長い直線や直角にはレーザーを使いました。

彼女が測量した理由を教えてください
　　彼女は、ヴォールトが建築された方法について科学的結論を得ようとしました。その結果、内陣のヴォールトはフリーハンドで建築されていたということです。

それで、彼女は初めに期待した結論を得ましたか？
　　私は彼女がフリーハンドのヴォールトを見つけることを期待していたと思います。私自身もそうしていたでしょう。なぜなら私たちの知っている限り盛期ゴシックのヴォールトは、一種の芸術のレベルにあり、それらは最も簡単な方法を採用していただろうと思います。
　　これに反して、かつてヴォルフ教授（注：前ケルン大聖堂管理事務所所長）は、内陣のヴォールトが型枠を使用して建築されたと言っていました。恐らくこの逆を証明しようとする動機だったのでしょう。

ヴォルフ教授が、型枠は内陣のヴォールトに使用されたと思った理由を教えてください
　　19世紀の初めに、型枠のないヴォールトを建築する技術はほとんど忘れられていました。
　　その方法はストーブを建造する職人の中で生き残っていました。その方法はジョアン・クラウディウス・フォン・ラッソー Johann Claudius von Lassaulx（1781-1848）というプロシアの王室建築家によって再発見されました。彼はアーヴァイラー Ahrweiler の教会のヴォールトの上側を見て非常にムラがあり、あいまいなカーブを描いているのを見つけました。そこで彼は、それらが普通の木製の型枠では建

築することができなないという結論を出しました。

　　　ラッソーは型枠なし（フリーハンド）で曲がったヴォールトを建築することができると確信しました。また、彼はケルン大聖堂で直線のヴォールト(内陣)と曲がったヴォールト(北側側廊)を発見しました。この考えは20世紀の終わりまで生き続けました。

ラッソーはケルン大聖堂のヴォールトに関して何か話していましたか？

　　　はい。彼は、ケルン大聖堂から1322年から1560年の間にフリーハンドのヴォールトが発明されたと推定しました。内陣のすべてのヴォールトが比較的直線なために、ラッソーは、それらは木製の型枠で建築されたと思いました。

　　　内陣は1322年に完成しました。したがって彼は、フリーハンドのヴォールトが少なくともケルンではそれより前には使われていなかったと結論を下しました。

　　　北側側廊のヴォールトはそのから後に建築されました。それがいつなのか彼は正確に知りませんでしたが、建築は1560年に中断しました。それでフリーハンドのヴォールトは、おそらく1560年以前と考え、フリーハンドのヴォールトは1322年から1560年の間にケルン大聖堂で最初に採用されたという結論を下しました。実際に直線のヴォールトでさえフリーハンドで建築されるので、それははるかに早くから使われていたのです。

ヴォルフ教授はラッソーに従って考えたと見てよいですか？

　　　確かに、そうです。

第2次世界大戦後のヴォールトの修復について教えて下さい

　　　大戦中に崩壊したヴォールトは、大戦後まもなく完全に新しく建てられました。建て直す前に彼らはおそらく古いヴォールトの残骸を取り除きました。建物は、聖アントニウスと同じような方法で建てられました。

なぜフリーハンドの構造が強いのか説明してください

　　　Von Lassaulxは次のように言っています。もし、型枠が極めて強く造られていない場合、型枠上で作業する労働者の移動により、型枠が振動し、建築中の石造天井は、まだ乾いていない継ぎ目のところにひび割れが生じます。アーチ型石層の完了の後、モルタルがまだ柔軟な時に、型枠は外さなければなりません。これによりアーチ型石層の石造天井の力学的変形の再調整が進行します。もしモルタルが強固になるまで、型枠で支えていると、モルタルが乾燥で縮み、アーチ型石層の石造天井の継ぎ目はすべて開いてしまうでしょう。

他にフリーハンド工法について話してください

　　　フリーハンドのヴォールトの技術は、19世紀の20年代に新たに発見されました。フリーハンドでウェブを建築するときは丸くしなければならなかったと考えら

108

第4章　リブヴォールトの腰固めと施工順序

れました。

　だから19世紀のケルン大聖堂のヴォールトおよび20世紀のでさえ、多少丸くなっているのです。しかし後に、直線的なウェブを備えたヴォールトもフリーハンドで建築できることがわかりました。ケルン大聖堂の内陣のヴォールトは、19世紀に造られた身廊ヴォールトものよりもっと直線的です。そして、長い間内陣のヴォールトは木製の型枠で建築され、フリーハンド工法のヴォールトはその時まで少なくともケルンでは知られていなかった。その後、北側側廊のヴォールトの建築中に採用されたと考えられていました。しかし、私たちは、大聖堂のヴォールトがすべてフリーハンドの技術を使用して建築されていると今日では確信しています。

第5章　石造天井殻迫石積み型式の分類と表記法

序

　西洋中世教会堂、特にゴシック教会堂の石造天井として広く採用されているリブヴォールトの施工法に関して当時の記録はなく、石の切り方などのスケッチを残しているヴィラール・ド・オヌクールの画帳にも手掛りとなるものを残していない。中世建築最大の課題は石造天井をいかに架けるかと言う点にあることを考え合わすと奇異な感じがする。それ故、現在、施工法として考えられているものはすべて推定によるものである。

　その一つとしてリブヴォールトの施工法に関してヴィオレ・ル・デュックが紹介した伸縮せき板施工法がある[1]。これは、彼が数十年にわたって中世建築の調査・修理に携わり、その豊富な経験と知識をもとに1860年頃提唱したもので、現在でも根強い支持者がある[2]。反面、早くから伸縮せき板の実用性に根強い疑問も提出された。ショワジーの全面板張工法はその例である[3]。

　一方、ヴィオレ・ル・デュックの伸縮せき板とは別にフリーハンド工法が提唱されてきた。その提唱者の一人、プロシアの王室建築家ラッソーは、中世の石造天井の観察と、当時ウィーンで実際行われていた工法から石塊・ロープ工法を1831年に紹介した[4]。ラッソーの工法は長く埋もれ、130余年経った1961年にフィッチンによって掘り起こされている[5]。20世紀に入ると、1930年代にいわゆるリブ論争が起こった。これは、リブの構造的骨組みの上に薄い天井殻がのっているという古典的リブヴォールト観をめぐっての論

争で、交差リブの非構造性が確認されたが、施工法について新しい展開はない[6]。

　1960年代に、フィッチンはゴシック教会堂の仮設工事全般をはじめて取り上げて論じた[7]。その中でドーム状ヴォールトの重要性を指摘し、その石層目地の方向、傾き、湾曲、石層のアーチ・アクションを取り上げた。そして、施工法としては伸縮せき板工法を固定せき板工法[8]を提唱した。また、これとは別個にフリーハンド工法を紹介し、その有益さを指摘した[9]。同60年代、飯田喜四郎名古屋大学教授は、リブ機能に関する諸説を言わばリブ論争史として整理・考察した[10]。その中で、天井殻（パネルまたはウェブ）施工を考察し、「ゴシックのパネルは、現在のイランのドームやヴォールトのように仮設なし（筆者注：フリーハンド）で、またはラッソーの言うように簡単な工法で、あるいは現在の修理で見られるようにヴィオレ・ル・デュックの提唱した伸縮せき板を『応用』した程度の単純な器具を採用し、石工の裁量で小形石材を適当に積み上げたものであろう」[10]と述べている。

　筆者は、この飯田教授の指摘をフリーハンド主工法・伸縮せき板補助工法として把握した。本章は、この工法を立証することを目的とし、施工を原理的に捉える方法を考察した。

　リブヴォールトの施工法の問題は、リブの機能、腰固め、殻施工[3]の3つに分けて論じるのが適切であろう。第3の殻施工に関する最大の焦点は仮設材を使用したか否か、使用したとすればどのようなものなのかと言う点である。殻迫石積みの方法（あるいは型式）が仮設材を必要としたものになっているか否かと言う問題に置換できる。殻迫石積みの型式は、天井殻の最小単位である迫石がどのように積まれているか。すなわち、迫石の組み合わせの問題であるが、そして、この組み合わせの問題は、迫石そのものの組み合わせではなく、迫石と迫石がつくりだす接触面（目地）や接触面の組み合わせとして把えることができる。殻施工問題は、石層目地の傾きや形状、石層内における迫石接触面の傾き、石層相互間における迫石接触面の傾きの組み合わせとして論じることができるであろう。これがフリーハンド主工法・伸縮せき板補助工法を立証する視点である。

第5章　石造天井殻迫石積み型式の分類と表記法

ところで、リブヴォールト以外にも広く目を向けながら殻迫石積み型式の記述を見ると、断片的に、傾斜した石層canted courseとか、垂直輪切り型の石層vertical sliced courseとか、水平持ち出し積みの石層corbelled horizontal courseとか、傾斜した迫石接触面canted beddingとかの表現[11]にとどまり、迫石積みの把握が大雑把となっているのが実情である。そのため、組織的な把握や統計的処理に適しない。

本章は、型式を精緻に把握し、これらを整理・分類するための表記法を考察する。考察の順序として、この研究方法に手掛かりを与えてくれたフィッチンの、ドーム状ヴォールトに関する説明の検討から始める。次いで、ドーム状ヴォールト以外の各種のヴォールトにも運用可能な表記法を考察する。

1　フィッチンの主張の検討

フィッチンは交差ヴォールトがドーム化した場合の変化について次のように述べている[14]。

> 「石層はベイの縦断軸、横断軸より放射radiateされる大円の一部によって形成される[15]（筆者注：放射型石層）。しかし、この放射型石層radical plane as the bed joints of the coursesは石層の幅が狭・広・狭と変化するために実際的でなく、その代わりに石層幅の変化しない垂直輪切り型vertical sliceの石層が採用された。この石層は、垂直輪切り型に配置されたせき板と対応representしている。せき板の架け方は軸平行（A型）と軸直交型（B型）[16]とがあり、西欧ではA型が選ばれた。」

フィッチンのこの説明について検討を加えた。ここで石層は石層目地（線）と置き換えて解釈する。

(1)フィッチンは、放射型石層目地（これをRと表記）は、石層が、狭・広・狭と変化するため、石層幅の変化しない垂直輪切り型石層目地（これを

Vと表記）が採用されたと言う。石層幅が一定という条件を考えると垂直輪切り型のほか、水平輪切り型Horizontal slice（これをHと表記）、一定の傾斜角度で輪切りする型Canted slice（これをCと表記）も存在する。Cは無限に考えられるがすべてCとする。以上、4種類の石層目地R、H、C、Vが考えられる。これらを石層目地の傾きと称することにする。

(2)フィッチンは、せき板の架け方で垂直輪切り型の石層架構をA型とB型に分けている。これは、横断および縦断軸に平行な大円のうち一方を石層目地、他方を迫石目地（同一石層における迫石目地＝以下同じ）として採用する組み合わせの問題である。従って、組み合わせ以前の両大円を併記した石層目地を考えることができる。この石層目地網はV型だけでなく、R、H、C型すべてに考えられる（表3上段の図を参照）。これらの石層目地網から、天井殻区分（ベイの対角線、交差線または交差リブなどによる区分）と、その区分された三角形天井殻における石層目地の方向の違いの組み合わせによってA型、B型などの区別ができる。この表記には後述するようにⅠ型、Ⅱ型、Ⅲ型などの記号を使用する。

(3)石層目地に関するフィッチンの見解は肉厚のない球面——天井殻の内面または外面で論じられている。上記のR、H、C、Vの石層目地面で天井殻を輪切りすると本当のR、H、C、V型の石層ができあがる。これらの石層間の迫石接触面の傾き（これを石層接触面の傾きと称する）をr、h、c、vと表記する。従って本当の石層は、Rr、Hh、Cc、Vv型と表記することができる。ところで、Vv型を考えると、この迫石の型式は、V型の石層目地に沿って迫石を垂直（v）に並べてゆく方法である。今、この迫石を垂直ではなく一定の傾斜角度で並べてゆくこともできる。つまり、Vc型が可能である。同じように、Vh、Vr型も可能である。同様にしてR、H、Cとr、h、cとを組み合わせた型式が考えられる（表1[17]）。

(4)石接触面の傾きは、石層間だけでなく同一石層内部においても考えることができる。これを迫石接触面の傾きと称し、r、h、c、vに対応してr'、h'、c'、v'と表記する（表2参照）。従って、天井殻の迫石積み型式は石層目地の傾きR、H、C、V、石層接触面r、h、c、v、迫石接触面r'、h'、

第5章　石造天井殻迫石積み型式の分類と表記法

表1　石層目地面の傾きと石層接触面の傾きの組み合わせ

目地面＼接触面	放射型 r	水平型 h	傾斜型 c	垂直型 v
放射型 R	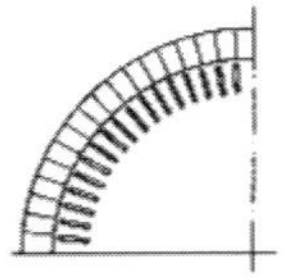 Rr型	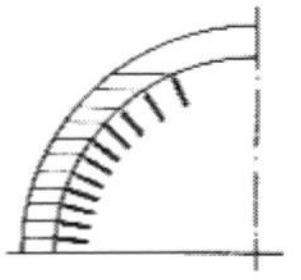 Rh型	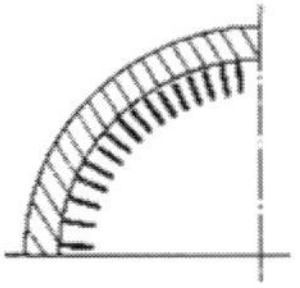 Rc型	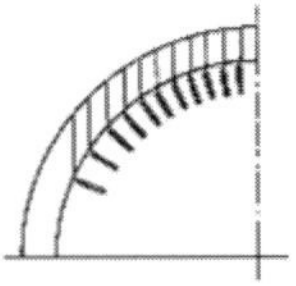 Rv型
水平型 H	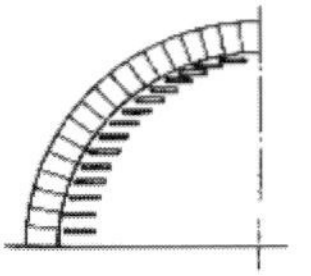 Hr型	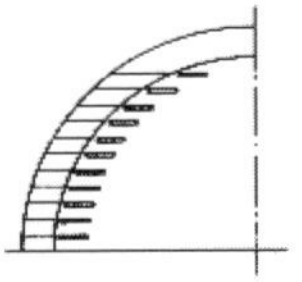 Hh型	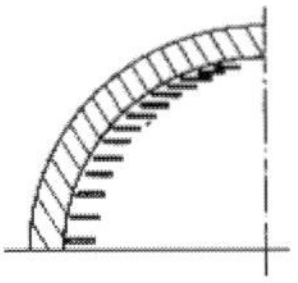 Hc型	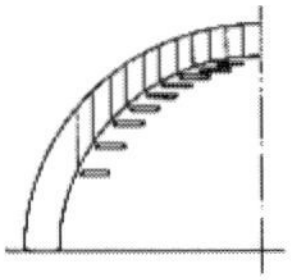 Hv型
傾斜型 C	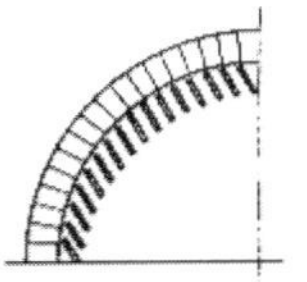 Cr型	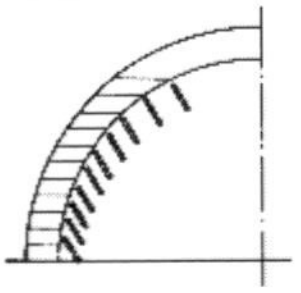 Ch型	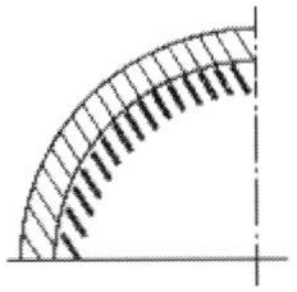 Cc型	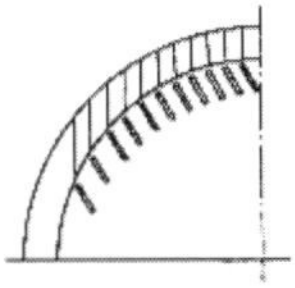 Cv型
垂直型 V	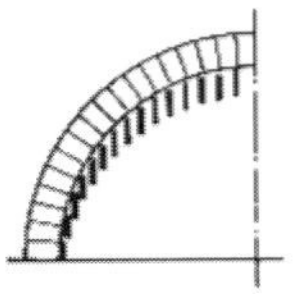 Vr型	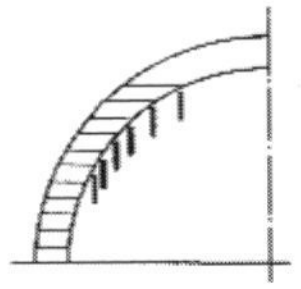 Vh型	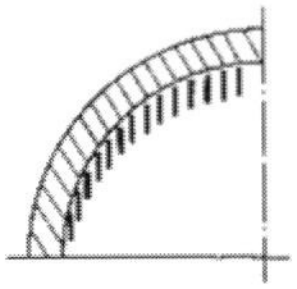 Vc型	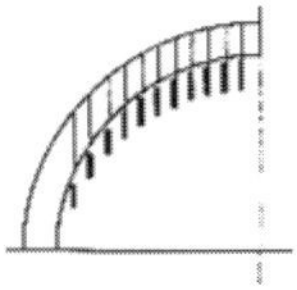 Vv型

表2　同一石層間の迫石接触面の傾きの表示

放射型 r'	水平型 h'	傾斜型 c'	垂直型 v'
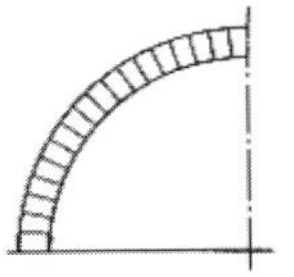	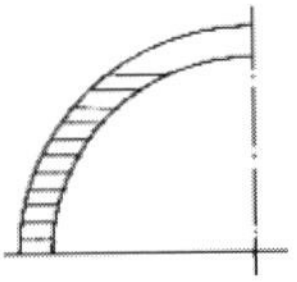	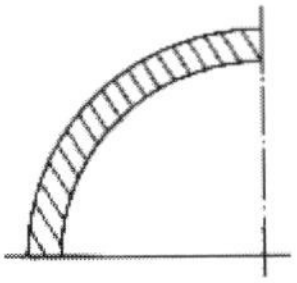	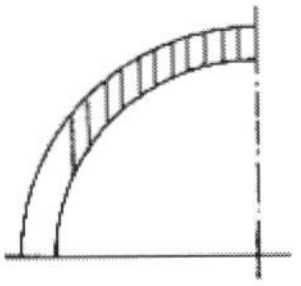

c'、v'の三者の組み合わせで表記できる。これに天井殻区分Ⅰ、Ⅱ、Ⅲの組み合わせが付加される。ここで、Vvr'の型式をみると、垂直型の石層目地（V）に沿って、石層間の迫石接触面の傾きを垂直（v）に保ちながら、石層内の迫石接触面の角度を、起拱点における水平から頂点における垂直まで徐々に変化させてゆく＝くさび型の迫石とする＝方法（r'）を意味する。

以上の検討はフィッチンの言う軸平行型（後述するフランス型）を中心に考えたものである。ドーム状ヴォールトの、軸平行型以外を含めて以下検討する。

2　ドーム状ヴォールト殻迫石積み型式分類表

ドーム状ヴォールトの天井殻の石層目地の方向（走り方または石層架構法）には3種類見られる。1つは石層目地がリング状（型）に走るもので、他の2つは石層目地がアーチを描いているもので、ベイ対角線に直行するものをイギリス型、頂線に平行なもの（フィッチンの言う軸平行型）をフランス型と呼んでいる[18]。これらをそれぞれRi、E、F型と表記する。イギリス型については、フィッチンは交差稜線（リブとも解釈可能）のあるものを図示しているが、この交差線は石層が2分化してできているので、2分化以前の交差稜線がないものをE型とし、交差稜線のあるものをE'とするとする。これらを図示したのが図1である[19]。以下、Ri、E、F型の天井殻迫石積み型式分類表を作成する。

(1) Ri、E、FとR、H、C、Vとを組み合わせた石層目地網をつくる（図2および表3最上段）。
(2) 石層目地面の傾きは重なりをなくすため、RiはR（水平面と90度をなす放射型）とH；EとFはR、C、Vの組み合わせとする[20]。すなわち、R、H、Ri、R；ER、EC、EV；FR、FC、FVである。E型では頂線によって、F型では交差稜線によって天井殻が4つに区分され、区分された天井殻ご

第5章　石造天井殻迫石積み型式の分類と表記法

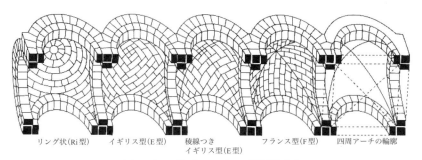

リング状(Ri型)　イギリス型(E型)　稜線つき　フランス型(F型)　四周アーチの輪郭
　　　　　　　　　　　　　　イギリス型(E型)

図1　ドーム状ヴォールトの石層架構型式

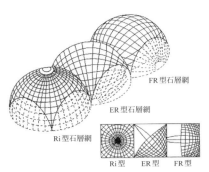

図2　Ri、E、F型の放射型石層型

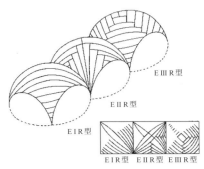

図3　E型の放射型石層型式と殻区分型式

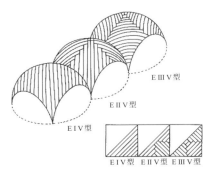

図4　E型の垂直型石層型式と殻区分型式

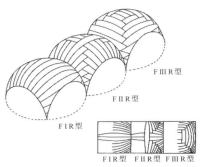

図5　F型の放射型石層型式と殻区分型式

117

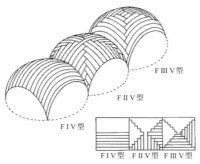
図6 F型の垂直型石層型式と殻区分型式

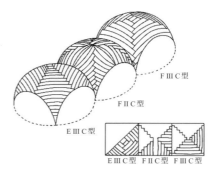
図7 E、F型の傾斜型石層型式と殻区分型式

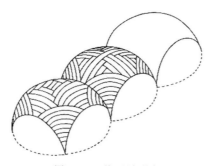
図8 E、F型の混合型式

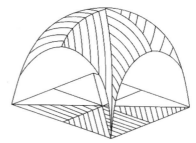
図9 横断アーチ、交差リブ、峰リブなどの移動による石層型式

とに、石層目地網の2つの石層目地のうちの1つが交互に採用されている。まず、天井殻が区分されず、1つの石層目地で全体を覆っているものを想定し、これをEⅠ型、FⅠ型として想定する。

次に、E型ではベイ対角線に沿う方向で石層目地架構のものをEⅡ型、ベイ対角線に直交する石層目地架構のものをEⅢ型とする。F型では、区分された天井殻内の周辺アーチに直交するものをFⅡ型、平行なものをFⅢとする。ここから表3の2段目の石層目地架構の分類型式が生まれる（図3～図7）[21]．石層目地型式では、その後、混合型式（図8）や、横断アーチ、交差リブ、峰リブの移動型（施工上はそれらの形のセンタリング、またはせき板の移動型）（図9）などが考えられるので併せて図示した[22]。

第5章　石造天井殻迫石積み型式の分類と表記法

(3) 上記の分類に、石層接触面の傾きr、h、c、vを組み合わした型式分類が表3の3段目である。さらに、迫石接触面の傾きr'、h'、c'、v'を組み合わした型式分類が同表4段目である。その型式数はRi型では32、E、F型ではともに144で、都合176がドーム状ヴォールト殻迫石積み型式数である。これには実在しないもの、現実性のないものが混在しているが、理論上考えられる型式数である。

(4) 上記4段目の分類表から石層の幅が狭・広・狭と変化するR型を除いた型式分類が同表5段目である。さらに、Riのh'、c'、v'およびE、Fのh、h'、v、v'を除いた型式分類が同表6段目である。これが現実性の高い迫石積み型式分類と言えよう[23]。

(5) ここで、本節の冒頭であげた実在する3型式についての表記法を考察すると、表3の6段目の分類からEⅠ、EⅡ、FⅠ、FⅡおよびFのCを除いたもの（同表7段目）からいずれかを選んで決定することができる。

3　表記法の一般化

上記においてドーム状ヴォールト殻迫石積み型式の分類と表記法を試みた。この表記法をドーム状ヴォールト以外のものにも適用するため次のような前提を設けた。

(1) ドーム状形態以外のものにも適用するため次のような形状分類のための表記を行う。

アーチ＝A(Arch)、トンネル・ヴォールト＝T（Tunnel Vault）、交差ヴォールト＝X（Cross Vault）、ドーム＝D(Dome)、ドームをさらに小分けする表記として、Dco（conical）、Dl（cloister〈これは一般にcloister vaultと言われるが、ドームの中で分類した〉）、ドーム状ヴォールト＝Dm（Domical Vault）。交差状ヴォールト[24]＝Xg（Crossing Vault）、ファン・ヴォールト＝Fn（Fan Vault）……。

(2) R、r、r'以外すべて水平面（起拱面）に対して水平H、h、h'、傾斜C、c、c'、

表3　ドーム状ヴォールトの殻迫石積み型式の分類と表記

	リング型（Ri）	イギリス型（E）	フランス型（F）
石層目地網（放射型）			
石層目地面の傾きと天井殻区分を考えたときの分類	〈水平型〉 RiH 〈垂直型〉 RiR	〈放射型〉 EⅠR, EⅡR, EⅢR 〈傾斜型〉 EⅠC, EⅡC, EⅢC 〈垂直型〉 EⅠV, EⅡV, EⅢV	〈放射型〉 FⅠR, FⅡR, FⅢR 〈傾斜型〉 FⅠC, FⅡC, FⅢC 〈垂直型〉 FⅠV, FⅡV, FⅢV
上記の分類に石層接触面の傾きを考えたときの分類	RiH r, c, v RiR r, c, v	EⅠR r, h, c, v EⅡR r, h, c, v EⅢR r, h, c, v EⅠC r, h, c, v EⅡC r, h, c, v EⅢC r, h, c, v EⅠV r, h, c, v EⅡV r, h, c, v EⅢV r, h, c, v	FⅠR r, h, c, v FⅡR r, h, c, v FⅢR r, h, c, v FⅠC r, h, c, v FⅡC r, h, c, v FⅢC r, h, c, v FⅠV r, h, c, v FⅡV r, h, c, v FⅢV r, h, c, v
上記の分類に更に迫石接触面の傾きを考えたときの分類	RiH rr', rh', rc', rv' RiH hr', hh', hc', hv' RiH cr', ch', cc', cv' RiH vr', vh', vc', vv' RiR rr', rh', rc', rv' RiR hr', hh', hc', hv' RiR cr', ch', cc', cv' RiR vr', vh', vc', vv'	EⅠR rr', rh', rc', rv' EⅡR rr', rh', rc', rv' EⅢR rr', rh', rc', rv' EⅠR hr', hh', hc', hv' EⅡR hr', hh', hc', hv' EⅢR hr', hh', hc', hv' EⅠR cr', ch', cc', cv' EⅡR cr', ch', cc', cv' EⅢR cr', ch', cc', cv' EⅠR vr', vh', vc', vv' EⅡR vr', vh', vc', vv' EⅢR vr', vh', vc', vv' EⅠC rr', rh', rc', rv' EⅡC rr', rh', rc', rv' EⅢC rr', rh', rc', rv' EⅠC hr', hh', hc', hv' EⅡC hr', hh', hc', hv' EⅢC hr', hh', hc', hv' EⅠC cr', ch', cc', cv' EⅡC cr', ch', cc', cv' EⅢC cr', ch', cc', cv' EⅠC vr', vh', vc', vv' EⅡC vr', vh', vc', vv' EⅢC vr', vh', vc', vv' EⅠV rr', rh', rc', rv' EⅡV rr', rh', rc', rv' EⅢV rr', rh', rc', rv' EⅠV hr', hh', hc', hv' EⅡV hr', hh', hc', hv' EⅢV hr', hh', hc', hv' EⅠV cr', ch', cc', cv' EⅡV cr', ch', cc', cv' EⅢV cr', ch', cc', cv' EⅠV vr', vh', vc', vv' EⅡV vr', vh', vc', vv' EⅢV vr', vh', vc', vv'	FⅠR rr', rh', rc', rv' FⅡR rr', rh', rc', rv' FⅢR rr', rh', rc', rv' FⅠR hr', hh', hc', hv' FⅡR hr', hh', hc', hv' FⅢR hr', hh', hc', hv' FⅠR cr', ch', cc', cv' FⅡR cr', ch', cc', cv' FⅢR cr', ch', cc', cv' FⅠR vr', vh', vc', vv' FⅡR vr', vh', vc', vv' FⅢR vr', vh', vc', vv' FⅠC rr', rh', rc', rv' FⅡC rr', rh', rc', rv' FⅢC rr', rh', rc', rv' FⅠC hr', hh', hc', hv' FⅡC hr', hh', hc', hv' FⅢC hr', hh', hc', hv' FⅠC cr', ch', cc', cv' FⅡC cr', ch', cc', cv' FⅢC cr', ch', cc', cv' FⅠC vr', vh', vc', vv' FⅡC vr', vh', vc', vv' FⅢC vr', vh', vc', vv' FⅠV rr', rh', rc', rv' FⅡV rr', rh', rc', rv' FⅢV rr', rh', rc', rv' FⅠV hr', hh', hc', hv' FⅡV hr', hh', hc', hv' FⅢV hr', hh', hc', hv' FⅠV cr', ch', cc', cv' FⅡV cr', ch', cc', cv' FⅢV cr', ch', cc', cv' FⅠV vr', vh', vc', vv' FⅡV vr', vh', vc', vv' FⅢV vr', vh', vc', vv'

第5章　石造天井殻迫石積み型式の分類と表記法

上記の分類からRを除く	RiH rr', rh', rc', rv' RiH hr', hh', hc', hv' RiH cr', ch', cc', cv' RiH vr', vh', vc', vv'	E I C rr', rh', rc', rv' E II C rr', rh', rc', rv' E III C rr', rh', rc', rv' E I C hr', hh', hc', hv' E II C hr', hh', hc', hv' E III C hr', hh', hc', hv' E I C cr', ch', cc', cv' E II C cr', ch', cc', cv' E III C cr', ch', cc', cv' E I C vr', vh', vc', vv' E II C vr', vh', vc', vv' E III C vr', vh', vc', vv' E I V rr', rh', rc', rv' E II V rr', rh', rc', rv' E III V rr', rh', rc', rv' E I V hr', hh', hc', hv' E II V hr', hh', hc', hv' E III V hr', hh', hc', hv' E I V cr', ch', cc', cv' E II V cr', ch', cc', cv' E III V cr', ch', cc', cv' E I V vr', vh', vc', vv' E II V vr', vh', vc', vv' E III V vr', vh', vc', vv'	F I C rr', rh', rc', rv' F II C rr', rh', rc', rv' F III C rr', rh', rc', rv' F I C hr', hh', hc', hv' F II C hr', hh', hc', hv' F III C hr', hh', hc', hv' F I C cr', ch', cc', cv' F II C cr', ch', cc', cv' F III C cr', ch', cc', cv' F I C vr', vh', vc', vv' F II C vr', vh', vc', vv' F III C vr', vh', vc', vv' F I V rr', rh', rc', rv' F II V rr', rh', rc', rv' F III V rr', rh', rc', rv' F I V hr', hh', hc', hv' F II V hr', hh', hc', hv' F III V hr', hh', hc', hv' F I V cr', ch', cc', cv' F II V cr', ch', cc', cv' F III V cr', ch', cc', cv' F I V vr', vh', vc', vv' F II V vr', vh', vc', vv' F III V vr', vh', vc', vv'
上記の分類から更にRih'、c'、v'及びh、h'、v、v'を除く	RiH rr' RiH cr'	E I C rr', rc' E II C rr', rc' E III C rr', rc' E I C cr', cc' E II C cr', cc' E III C cr', cc' E I V rr', rc' E II V rr', rc' E III V rr', rc' E I V cr', cc' E II V cr', cc' E III V cr', cc'	F I C rr', rc' F II C rr', rc' F III C rr', rc' F I C cr', cc' F II C cr', cc' F III C cr', cc' F I V rr', rc' F II V rr', rc' F III V rr', rc' F I V cr', cc' F II V cr', cc' F III V cr', cc'
上記の分類から更にE I、II、F I、F III及びFのCを除く	RiH rr' RiH cr'	E III C rr', rc' E III C cr', cc' E III V rr', rc' E III V cr', cc'	F II V rr', rc' F II V cr', cc'
ドーム状ヴォールトの天井殻施工の3形式の表示法	RiH rr', cr'の中のいずれか	E III C、E III V rr', rc', cr', cc'の中のいずれか	F II V rr', rc', cr', cc'の中のいずれか

垂直V、v、v'の角度を表すものとして使用する。R、r、r'は形状によって決定される一定の回転軸を中心に角度が変化するものを言う。

(3) R、r、r'以外のH、h、h'；C、c、c'；V、v、v'では矩形（直方体）の迫石は喰い違いながら曲面をつくることを意味する。

(4) H、h、h'；C、c、c'；V、v、v'はすべて平行な面の層を表している。つまり、1つの石層目地面、石層接触面、迫石接触面の傾きだけを取り出しても議論は出来ないことを意味している。

(5) R、r、r'；H、h、h'；C、c、c'；V、v、v'はすべて角度表記である。従って、形状表記は上記(1)の形状表記を用いなければならない。形状表記は迫石を積むときの施工基準線を表すものとなる。

(6) R、H、C、V；r、h、c、v；r'、h'、c'、v'の三者の相互関係は図10に示した。迫石の上面または下面の矩形は2組の稜線を持っている。その中の1組のどちらかの稜線が石層目地に沿って配置される。すなわち、石層目地とは施工上、施工基準線であり、その形状は前記の形状表記でなされ、角度表記R、H、C、Vでなされる。r、h、c、vとは、石層目地の回りの回転角度の状態を表している。r'、h'、c'、v'とは石層目地上のある点における直交方向の回転角度の状態を表している。

(7) 迫石が矩形（直方体）の場合、R、r、r'ではくさび型の目地アキが生じるが、この目地アキはすべて2次的と考え、表記上では無視する。

(8) トンネル・ヴォールトや交差ヴォールトでは石層目地が直線となり、角度表記がR、H、C、Vすべてで表現可能であるが、Hで表記する。これは一方向に無限に長いドームを考えれば良い。T-H、X-Hな

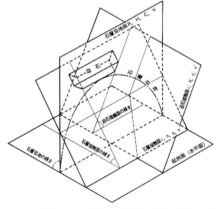

図10　石層目地の傾き、石層接触面の傾き、迫石接触面の傾きの三者の関係

第5章　石造天井殻迫石積み型式の分類と表記法

どはL（Linear）とも略称する。
(9) C、c、c'には無限の傾斜角度と組み合わせが存在しうるが、一律にC、c、c'として表記する。具体的な角度表示が必要な場合は別記するが、C75-80とかVc60と表記する。Cとcの角度が同一の場合は小文字のcを省略するか、同一のマークを考える。例えば、Ccr'→Ccr'、C一r'、Cr'など。
(10) D-H、Dm-HなどはRi（Ring）とも略称する。
(11) 迫石目地面の傾きは考慮しない。迫石目地は迫石接触面の傾きの中に吸収される。必要な場合は、R'、H'、C'、V'の表記を利用する。
(12) 表記の順序は次の通りとする。
1.形状表記、2.石層区分（天井殻区分）表記、3.石層目地の傾きの表記、4.石層接触面の傾きの表記、5.迫石接触面の傾きの表記

必要に応じて形状表記と石層区分表記の間、もしくは石層区分表記と石層目地面の傾きの間にハイフォンを入れる。

　　　（例）DmEⅢ-Ccr'
　　　　　　Dm：ドーム状ヴォールト（形状表記）
　　　　　　EⅢ：イギリス型、石層区分Ⅲ型（石層区分表記）
　　　　　　Ccr'：傾斜型の石層目地、傾斜型の石層接触面、放射型の迫石接触面（各々の傾きの表記）

混合型式の場合は、石層目地の傾きの表記の前に部位を示す用語を挿入して併記する。

　　　（例）腰積みCcr'、腰積みより上部Vrr'。

(13) 形状表記などで不足しているものは適宜追加する。仮説材の必要の有無は表記にいれない。

以上の前提をもとにして各種の実在するアーチ、ヴォールト、ドーム[25]について天井殻迫石積み型式の表記を試みた（表4）。

表4 アーチ、ヴォールト、ドームの実例とその表記

アーチ・ヴォールト・ドームの各種と表記法 ※迫石積工法は推定を含む		出典
アーチ ※1 ペルシアのレンガ・アーチ (A-Hrv') / ※2 ローマのレンガ・アーチ (A-Hcv') ※3 ローマのレンガ・コンクリート・アーチ (A-Hrv') / ※4 ローマ型アーチ (A-Hrv')		※1 Dr. N. デヴィ、山田幸一訳：建築材料の歴史、204頁、図69 スサ近郊のショガ・ゼムビルにあるウンタッシュ・ヒューバン王のシグラットの階段室上部のレンガアーチ ※2 同書、113頁、図53 ローマ時代のレンガを使ってつくられたサクソン形戸口。エゼックス・コルチェスターのトリニティ教会の塔にあるもの。 ※3 同書、206頁、図71 ローマ形式のアーチ。左は内部のコンクリート部分を示す。 ※4 村松貞次郎監訳：建築英和辞典、336頁 アーチの単位である迫石がすべてさび形をしている。
トンネルヴォールト・交差ヴォールト Tunnel=T, Cross=X ※1 水平持出積ヴォールト (T-Hhv') / ※2 ローマ型トンネル・ヴォールト (T-Hrv') ※3 ローマ型交差ヴォールト (X-Hrv') / ※4 傾斜石層トンネル・ヴォールト (T-Ccr') ※5 トンネル・ヴォールトの架構法 (Vvr' / Ccr' / Vcr')		※1 Dr. N. デヴィ前掲書211頁、図75 ウルにおける持出しヴォールトの墓。紀元前30盛期 ※2 H. Neathcote Statham：*A History of Architecture*, Revised by Hugh Braun, B. T. Batsford LTD, 1950, fig. 130 ※3 同上 ※4 Sir T. G. Jackson：*Byzantine and Romanesque Architecture*, Cambridge, 1920, p.35, fig. 8 アッシリアのコルサバットで発掘されたレンガ積ヴォールトのタイプ。紀元前722年のもの。 ※5 A. Choisy：*Histoire de L'Architecture*, tome second, Paris, p.12, fig. 4 アッシリアのコルサバットで発掘されたレンガ積ヴォールトのタイプ。紀元前722年のもの。
ドーム Dome=D, Conical=Co ※1 円錐形ドーム (CoD-Hhr') / ※2 ローマ型ドーム (D-Hrr')		※1 Sir Banister Fletcher's, *A History of Architecuture*, Eighteenth Edition, revised by J. C. Palmes, University of London, The Athlone Press, 1975, p.190 「アトレウスの宝庫」ミケナイ、紀元前1250年頃 ※2 James H. Acland：*Medieval Structure: The Gothic Vault*, University of Toronto Press, p.31

第5章　石造天井殻迫石積み型式の分類と表記法

分類			参考文献
Cloister =l	※3 傾斜石層ドーム D-Hcr'	※4 持出し式ドーム D-Ccr'	※3 同上 ※4 Dr. N. デヴィ前掲書211頁、図75 エシュヌナのカファジャで発掘された穴のドーム屋根。紀元前2000年ころのもの。
ドーム状ヴォールト	※1 ビザンチン・ドーム状ヴォールト DmF II-Vcr'	※2 カタロニア・ドーム状ヴォールト DmE II-Ccr'	※1 Cyril Mango：*Byzantine Architecture*, Belser/Electa, p. 16, fig 11 コンスタンチノープル、ハギア・エイレーネ、6世紀（これと同種の図がA. Choisy, *op. cit.*, Paris, p.13, fig. 5） ※2 James H. Acland：*Medieval Structure: The Gothic Vault*, University of Toronto Press, p.23 カタロニアのヴォールトは正方形ベイの持出しでつくられている。今日でもメキシコではこの種のヴォールトをつくっている
	※3 ペルシア・ドーム状ヴォールト DmE II-Ccr'	※4 リング型ドーム状ヴォールト Dm-Hrr'	※3 Dr. N. デヴィ前掲書214頁、図79 南ペルシアで現在も行われている工法で、矩形プランの建築にヴォールトを架ける状態を示したもの。これと同じ報告が石川昭「土の住宅」（『国際建築』昭和38年7月号、105～107頁）に見られる。 ※4 James Stevens Curl：*English Architecture*, David & Charles, p. 68
Domical =Dm	※5 イギリス型ドーム状ヴォールト DmEII-Vrr'	※6 フランス型ドーム状ヴォールト DmFII-Vrr'	※5 M. Viollet-le-Duc：*Dictionnaire Raisonnée L'Architecture Française, du XIe au XVIe siècle*, vol. 4 construction, p.113, fig. 65 ※6 *Ibid.*
交差状ヴォールト	※1 フランス型交差状ヴォールト XgFII-Vrr'	※2 イギリス型交差状ヴォールト XgE'III-Vrr'	※1 Sir Banister Fletcher's, *op. cit.*, p.628 ※2 *Ibid.* ※3 James H. Acland, *op. cit.*, p.86 ※4 日本建築学会編：西洋建築史図集、彰国社、44頁 ヘンリー7世拝堂、ウエストミンスター・アベイ、1508～12年ごろ。
Crossing =Xg Sexpartite =Sx Fan=F	※3 6分ヴォールト Sx-Vrr'	※4 ファン・ヴォールト Fn-Rirr'	注：交差状ヴォールトとは交差リブヴォールトのこと

125

4　まとめ

　上記で考察した表記法は、アーチ、ヴォールト、ドーム以外にも利用可能である。例えば、煙突のように立っている円筒形cylinderの場合はCy-Hhr'、整層積みrangeの壁体Wallはrange W-Hhv'、矢筈積みherringboneの壁体はherringbone W-Hhc'となる。

　序で筆者はフリーハンド主工法・伸縮せき板補助工法という視点または仮説を述べた。この説には、どこまでがフリーハンド工法で、どこからが伸縮せき板工法かという疑問、あるいは、2つの工法の結び付きは矛盾するという反論が生まれるかもしれない。

　筆者は、まず、リブヴォールトの殻施工をフリーハンド施工というという技術史の中で捉え、この大枠の中での一変化（工法）として伸縮せき板工法を考えようとするものである。この考えから、ビザンチン建築のフリーハンド施工とリブヴォールトの殻施工との関係に目を向けることになる。そして、その相互関係を記号化された殻迫石積み型式によって明瞭に把握しようとするものである。表記法はその手段である。

　　注記

1. Viollet-le-Duc：*Dictionnaire raisonnè de l'architecture française du XIe au XVIe siecle*, Paris, Libraries-Imprimeries Rèunies, 1858-68 'Construction', Vol. ix, p.105-108. 伸縮せき板はcerce mobileの邦訳。
2. フランス文化財事業部のパッケJean Pierre Paquetは、伸縮せき板は極めて便利で、現在でも用いられいると述べている（1956年、Centre d'Etudes Supèrieutresでの講演）。
3. Auguste Choisy：*Histoire de l'architecture*, Paris, Vincent（復刻版）, Tome second, pp.216-217.
4. M. de Lassaux：*Description of a Mode of Erecting Light Vaults over and Similar Spaces*, Journal of the Royal Institute of Great Britain, London, John Murray, 1881, Vol.i, pp.224-40.

第5章　石造天井殻迫石積み型式の分類と表記法

原文：August Kopdd, Crell（Hrsg）：Journal fuer die Baukunst 1851（4, Hoft）, 1.Bd. in der Heftes（1829年No.1 〜 1851年No.30、ライン地方の教会についてのノート）。第12章注12参照。上記の M. de Lassaux は J. C. von Lassux の間違い。

5　John Fitchen：*The Construction of Gothic Cathedrals*, 1961, oxford, pp.175-40.
6　1930年代のリブ論争は1939年フォッション教授を中心に編集されたrechech1号「交差リブ」問題に最もよく現れている。
7　Fitchen, *op. cit.*
8　せき板lagging unitをリブ・センタリングの上に固定して曲面仮枠をつくる工法。Fitchen, *op. cit.*, pp.86-122.
9　Fitchen, *op. cit.*, pp.175-196.
10　飯田喜四郎：12 〜 13世紀のゴシックの交差リブ、私家版、1966年1月、公刊本として、同：ゴシック建築のリブ・ヴォールト、中央公論美術出版、1989年が市販されている。
11　飯田前掲書p.263.
12　リブヴォールト rib vaultは、rib, fill, web（またはpanel）に分けることができる。リブとリブの間に掛け渡される曲面版のことをwebと言う。webは天井殻または単に殻と邦訳できよう。本文で、ヴォールトと併置した場合は単に殻とし、単独の場合天井殻とした。リブやアーチのないヴォールト、ドームでは、ヴォールトやドームという言葉はwebと同一となるが、ヴォールトやドームの背後にあるfill（腰固め）と区別するためにリブやアーチの有無にかかわらずweb（天井殻）と言う言葉を用いる。webを構成する石材stoneは、形状の如何にかかわらず殻迫石、または単に迫石voussoirと呼ぶ。
13　工法に関する表現も史家によって異なる。例えば、水平持ち出し積みについてR. Wills は horizontal course（Archaeological Journal, 1863, P.111）、Viollet-le-Duc は tas-de-chrge とよんでいる（Viollet-le-Duc, *op. cit.*, pp.86-87）。アッシリアの傾斜した石層のトンネルヴォールトについてJ. Acland は canted course（*Medieval Structure*, The Gothic vault, p.23）と表しているが、Jacksonは inclined（verticalだが正確には少し傾いているという意味）という言葉を用いている（*Byzantine and Romanesque Architecture*, Hacker, pp.35-36）。そのほか、flat corbel-table と　か arched corbel-tables（A.K. Porter：*Lombard Architecture*, New York, 1967, 各所）、corbelled or cantilevered projection（J. H. Acland, *op. cit.*, p.20）
14　Fitchen, *op. cit.*, pp.57-61.
15　縦断面または横断面longitudinal and traverse axes（単に軸とも略されている）とはドーム状ヴォールトの起拱面におけるベイ区画の中心軸を言う。大円

great - circleとはドーム状ヴォールトの半球形の最大円弧で、ベイ対角線を直径とする円形に等しい。縦断軸、横断軸より放射される大円とは、軸の回りに大円を回転させ、一定角度ごとに大円の線形を描いたもの。放射型石層目地とはこの大円の線形（の一部）によって規定される石層目地のこと。

16 軸平行（型）parallel to the co-ordinates、軸直交（型）right angle to the co-ordinates. この軸とは前記のlongitudinal and traverse axesのこと。直交は交差稜線によって4つに区分された殻内を通る軸に対して述べている。

17 表1におけるせき板（ヴォールト殻内輪の細長い長方形の図）は、仮設材としてではなく、石層目地の傾きを表す図解表示記号として利用した。

18 Viollet-le-Duc, *op. cit.*, pp.110-113, figs. 62-65.

19 この図のうち、稜線つきイギリス型および四周アーチの輪郭図はFitchen, *op. cit.*, p.60, fig. 24の引用。あとの3種類はフィッチンの図に習って筆者が作成した。殻迫石は実際より大きく描かれている。また、交差稜線はリブとも解釈できる。

20 E、F型でのH（水平輪切り型）はRiのHと同一となる。RiでのC（傾斜輪切り型）、V（垂直輪切り型）はE、F型と同一となる。

21 殻区分についてここでは4分を考えているが、それ以上の区分も考えられる。また、4分（あるいはそれ以上の区分）において各区分の石層目地を石層目地網から交互に選んでいるが、交互でない石層目地模様も考えられる。また、各区分には1つの種類の石層目地網からだけでなく、別の種類の石層目地網からの採用も考えられる。これを混合型式として図8に図示した。この混合型式のうち、下部がイギリス型、上部がフランス型となっている例が南西フランスに見られる。フランス型のものでも下部は幾分イギリス型の傾向を持っているものが多い。ここで下部のイギリス型はリング型と区別がつかない。参考文献André Mussat：*Le Style Gothique de L'ouest de la France*（XIIe-XIII siècles）.

22 図1～図9までの図のうち、図5のFⅡR型、図6のFⅡV型、FⅢV型はフィッチンの作成したものを引用（Fitchen, *op. cit.*, p.57, 図23；p.61, 図25）。ほかは、このフィッチンの図に習って筆者が作成した。図9の移動型は、フランス型やイギリス型の石層架構の実際型と言える。厳密にはフランス型、イギリス型の石層は1つ1つ曲率が異なるが、移動型は曲率が一定という利点をもつ。

23 リブヴォールトでは部分的に石層の幅が変化するものが見られる。この放射型石層はイギリス型あるいはそれに近い石層からフランス型へ移るための調整の役割を果たしている。この問題は、サン・セルジュ教会堂の天井殻施工

の中で扱う予定でいる。アーチ石層の垂直持ち出しvについては、Choisyが
トンネル・ヴォールトの持ち出し式架構法の1つとして紹介している（Choisy,
op. cit., p.12, fig. 14、本章表4に転載）。FⅢ型は、ビザンチン建築に見られる
（表4、ドーム状ヴォールトの項参照）。FのC型は、ヴォールト殻頂線付近で
石層幅が変化するか、前後で中断する石層となるこのような例としてSaint-
Urbain, Troyes 1262-1286（フランス北東部）がある（Louis Grodecki：*Architur der Gotik*, Belser/Electa, p.185）。

24 交差状ヴォールトとは、平頭状ヴォールトのこと。この呼称は、筆者の研究のテーマ、リブヴォールトの成立過程にも関係する。すなわち、ドーム状から変化して成立した歴史的視点の研究を反映させたものである。現在、交差リブヴォールトと言われているが、この用語は交差ヴォールトにリブが付加されたものと意味合いが強く、リブヴォールトの複曲面（ドーム状）の性質を見逃す危険性を持っている。そのため本章では交差状リブヴォールトと呼称する。これに相当する英語表現はcrossと区別してcrossingとした。crossing vaultとした。他の章では、現在通用している交差リブヴォールトをそのまま用いる。

25 アーチの表記は、H型とV型の2種類可能であるが、アーチが連続した場合、どの型式のヴォールトになるかの判別で表4のアーチはH型とした。

第6章　ケルン大聖堂内陣石造天井一部実物大模型実験

序

　13世紀前半に大規模な聖堂が盛んに建設され、ゴシック建築の古典的形式が成立した。古典ゴシックの最初の作品であるシャルトルの大聖堂は、1194年の火災後、全国的な支援のもとにわずか30余年の工期で完成された。次いで、戴冠大聖堂として多量の彫刻で飾った華麗なランス大聖堂（1211～13世紀末）、王者の風格をもつ雄大なアミアン大聖堂（1221～1269年頃）などがつくられてゆく。

　これらの大聖堂の身廊の石造天井は、初期ゴシックの6分ヴォールトではなく長方形ベイの4分ヴォールトである。初期ゴシックのヴォールトは4分のものも6分のものもヴォールトの頂点がやや隆起している。それに対してイール・ド・フランス地方の盛期ゴシックの4分ヴォールトではヴォールトの頂点は周辺アーチの頂点とほぼ同じ高さなので、ヴォールトの頂線はおおむね水平となる。この形式のヴォールトを初期ゴシックのヴォールトやアンジュー地方のドーム状ヴォールトに対して平頭ヴォールトと呼ぶ。

　イール・ド・フランス地方で完成されたゴシック建築は、フランス全土から西欧各地へ普及し、各地の伝統と融合して特色あるきわめて多数の教会堂建築を生み出し、その多くのものが現存している。このようにゴシック建築の源泉となったものであるが、最も代表的な上記の大聖堂を含めてイール・ド・フランス地方の教会堂のヴォールト天井については、その形状の正確な情報は公表されていない。

図1　各大学の先生方が実験に立ち会う（2005.10.17）
左から：筆者、桐敷真次郎、飯田喜四郎、堀内清治、加藤史郎、手前：伊藤重剛の各教授

図2　リブヴォールトNo.90のフランス型石層の再現実験

しかしながら、ケルン大聖堂のヴォールトについては実測がすでに行われており、この情報に基づいて作成された内陣身廊のヴォールトのエポキシ樹脂模型を用いてプリンストン大学のマーク教授は光弾性解析を実施し、その成果を発表している。ケルン大聖堂はフランス・ゴシックを全面的に受け入れて造られたドイツ最初の教会堂で、アミアン大聖堂を範として1248年に内陣から起工し、これを1332年に完成した。ドイツの教会堂であるが、ケルン大聖堂はフランス古典ゴシックのアミアンを原型としているので、実測値ではないが、それに基づいて作成されたマーク教授の実験模型から得られた情報を用いて、平頭ヴォールトのフリーハンド施工の実物大実験装置をつくり、その施工方法を検討した。なお、施工実験は飯田喜四郎教授他の立ち会いのもとで行なった

1　第1実験

1–1　実物大模型によるフリーハンド施工実験の目的と実験の条件

本実験の目的は実物大の迫石を用いて平頭ヴォールトのフリーハンド施工の可能性を検証することである。実験に当って特に次の2点の検討に留意し

第6章 ケルン大聖堂内陣石造天井一部実物大模型実験

た。

(1) ドーム状ヴォールトでは石層両端の起拱点は高低差が大きく、そのため石層はかなり傾いているので、迫石を積み上げるとき、同一石層の下方の迫石は隣接する上方の迫石の荷重の一部を支持する。

　平頭ヴォールトではイギリス型とフランス型の石層が採用されている。イギリス型の石層はドーム状ヴォールトの石層ほどではないが、石層両端に高低差があるので、同一石層にある隣接下方の迫石が隣接上方の迫石に作用する支持力を期待できる。しかし、石層両端がほぼ同じ高さに造られるフランス型石層ではこのような支持力は期待できない。フランス型石層はこのように両端はほぼ水平であるが、その両端を結ぶ弦に対して軽微に湾曲してアーチ状となっている。この湾曲が石層積みの施工に及ぼす効果を検討する。

(2) 石層接触面の傾斜角が強くなると、モルタル接着力だけでは施工中の迫石はずり落ちてしまうため、迫石を一時的に支持する方法が必要である。ラッソーは、19世紀当時、ウィーンで実際に行われていた石塊・ロープ工法（第1章4-4-4参照）を報告しており、ドーム状ヴォールト実験ではその実用性が確認された。石層接触面も迫石接触面も傾斜角が強い平頭ヴォールトの石層の施工におけるこの工法の有効性の検討とそれに代わる同程度に簡単な工法及び伸縮せき板工法を検討する。

実験の条件

　実験の方法、石灰モルタルの調合（重量比1：4）などはすべてサン・セルジュ教会堂のドーム状ヴォールトのフリーハンド施工実物大実験の場合と同じである。

　なお、迫石についても、アミアン大聖堂の迫石の厚さ（石層の幅）はサン・セルジュのそれと同じであるので、サン・セルジュの実験に利用した石材をそのまま利用した。ケルン大聖堂内陣のヴォールト（19世紀）の石層はアミアン大聖堂内陣と同様にフランス型である。

1-2 実験装置

平頭ヴォールトの実験装置は、プリンストン大学のR・マーク教授によるケルン大聖堂内陣石造天井の光弾性模型解析資料[1]に、以下のような修正・補足を加えて製作した。

①インチ単位の50分の1の模型の寸法を実物大に直してメートルに換算した。
②交差リブの半径は、横断アーチ、壁付アーチのそれと同大とし、その背（張り高さ）は横断アーチの背と同じとした。
③石層アーチ（頂線）の半径は、横断アーチ、壁付アーチの半径と同じ9.84mとする。

全体の形状を示す輪郭模型の製作は図4に示す。実験装置は、室内で実験できるよう、スタンドで支えた石層フレームのみを製作した。その製作図は図6に、その全体の形状は図5に示す。石層フレーム

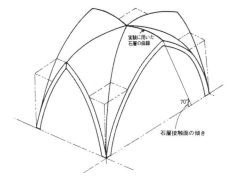

図3　実験に用いたフランス型石層フレームと石層接触面の傾き

図4　ケルン大聖堂内陣身廊平頭ヴォールト輪郭模型（実物大）

図5　石層フレームの全景（縦断方向片側実物大）

第6章　ケルン大聖堂内陣石造天井一部実物大模型実験

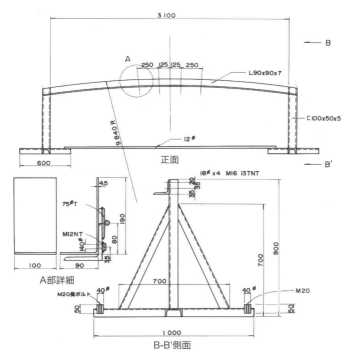

図6　石層フレームの製作図

はケルン内陣天井の縦断方向のヴォールトの頂線（図3）の長さ3.1mをL型鋼で製作し、これに石層接触面の角度を調節できるL型金物（図6 A部詳細）をとりつけたものである。

　石層フレームにとりつけたL型金物の、フレーム方向（石層方向）の対水平角度は7°、6°、4°、3°、2°、1°、1°、2°、3°、4°、6°、7°（左右同じ）である。

1-3　石層フレームによる迫石ずり落ち実験

　平頭ヴォールトの石層にはイギリス型、フランス型がある。イギリス型石層は石層両端の高さが異なるのでドーム状ヴォールトの石層ほどではないが、この石層は水平面に対してかなり傾斜している。フランス型石層は両端の高さが同じでヴォールト頂線と平行に走る石層である。これら2種類の石層は

135

いずれも石層両端を結ぶ弦に対して軽微に湾曲してアーチになっている。しかし、この湾曲の曲率半径が大きいのでフランス型石層の迫石接触面の傾斜角は大で、約90°である。

イギリス型石層ではこの傾斜角に石層自身の傾斜角が加わるので、迫石積みの施工に当たって下位の迫石による上位迫石の支持をある程度期待できる。しかし、石層両端の高さが等しいフランス型では下位迫石の支持を期待できないことは予想される所であるが、平頭ヴォールト用に製作した新しい装置（石層フレーム）を用いてこの点を実験によって確認した。

実験の概要

フランス型石層について空積み2個と4個の場合、モルタル積み2個と4個の場合について、石層フレームの3ヶ所のL型金物（右端より2、4、6番目）において迫石ずり落ち実験を行なった。その結果、空積みの場合は2個、4個の区別なく石層接触面の水平面となす傾斜角が41°で落下した。モルタル積みの場合、2個のときも4個のときも60°で落下した。

石塊・ロープの工法をフランス型石層モルタル積みの迫石のずり落ち防止に応用した。石層接触面の傾斜角が70°以上のときは、4.4kgの石塊でずり落ち防止ができたが、70°のときは石塊の重量を6.2kgに増加してはじめて効果をあげることができた（同様の実験結果を示す第1実験の図9参照）

実験結果の考察

上記の迫石ずり落ち傾斜角度は、前項で報告した単純傾斜型の実験結果と同じである。このことから予想されるように迫石接触面の傾斜角が70°以上では下位迫石は上位迫石を全く支持しないことを示している（図7参照）。

図7　フランス型による迫石4個空積みの場合、迫石間の目地があいており、それぞれの迫石が単純傾斜になっている。

なお、石塊・ロープ工法を利用すれば石層接触面の傾斜角70°までモルタル積みが可能という結果は、ケルン大聖堂のヴォールトは横断方向についても頂線までこの工法で施工できることを意味する。但し、石塊の重量を大きくしなければならないので、石塊・ロープが扱いにくくなる点が問題と言えよう。

1-4　補助工法としての支柱工法による実験（第1実験）とその考察

　ケルンの平頭ヴォールトでは、壁付アーチに接する横断方向のヴォールト・パネルは頂線でも石層接触面の傾斜は47°で、フリーハンドで容易に迫石を積むことができる。しかし、横断アーチに接する縦断方向のヴォールトの石層接触面の傾斜は頂線で70°に及ぶので、モルタルの初期接着力でだけを利用するフリーハンド工法では施工できない。従って、石層がアーチとして完成するまでの間、迫石を一時的に保持するための補助工法が必要となる。ラッソーの石塊・ロープ工法はその1つであるが、戦後のフランスで採用されているヴィオレ・ル・デュックの伸縮せき板応用工法もこの補助工法として利用できる（第5実験参照）。今回の実験では、3〜4cm小角の廃材を支柱に利用して簡単に迫石のずり落ちを防止する方法（支柱工法）[2]を採用した。

支柱工法の実験とその経過

　石層フレームを利用し、石層接触面を70°にしてフランス型石層の施工実験を行なった。

　まず、フレームの全L型金物に10個の迫石を空積みして下層の石層とした。迫石はフレームのカーブに沿ってアーチ状になり、両端の迫石はスタンドの上部にとりつけた部材によってフレームからの脱落を阻止されている。この石層の下面（内輪）はほぼ連続した曲面になるが、上面（外輪）は迫石相互の間に幅約1〜2cmの隙間ができる。空積みなので迫石とL型金物との馴染みが悪く、各迫石は石層と直角方向に力を加えると容易に動く状態であった。その上に上層の迫石をモルタルで接着する際、下層の迫石が簡単に動いてしまうと実験がしにくいので、下層迫石の隙間の間にベニヤ板の小片を数

図8　フランス型フリーハンド石層施工モルタル積み、石層接触面70度。支柱工法による実験

図9　石塊ロープ工法の実験（サンセルジュ・フランス型）、立会者飯田喜四郎教授

枚ずつ詰めて、金槌で軽く叩き込み、石層上面から突き出したベニヤ板は切り落とした。これによって下層石層の迫石のぐらつきを止めた。

つぎに、この石層の端部の迫石の石層接触面に10〜15mm程度にモルタルをこて塗りし、ここに上層石層の迫石を接着した。迫石を手で押し気味に保持しながらずり落ち防止のため迫石下面のほぼ中央に、床面にほぼ直立させた前記の小角材をあてがう。この支柱で自重の大部分が支持されるので、上層の迫石はモルタルの接着力により低位置に安定する。この方法で次々に合計10個の迫石を密着した

（図8）。最初と2番目の迫石の接着に当たって石塊・ロープ工法（図9）を用いたが、石層接触面の傾斜角が強いため、4.4kgの石塊では迫石ずり落ちを防止できず、石塊の重量を大きくして辛うじてずり落ちを阻止できた。そこで3番目の迫石から小角材による支持に切り替えたもので、10個の迫石の接着に約1時間を要したが、この所要時間は支柱をあらかじめ準備しておくことにより大幅に短縮できる。図9では右端の2個の迫石はすでに石塊・ロープを取り外した状況を示しており、また第3、第4迫石の支柱は接着した上層迫石を支持しているのではなく、石層フレームが20個の迫石（計約400kg）の荷重により、70°以上の角度に弾性変形したので、この変形の進行を防止するため下層の迫石を石層接触面付近で支持している状況を示している。こ

れら第1〜第4迫石の例からみられるように補助工法で20分間も支持すれば、石層接触面の傾斜角が70°であっても上層迫石はモルタルの接着力によって所定の位置に保持されることが知られる。

接着された10個の迫石で形成される上層の石層は軽微に湾曲したアーチのようにみえるが、この実験では両端は自由端なので、下層の石層に片持ち状態で接着している湾曲した石層にすぎない。実際のヴォールトでは石層が両端をリブ・アーチで支持されるので、リブ、アーチに作用する石層の推力を隣接するヴォールト・ウェブの石層の推力とバランスさせながら施工すれば、石層が完成した時点でアーチ作用が働くので、支柱はすべて取り外すことができると考えられる。

石層が完成してから約10分後にモルタルの接着効果をみるためと、支柱のない状態での写真を撮影するため、すべての支柱を撤去したところ、約20秒後に、下層石層の端部の迫石1個を残して、上下の石層は接着したままの状態でフレーム前方に回転落下し、その衝撃で迫石はバラバラに分離した。

支柱工法の実験結果の考察

以上の実験から、支柱工法はフリーハンド迫石積みにとって極めて有効であることが明らかとなった。以下、この支柱工法の利点や条件について考察し、整理した。

① 支柱工法は、足場の位置とヴォールト石層との距離が短いことが必要である。実際のヴォールトをつくる時、足場の位置を腰固めの高さに設置したと考えると、その足場から最後部のヴォールト頂線までは人間の背丈程である。それ故、このような足場をつくって作業したとするならば、支柱工法は極めて簡単なので中世に採用された可能性があると考えられる。

② モルタル接着面に迫石をとりつけ、数分保持するだけでモルタル接着力が効いてくるので、迫石下面を1本の支柱で支えるだけで回転による落下が起こらない。そして、10分程で支柱をとり外しても迫石は落下し

ない。つまり、この支柱工法は、モルタル接着力を単に補足する役割だけではなく、モルタル接着力が時間の経過と共に増加する現象を有効に活用する工法と言える。

③支柱工法の利点
- 迫石を下から支えるので、その落下を防止する方法として極めて合理的である。
- 支柱は細く軽いもので間に合う。
- とりつけ、とり外しが容易である。
- 持ち運び、再利用が簡単である。
- 支柱をとり外していいかどうかのタイミングは支柱をわずかにずらすだけで簡単に判定できる。

ラッソーのフリーハンド工法の記述の中に、当時ウィーンで石塊・ロープとは別に「細いポールだけで扁平な炉が同様な方法（フリーハンド）でつくられている」[3]とあるが、これは支柱工法を示すものかもしれない。

なお、本実験では前記のように石塊・ロープ工法を一部に採用したが、この工法には次のような問題点がある。

①迫石の押さえは、石層接触面が90°近くになるほど必要性が高まるのであるが、石塊・ロープ工法は90°近くになるにつれて押さえの効果が小さくなるという大きな矛盾をもっている。
②支柱工法に比して準備作業の手間が大きく、また石層の高さに応じてロープの長さを調節しなければならない。

2　第2実験

2-1　改良装置による実験

前節で支柱を利用したフリーハンド工法の実験（第1実験）の結果、個々の

第6章　ケルン大聖堂内陣石造天井一部実物大模型実験

迫石はモルタル接着力によって所定の位置に保持されることがわかった。しかし、上層石層は、石層フレームのL型金物の上に載せただけの下層石層とともに落下した。第1実験では、下層の迫石はすべてL型金物の上に載っているので、石層は軽微に湾曲しているが、アーチではない。また、迫石が軽微な外力で動くのを防ぐため、下層の迫石の隙間にベニヤ板を軽く挿入したが、これは下層石層に軸力を発生させ、アーチとして機能させることを目的としたものではない。上層の迫石は下層の迫石に接着しているが、上層石層の両端は自由端なので、この石層も自立できるアーチではなく、下層石層に対する片持ち荷重となっている。このような状況なので上層石層の支柱をすべて撤去したとき、下層石層を支持するL型金物の先端を結ぶ線を回転軸として、上下の両石層はモルタルで一体化したままの状態で回転落下したわけである。

　このような落下を防止するには、下層の石層がL型金物先端を軸として回転しないように実験装置を改良する必要がある。また実際のヴォールトでは完成した上層石層はその両端をリブや周辺アーチで支持されるので、石層自体が軽微に湾曲したアーチとして自立すると予想されるので、アーチとしての石層の軸力を支持できる部材を石層フレームの両端に加えることも必要である。このようにして軸力をもつアーチとなった上層石層の上に、もう一層の石層を積み、その両端も支持できるように従来の石層フレームの端部を改良すると同時に、迫石の自重でフレームが前傾し、石層接触面の傾斜面が迫石の積み上げにつれて大きくなる（石層中央で約5°）という欠陥を少なくするために石層フレームを溝型鋼で補強する必要がある。なお、本稿では第2節以降、下層石層を第1石層、上層石層を第2石層、その上に積まれる石層を第3石層と呼ぶことにする。

2-2　実験の目的と条件

(1)石層フレームに取り付けた第1石層をフレームに固定した場合、その上にモルタルで接着した第2石層の挙動を検討する。

(2)石層フレームに取り付けた第1石層の上にモルタルで第2石層を接着させ、後者の石層の安定を確認の上で、その上に第3石層をつくったとき

のヴォールトの挙動を検討する。

なお、迫石の大きさ、モルタルの調合、実験方法などは前節と全く同じである。

但し、L型金物は第1石層の迫石を石層フレームに据え付け、第1と第2の石層接触面の角度が70°になるようにセットした。

2-3 実験装置の改良

改良点は次の通りである。

(1) 第1石層の迫石の回転落下を防止するため、L型金物を幅広のコ型金物に改造した（図11・13）。
(2) 石層端部装置の追加：装置の概要は図12、装置の全景は図13・14に示す。
この装置は、コ型の金物の角度変化とともに回転できるもので、水平鉄板の上に垂直に鉄板をとりつけ、後者の背後に三角形の鉄板をとりつけて補強した。

垂直の鉄板に石層端部を受ける金具をとりつけた。この受け金具（図12及び図14）は、ボルトの先端に三角形ブラケットを溶接し、このブラケットに角度変化可能の長方形鉄板を蝶ネジでとりつけたものである。また、端部受け金具は石層の幅に合わせて両端に3ヶ所ずつとりつけ、石層方向の長さを調節できるようにした。
(3) 石層端部装置には、石層のアーチ作用によって左右に開くのを防ぐためにターンバックルをとりつけた（図10）。
(4) 石層フレームは、その上に迫石を載せるのに従って、次第に前傾して変形する。

この変形を防止するため、石層フレームの下に $5 \times 50 \times 100$ mmの溝型鋼を溶接し、これと石層フレームを4枚の接合鉄板で溶接・結合した（図10〜14）。

第6章 ケルン大聖堂内陣石造天井一部実物大模型実験

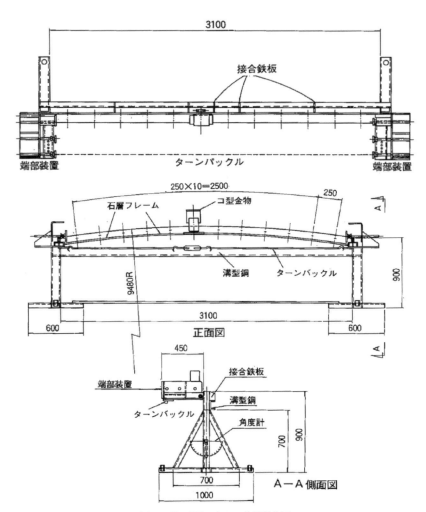

図10 第2実験のための装置製作図

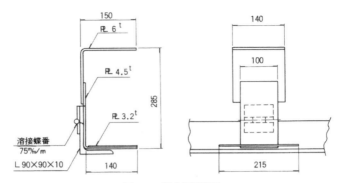

図11 コ型金物詳細図

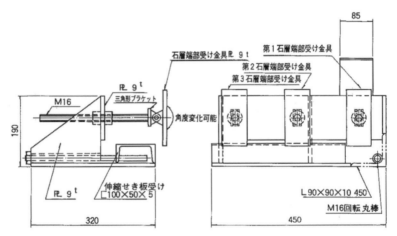

図12 端部装置の詳細図

図13 第2実験のための装置全景

図14 第2実験のための端部装置

2–4　実験の内容と結果

実験の内容と結果を作業の順序に従って記述する。

(1) 石層フレームの上にモルタルで接合しながら第1石層を積んだ。迫石とコ型金物との隙間にはベニヤ板片とモルタルを充填してフレームと石層との一体化をはかった。石層が完成した時点で、石層接触面の傾きを70度とした。石層端部は端部受け金具で固定した。

(2) 第1石層の上に支柱工法で、右端から左端に向かって第2石層を積んだ。モルタルを塗布し、1個の迫石を設置し、支柱で支える作業時間は約5分で、第2石層の積み上げに要した時間は約50分である（図15）。このとき、石層の中央部の迫石の傾きは71°であった。

(3) 第2石層完了後約15分経過してから、右端より左端に向かって支柱をとり外した（図16）。このとき、右側の端部装置の角度を固定するために臨時に使用した飼い物の角材がへこみ、石層目地の右端の第1石層と第2石層との間に、主に中央付近に長さ約10cm程度の亀裂が入った。

(4) 第2石層に再度支柱をあてがい、第3石層を第2石層と同じように、支柱工法で約50分で積んだ（図17・18）。支柱をつけたままの状態のとき、第3石層の中央部の迫石の傾きを測定したところ75°であった。コ型金物と第1石層の石層接触面との隙間は上端で約15mmに拡がった。右端に

図15　第2石層を積み終えた直後の状況

図16　第2石層の支柱をすべて取り外し第2石層が安定している状況

図17　第3石層を積み終えた直後の状況　　図18　第2、第3石層を積み終えた直後の状況を上部からみた様子

　　すでに発生していた第1石層と第2石層との間の石層目地の亀裂は、石層中央付近まで拡がった。
(5)最初に第2石層の支柱を右端より左端に向かってとり外した。棒で水平に軽く叩くだけで容易に外れた。次いで、第3石層の支柱を右端より左端に向かってとり外した。
　　左端から第2番目の支柱は簡単に外れなかったので、最左端の支柱を先に外した。この1本の支柱を残した時の状況は図19に示す。このとき、第1石層と第2石層との間の石層目地の亀裂は更に長くなり、幅も拡がった。
(6)最後の支柱をとり外した瞬間、第2、第3石層が石層中央部分を先にしてともに落下した（図20）。
(7)落下後の端部装置について調査した結果は次の通りである。
　①石層フレームに溶接してある直径16mmの丸棒は
　　右端：水平面に対して18°下がり、石層フレームの軸線より13°内側へゆがんだ。装置の回転方向の傾きは17度（対水平面）であった。
　　左端：水平面に対して28°下がり、石層フレームの軸線より8°内側へゆがんだ。装置の回転方向の傾きは15°（対水平面）であった。
　　但し、この調査は第2～第3石層の落下後に行ったので装置の変形と変位には、落下途中の迫石が装置の先端にとりつけたターンバックルに衝突したことにもとづく変形と変位も含まれている。

第6章　ケルン大聖堂内陣石造天井一部実物大模型実験

図19　第2石層の左端より2番目の1本の支柱を残して第2、第3石層が安定している状況

図20　最後の支柱をとり外したところ、第2、第3石層が同時に落下

②端部装置にとりつけたターン・バックルの長さ（端部装置先端内法）は、実験中は307cmであったが、落下後は中央部が下方に著しく変形したため直線距離で300cmとなった。

③この実験では石層端部受け台の傾斜角度を調節する飼い物として角材を使用した。右端に用いた3cm×3cm角材は最大で1cm 5mmへこみ、左端に用いた4cm×4cmの角材は最大で1cm 1mmへこんだ。

2-5　実験結果の考察

(1)前節で述べた第1実験では下層石層（第1石層）はL型金物の上に載せただけであったが、本節の実験のように下層石層（第1石層）をコ型金物で固定して安定させると、上層石層（第2石層）は落下しないことが立証された。

(2)第3石層は、第2石層とともに落下した。支柱をとりつけた状態ですでに第3石層の中央部は4°（75°〜71°）前傾していたが、支柱の取り外しに伴って前傾はさらに進行し、第1〜第2石層間の目地モルタルは剥離したと考えられる。第2、第3石層は中央部で破裂して落下したが、その原因はアーチとしての石層の圧縮力による迫石目地モルタルの変形と、石層端部の支持が不十分であったため、石層アーチの軸力による石層端部受け金具間の距離が増大したからであると考えられる。

(3)石層端部はリブやアーチで支持されるが、これらのリブ、アーチは石層

147

からリブ、アーチの軸に対して斜方向の力をうける。従って、実際に石層を積み上げる時は、アーチとしての石層がリブやアーチを転倒させないように注意することが必要であろう。

(4)石層が最も長くなる頂部付近の支柱は、ヴォールトが完成するまでは全部を撤去せず、一部をつけたままにしておく方が安全である。

3　第3〜第5実験

3-1　第3〜第5実験の目的と条件

第2実験では、第3石層の完成寸前でヴォールト（第2、第3石層）は崩壊した。そこで、石層端部の装置をさらに改良して第3〜第5実験を行なった。実験の目的、石材やモルタルの条件は第2実験と同じである。

端部装置の改良
改良した装置の形状は、図21〜24に示す。改良の概要は次の通りである。

①装置上部の回転部分の鉄板はすべて12mm厚に強化した。
②回転部分の下に架台を追加し、これと回転部分のベースを回転軸（直径4cmの丸棒）で結合した。架台には$100 \times 50 \times 5$mmの溝型鋼を使用した。
③回転部分の角度調節は架台にとりつけた直径24cm、長さ50cmのボルトを回転させて行うようにした。
④装置全体（架台及び回転部分）は石層端部に直交するよう鉛直面に対して5.5°上部が開く方向に傾けて作った。
⑤石層端部受け金具は、その後部のボルト（M16）が幅6.5cm×高さ15cmの長方形鉄板に溶接した内径17.5mm（外径21.7mm）のパイプ（長さ5cm）に差し込む方法（ナットの回転で長さを調節）でとりつけたものを使用した。

第6章 ケルン大聖堂内陣石造天井一部実物大模型実験

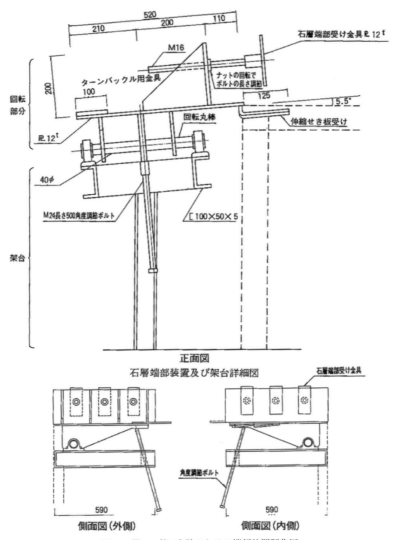

図21 第3～第5実験のための端部装置製作図

図23　端部受け金具が回転する(第4実験まで使用)

図22　第3〜第5実験に用いた端部装置　　図24　端部受け金具が回転しない

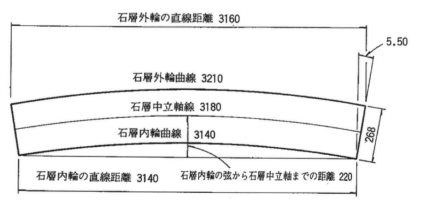

図25　第1石層の長さ（単位：ミリメートル）

第6章　ケルン大聖堂内陣石造天井一部実物大模型実験

第3～第5実験の目的

第3、第4実験は昭和62年9月29日に行ない、第5実験の支柱等の取り外しは翌日の30日に行なった。

第3実験は、支柱工法により第2石層を積み、この石層終了後、支柱をとり外してモルタルの接着力を調べた。

第4実験は、支柱工法により第2石層を積み、この石層終了直後、軸圧を加えて迫石の目地を締め付け、石層のアーチ作用を調べたものである。

第5実験は、第2石層を支柱工法で積み、支柱をそのままにしながら第3石層を伸縮せき板応用工法で積み、伸縮せき板の実用性や使用法を検討した。

第4、第5実験の作業状況や石層落下の模様はビデオ及び連続写真（1秒6コマ撮り）に収録した。

なお、第3～第5実験では、第1石層の迫石を据え付ける前のコ型金物の傾斜角を66°にセットした。また、石層フレームに迫石目地幅を1cmにして、迫石を10個据え付けた時の第1石層の、下端・中立軸・上端の曲線の長さ、及び内輪、外輪における石層の直線長さ、石層内輪の弦から石層の中立軸中央までの背（張り高さ）を測定した結果を図25に示す。

3-2　第3実験の概要

第1石層は第2実験と同じく目地モルタルを使用してコ型金物に迫石を、右端から左端に向かってとりつけ、石層完了後、石層端部金具を軽く締め付けて、石層アーチの形状に影響を及ぼさない程度の軸力を石層に加えた。第2石層も右端より、第2実験と同じ方法で目地モルタル

図26　第2実験で中央の1本の支柱を残して第2石層が安定している状態（図23の端部受け金具を使用）

151

を約1cm厚でこて塗りして、迫石を据え付け、その下面に3cm×3cmの角材をあてがい、支柱のすべり止めに敷石を利用しながら石層を完成させた。石層完成には約50分を要し、完成直後に右端より左端にかけて支柱をとり外した。第2実験の時と同じように左端より2番目の支柱を残した時点までは第2石層は安定していたが（図26）、この最後の支柱を取り外すと第2石層は落下した。

3-3　第4実験の概要

第3実験終了後、迫石の表面に付着しているモルタルをすべて除去し、表面を水洗いして第4実験に着手し、約50分を要して第2石層を完成した。その直後に第2石層の迫石間の目地モルタルを締め付ける目的で、石層端部受け金具のボルトを締めつけた。ナットを8回転（2mmピッチ）したところ、第1石層と第2石層との間の石層目地に長い亀裂が入った。その後、亀裂にモルタルをつめるなどして補修し、養生のために約30分放置した。支柱は、先ず左端より中央にかけて取り外し、次いで右端より中央にかけて取り外した。中央の1本の支柱（右端より6番目の迫石）を残した時点で第2石層は安定していた。最後の中央の支柱を外すとともに第2石層は落下した。図27はこの時の落下状況を連続写真に収めたものである。

3-4　第3、第4実験の結果の考察

第3実験における第2石層の落下の原因は、支柱を早く取り外しすぎたので、モルタルが乾燥して多少とも固化する時間的余裕がなく、アーチの軸力でモルタルが変形したためと考えられる。

この上に積んだ第2石層は、支柱をつけた状態でも石層接触面はすでに前傾しているので、第2石層も3次元のアーチである。石層端部受け金具のナットを締めつけて、このアーチに軸力を加えるとき、アーチは曲率を変えて張り高が大きくなるが、ほぼ鉛直に近い（70°）の石層アーチが、鉛直方向に張り高を増すには第2石層の自重と石層接触面のモルタルの接着力の双方の抵抗をうける。それに対して石層接触面に直交するほぼ水平方向（110°）で張

第6章　ケルン大聖堂内陣石造天井一部実物大模型実験

図27　第2石層が落下する状況（第4実験　1コマ1/6秒）

り高を増すには石層接触面のモルタル接着力（引張力）による抵抗をうけるだけである。そこでナットを締めつけたとき、第2石層の迫石を支持する支柱には変化はみられなかったが、第1石層との石層目地に、中央部の幅が最も大きい亀裂が発生したわけである。

　第4実験では前述のように第2石層の完成直後に石層端部受け金具のボルトをやや強く締め付けた。これは支柱を外したときに、第2石層のアーチ作用により石層フレームが変形して第2石層のスパンが長くなることを予め補正する目的で行なったものである。

　第2実験の項2-1で述べたように、石層フレームは第1石層の荷重により変形し、石層接触面は平面ではなく中央が前方にやや張り出した曲面となり、

153

前方への張り出し量（傾斜量）は石層中央部で最大となる。第1石層上に第2石層を積むとき、石層中央部の張り出し（前傾）はさらに増加する。単部の金具、回転するものから固定に変えた。

　換言すれば実験計画の段階では石層接触面は平面であり、石層（の軸線）はこの平面内で軽微に湾曲した2次元のアーチとして想定したが、実験段階では石層フレームの変形により石層接触面は曲面になるので、アーチは3次元となる。石層フレームの前傾を防止するために溝型鋼で補強したが、改良した実験装置においてもごくわずかではあるが第1石層の石層接触面は前傾した。

　第4実験では亀裂にモルタルトロを流し込んで丁寧に補修し、約30分間放置して目地モルタルを乾燥させたが、支柱を完全にとり外したとき、第1石層は石層フレームの上に載ったままの状態で第2石層だけが落下した。この実験からたとえ乾燥していなくとも亀裂を発生した目地モルタルは、そのままの状態で補修しても目地としての機能を十分に回復できないことが知られる。

　第1実験では第2石層は第1石層と一体化した状態で回転落下したので、石層目地モルタルの接着力は第2石層を支持するのにある程度の効果をもつことが推定された。しかし第4実験では石層目地モルタルに亀裂が発生したため、丁寧に補修したにもかかわらず第2石層のみが落下した。

　このように石層目地モルタルの接着力による石層自重の軽減効果を十分に受けられなかったことと、約30分の養生時間では迫石目地モルタルの乾燥が不十分であり、石層自重による圧縮力に対してモルタルが変形したことが第2石層の落下の原因と思われる。

　しかし、たとえ石層目地の接着力が不十分であり、また石層アーチが前傾していてもその量はきわめて軽微であり、石層は自重以外の荷重を受けないので、迫石目地モルタルがある程度乾燥して圧縮変形に抵抗できる状態になれば、石層はアーチとして機能すると予想される。従って、第3、第4実験における第2石層落下の第1原因は目地モルタルの塑性変形と判断された。

第6章　ケルン大聖堂内陣石造天井一部実物大模型実験

そこで引き続いて行なった第5実験では、この点を考慮してモルタルの乾燥のために数時間の養生時間をとったのち、支柱等を取り外すこととした。

3-5　第5実験の概要

第5実験では支柱工法のほかに伸縮せき板工法を用いたので、まず最初に、使用した伸縮せき板について概要を述べる。

伸縮せき板

(1)伸縮せき板の製作

伸縮せき板はヴィオレ・ル・デュックの図（第1章図8参照）をもとに製作した。その具体的寸法は図28に示す。樹種は紅松（ソ連産）、全体の重量は21kgである。

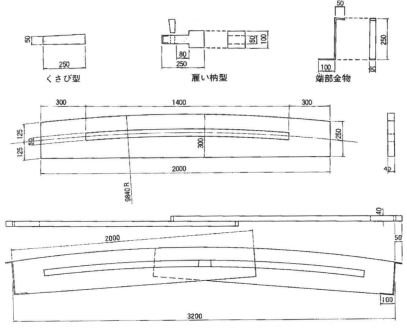

図28　伸縮せき板製作図

図29 波型のない伸縮せき板を用いた空積み実験（石層接触面70°）中央を支持したが2枚の板は開き、木目に沿ってひび割れを生じて石層は落下した。

図30 波型をつけて改良した伸縮せき板を用いた空積み実験（石層接触面70°）8個の迫石をのせても十分に安定している状況を示す。

(2)伸縮せき板の問題点と改良

　第5実験に先立ち図29に示すように伸縮せき板の上に、70°の石層接触面に空積みで10個の迫石を置いてみた。この実験中、せき板の中央を支持したが、図29にみるように、2枚のせき板は開き、各々のせき板には木目に沿ってひび割れが生じて落下した。また、サン・セルジュ教会堂のドーム状ヴォールトの実験装置（図9）にも適用したところ、2枚の板を連結・固定するくさびが有効に働かず伸縮せき板は自重で縮まり、交差リブ・フレームに掛けた金具がはずれた。そこで、下から飼い物をして縮まりを喰い止め、空積みをした（図30）。これらの結果を考慮して伸縮せき板に次のように改良を加えた。

①せき板の木目沿いのひび割れを防ぐために、各々のせき板の端部を直径1cmのボルトで締めつけた。
②2枚のせき板を密着させるためにくさび型ではなくT型の雇い柄とし、その下端にくさびを打ち込む形式に改めた（図28）。
③伸縮せき板を最大に伸ばし、2つのくさびを中央に寄せた場合、2枚のせき板はすり合いながら中央部分が落ち込んでゆく。当初のせき板の落下は鉋仕上げで2枚のせき板の摩擦抵抗が少ないためであった。そこで2枚のせき板の接触面に凸凹の段差（3mm）を加工して摩擦抵抗が増加す

るように改良した。その結果、改良した伸縮せき板は石層接触面70°で、8個の迫石（空積み）の荷重に十分耐えた（図30）。

実験の経過
①第1～第3石層の積み上げ

第5実験では第2石層を支柱工法で完成させるとともに、支柱を取り外さないままの状態で直ちに第3石層の積み上げに着手した。第3石層では支柱の代わりに伸縮せき板を用いた（図31）。第3石層完成直後の状況は、図32・33に示す。

②支柱及び伸縮せき板の取り外し

支柱及び伸縮せき板の取り外しは翌日の午後2時より開始した。その前にヴォールトの状態を観察したところ前日と全く変化がなかったが目地に沿って微小なクラックが多数に認められた。

第2石層の支柱を左端から右端にかけて取り外した。すべて取り外した時の状況は図34に示す。次いで、第3石層の伸縮せき板をとり外したが、取り外しは1人の作業で2～3分程度であった（図35）。支柱、伸縮せき板を取り外してヴォールトが完成した時の状況は図36に示す。

完成後のヴォールトを観察した結果、支柱、伸縮せき板を取り外す前にみられた小さなクラックがやや大きくなっていた（図37）。完成後のヴォールト全面（第3石層）の石層接触面の角度を測定したところ、左

図31 伸縮せき板の上に迫石を据えながら第3石層を積んでいる様子。

図32 第3石層を積み終えた直後の状況

図33 第5実験で第2、第3石層を積み終えた直後の状況を下から見上げた様子。第2石層は支柱工法、第3石層は伸縮せき板工法

図34 第2石層の支柱をすべて取り外し、第3石層の伸縮せき板はまだ取りつけたままの状況

図35 伸縮せき板の取り外し

図36 伸縮せき板を取り外し、ヴォールトが完成

図37 伸縮せき板工法による実験、亀裂が入っていないか目地の状態を調べる。（昭和62年9月30日撮影）右：飯田喜四郎、左：五島利兵衛

図38 石層端部受け金具を石層と引き離したが、第3石層は落下せずヴォールトは安定を保っている。

第6章　ケルン大聖堂内陣石造天井一部実物大模型実験

図39　第2、第3石層が同時に落下する状況（第5実験、1コマ1/6秒）

端の3つの迫石（伸縮せき板の2枚の板のうち手前の板に据えられた迫石）は約71°、残りの7つの迫石は73〜4°であった。

③ヴォールトのとりこわし

　　ヴォールトが完成してから約1時間後にヴォールトのとりこわし作業を行なった。先ず、第3石層の右側端部を受けている金具のボルトのナットを緩めながらゆっくりと金具を後退させた。石層端部と受け金具とが完全に引き離された状態でも第3石層は落下しなかった（図38）。

　　次いで、第2石層の右側端部を受けていたボルトのナットをゆっくりと回し、後退させた。半回転（1mm後退）した時点で観察した結果第1石層と第2石層との間に大きなクラックが入り、落下が予告された。その

ままゆっくりとナットを回し、6/7回転（約1.7mm後退）した時点で、第2、第3石層が同時に落下した。図39はこの時の落下の様子を連続写真に収めたものである。落下後、迫石面の目地モルタルを観察したところ、目地表面から深さ3～4cmの範囲のモルタルは生乾きでやや固くなっていたが、水洗いで除去することができる状態であった。

実験の結果とその考察
この実験から以下のような結論が得られる。

①石層接触面の傾斜角度が70°でも、支柱や伸縮せき板などの補助器具を用いれば簡単にヴォールトをつくることができる。
②ヴィオレ・ル・デュックが図示している伸縮せき板に若干の改良を加えれば、伸縮せき板応用工法は有効である。
③石層接触面傾斜角70°においても石層完了後モルタルがある程度乾燥するまで放置すれば（この実験では約20時間）、支柱や伸縮せき板などの支えなしでヴォールトは自立できる。
　　また、石層接触面の生乾き状態の目地モルタルの接着力は、同時に2つの石層を片持ちで支持するほど大きくはない。
④石層端部受けのボルトが僅かに（約1.7mm）後退しただけで第2石層が落下したことは、端部を受ける支持体（リブ、アーチ、センタリング、支壁など）のわずかな変形がヴォールト落下の事故を引き起こすことを示している。

なお、石層フレームの前傾の変形をなくすための装置の改良が今後に残された課題である。

第5実験において伸縮せき板応用工法の有効性が確かめられた。この実験結果をもとに伸縮せき板の使用法を図40に図解した。石塊・ロープ工法や支柱工法に比較するとき、伸縮せき板応用工法の特色は次のように要約できる。

第6章　ケルン大聖堂内陣石造天井一部実物大模型実験

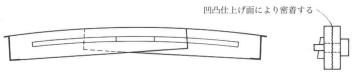

Ⅰ．伸縮せき板の組立て：まず2枚のせき板の各々かの引っ掛け金具をアーチ・リブの上に架け、中央部分を重ね合わせてから、柄を裏からさし込み、くさびを逆に打ち込んで固める。

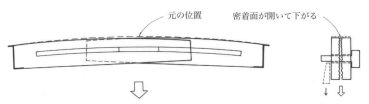

Ⅱ．くさびを抜く：くさびを叩いて下方へ抜くと、2枚のせき板の密着目は開いて、中央部分が自重により、横溝の成（幅）と柄の成の差だけ下方へ下がり、せき板と石層下面とがほぼ離れる。

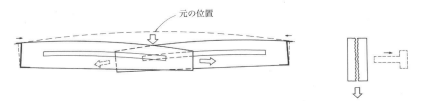

Ⅲ．柄をとり、2枚の板を別々にして取り外す：2枚のせき板をつないでいた柄をとり、2枚のせき板を別々にする。各々のせき板の中央端が自重で下がるが、引っ掛け金具で片持ちの状態となる。
　中央端を少し持ち上げながらリブ・アーチと石層との間から金具を抜き取る。

図40　伸縮せき板の使用法

①伸縮せき板、石塊・ロープや支柱による工法に比較して、施工が早く、石層をきれいな曲面で造れる。しかし、ゴシック教会堂のリブヴォールト天井にはシャルトル大聖堂のように石層が3次元にねじれたり、石層が次第に細くなって消失してしまったり、石層の内輪幅が一定せず、1層と2層を組み合わせている場合があり、このようなヴォールトでは伸縮せき板を応用することができない。

②伸縮せき板の組み立てや取り外しは極めて簡単である。本実験の伸縮

せき板はヴィオレ・ル・デュックにもとづいて厚さ4cmの板を用いたが、その重量は21kgであった。この重量では高所で手軽に持ち運ぶには重すぎる。また、組み立てには石塊・ロープや支柱による工法と同じく2人以上必要である。

4 まとめ

本章で明らかにしたことをまとめると次の通りである。
(1) 古典ゴシックの大聖堂のヴォールトは簡単な補助工法を併用することにより、フリーハンドで容易に造ることができる。
(2) 本実験で採用した3種類の補助工法はそれぞれ長所短所がある。最も簡単なものは石塊・ロープ工法と支柱工法であるが、前者の工法は石層接触面の角度が90°に近づくにつれて有効性が減少する点が短所である。支柱工法はこのような短所をもたないが、支柱を水平足場の上に立てる場合、足場の剛性を十分高くしないと目地モルタルの性能に影響を与える恐れがある。伸縮せき板工法には他の2工法にみられる短所はなく、リブの支持機能を有効に活用して迫石を下方から支持する長所をもつ。しかし、すでに指摘したようにこの工法では造れないヴォールトが現存する。従って、ゴシックのヴォールトにはこれら3工法以外にも各種の巧妙な補助工法が用いられていたと考えられる。
(3) 本実験で石層端部の支持材がごくわずか変形するだけでヴォールトが落下した。このことから上記3種類のどの補助工法を用いる場合でも石層端部は強固に支持されねばならない。

注記
1　K. D. Alexander, R. Mark and J. F. Abel：*The Structural Behavior of Medieval Ribbed Vaulting*, Jounal of SAH, XXXVI, 1977, p. 245-246. R. マーク著、飯田喜四郎訳：ゴシックの構造、鹿児島出版会、1983年、p. 181
2　支柱工法は飯田喜四郎教授の提案による。
3　J. Fitchen：*The Construction of the Gothic Cathedrals*, Oxford, 1961, p. 181.

第6章　ケルン大聖堂内陣石造天井一部実物大模型実験

添付資料　軟らかいアーチの実験実習

　フリーハンド工法は軟らかい石層アーチの連続体という性格を持っている。目地モルタル硬化前に石層アーチが成立するからである。フリーハンド工法においてアーチの形はモルタルの対圧縮性に関わっており、その硬軟に関係ないと言うことである。モルタルの硬化と共に付着力の効果による固いアーチになっていく。この原理を利用すると型枠は一時的に利用するがトンネルヴォールトの施工がフリーハンド工法で可能であることを意味する。このことを再現実験するためにくさび型の木造ブロックを用いて軟らかいアーチを体験できるよう工夫した。下記木造アーチの組立て崩壊実験は、安全で繰り返すことが出来る。
（協力：加藤史郎豊橋技術科学大学教授）

1.型枠の上にくさび型断面の木材を積む。終了後、型枠を取り外すとアーチが完成。

2.古代ローマのドーム・パンテオン（4分の1円弧の断面）を15分の1で復元。

3.片方に荷重を加え、圧縮力線がアーチの外にはみ出ると、アーチは崩壊する。

第7章　ランス大聖堂西正面の設計法

序

　本章は、ゴシック建築の幾何学的設計法の研究として、パッケ Jean-Pierre Paquet が分析・解析したランス大聖堂西正面[1]の現場尺を用いた設計基準線に、双正方形の比例を適用して考察したものである。

　ゴシック建築の設計法と幾何学の関係の解明において従来の研究の中には、測量図が不正確なまま幾何学図形を乱用する主観的なものと指摘されるものもあったが[2]、本稿で取り扱うパッケの設計基準線の研究は、当時の施工・測量の事情をよく考慮し、現場尺の概念も採用したこれまでの設計法の研究とは異なるものである[3]。

　また本稿の中で論じる双正方形も、ゴシック建築書[4]の中で例外なく見ることのできる幾何学図形で、その幾何学操作も同様に各工匠ゴシック建築書の中で実践している内容を基本として展開している。双正方形の図形とその操作方

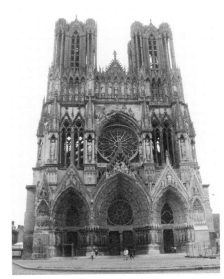

図1　ランス大聖堂　西正面

法は、後述する。

　従って本研究の特色は、上記パッケの解析図に、ゴシック工匠が実際に使って設計したと思われる双正方形の幾何学的操作の一部及び同図形の比例から解釈を与えるもので、その結果、ランス大聖堂西正面の設計の中において双正方形の幾何学図形が採用されていたことを立証することを本章の研究目的としている。

　本章の構成は、初めパッケの一連の研究方法とその特色を簡単に紹介し、その後パッケのランス大聖堂西正面の設計基準線の研究成果を述べる。そしてパッケの解析図に、実際の正面形態で重要と思われるストリングコースの作図線を加えた後、双正方形を適用し、その適合性に関して論じる。

1　パッケの中世教会堂の設計基準線の研究

　パッケの設計基準線の研究[5]の特色は、12世紀〜13世紀の未発達な測量・施工技術を前提としたもので、描かれた図面上の教会堂を敷地上に描く手段として縄を用いた簡易な施工・測量方法を想定していることである。縄によって第一義的に作られる図形は、中世でもよく知られており、かつ最も単純な直角図形であるピタゴラス三角形であるとしている。ピタゴラス三角形は、教会設計では欠かせない正方形図形を16目格子として作ることが出来るほか、正方形を組み合わせることによって2、3、5、6、10、12、16、20、24、32、48等分出来る利点もある。これらピタゴラス三角形の特性と施工・測量の実際の分析から、各教会の基準寸法、即ち現場尺が設計基準線とともに算定される。現場尺は通常、16目格子とピタゴラス三角形の交点により作られ、端数となる線分も整数倍で表すことの出来る単位長さである。

　パッケが測量・施工の問題に着目し、設計基準線の研究を始めたきっかけは、自身が行った11世紀に作られたランスのRhuis教会堂の復元工事の際に作成した正確な実測図の平面分析により、ピタゴラス三角形と16目格子による基準線の存在の発見による。同教会堂の外陣部は16目格子により形成されているが、最も小さな単位長さは16目格子の単位正方形を12等分した

大きさの25cmになっているとして、パッケはこの長さは現場尺であると分析している。そして、現場尺の3倍の長さは検尺（大単位）になり、その整数倍が、隔壁、開口部などのより小さな基準線となっているとしている。

ランスのRhuis教会堂は同じ方法による「設計基準線」の研究は、1100年頃着工したボーヴェBeauvaisのサン・テチエンヌS. Etienne、11世紀末ないし12世紀初めに作られたVoisinlineのサン・ラザールS. Lazareの両教会堂の平面においても適用できることが判明し、現場尺の長さはそれぞれ36cmと25cmであった。さらにパッケは、12世紀から13世紀のフランスのゴシック大聖堂の建設にも採用されていたと推定し、いくつかの現場尺を算定している[6]。本章で論じているランス大聖堂西正面の設計基準線の分析もそのうちのひとつである。

2　ランス西正面へのピタゴラス三角形、16目格子の適用

パッケのランス大聖堂西正面の設計基準線は、「設計基準線」と現場尺についても確認できるかどうかを検討した結果で、ピタゴラス三角形、16目格子がよく適用できた同大聖堂平面分析[7]同様非常に有効な結果を得られたとしているもので、その内容は以下のようになっている（図2）。

西正面本体の高さ及び幅は共に等しく、正方形が適用され、さらにこの正方形は9目格子に分割される。9目格子の中で第3層目にある3つの正方形の一辺が8等分され、第1層目の左右両端の正方形の一辺は3等分される。現場尺の長さは、これら1/8と1/3の共通分母であれば24で、小正方形で1辺を割ることで求められる。その結果58.4cmになり、パッケの論文ではPと表示されている。平面分析によって算定された現場尺は59.1cmで、立面の現場尺と一致しないが、これ以上正確な図面は望めないとして、両者が完全に一致する可能性は少ないとしている[8]。現場尺では正面の幅と高さを規定している正方形の辺長は72Pの長さになり、9目格子作る正方形の辺長寸法は24Pの長さとなり、そして第一層の両端の各目格子は8P、第三層の各目寸法は、パッケが検尺と考えている3Pの大きさになる。8Pの格子単位寸法と9

167

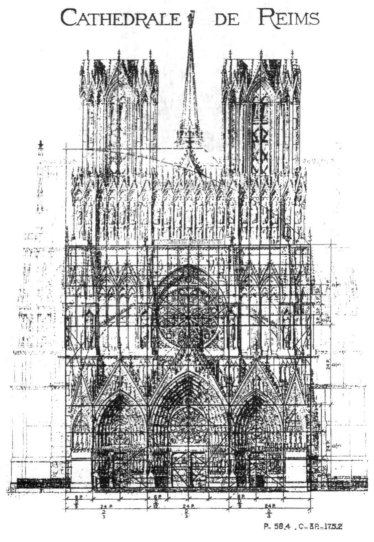

図2 パッケの解析図

第7章　ランス大聖堂西正面の設計法

目格子によって、身廊・側廊の両扉口及び左右両端の正面に突出している控え壁が規定されている。

　身廊扉口部分の正方形は、各格子寸法が6Pとなる16目格子に分割される。側廊ヴォールト上部にあるトレイサリーの形態は、各目3Pの大きさの格子によって定められている。この検尺3Pの2倍になる6Pの寸法は、身廊扉口に適用されている16目格子の各目の寸法になる。これらの3Pの検尺及びその2倍の6Pの単位寸法によって説明されている箇所（部分）は、既述した8Pの各目尺度と比較して構造的関連性が少ない彫刻装飾部分であると言える。パッケが分析した諸教会堂平面の「設計基準線」の中では、正方形図形のなかにピタゴラス三角形が比較的多く存在していたが、ランス大聖堂正面においては、身廊・側廊扉の下とバラ窓の内部にピタゴラス三角形が描かれているだけである。各扉口の三角図形が描かれているが、それらは不定形になっている[9]。

　以上、パッケのランス大聖堂西正面の設計基準線は72Pを辺長とする正方形から求められる9目格子、そして8Pを各目寸法とする格子図形、及び3Pの検尺により構成されている。特に、内部構造を反映している正面形態である身廊・側廊の幅等の垂直方向において、8P及び24Pの寸法の正方形の基準線は極めて良く適合している。これに対して、水平方向の形態で最も内部構造に密接に関連しているのは、（側廊扉口の三角破風の頂点の位置に等しく）側廊ヴォールトの高さが正面に現れているストリングコースで、正面はこのストリングコースによって大きく2層に分割されている。これまで述べてきたパッケの設計基準線ではこのストリングコースは規定されていない。そこでデヒオの図[10]を用いて

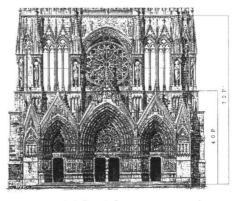

図3　ランス大聖堂西正面の40Pのストリングコース

169

パッケの現場尺で現すと、このストリングコースの高さは8Pの整数倍になる40Pになることが確認できる（図3）。

3 双正方形の適用とその適合性

　ここで、前項で指摘した高さ40Pのストリングコースの作図線を新たな設計基準線として考え、パッケの設計基準線に双正方形の図形を適用し、その適合性を検証して見る。適用する幾何学図形を双正方形とした根拠は、第一にパッケの解析結果から得られた設計基準線は、正方形が主体になっているからである。第二に双正方形図形は後述するように、その幾何学的特色から9×9及び3×3格子図形の性質を兼ね備えているからである。第三に、上記格子図形は双正方形の回廊幅の反転法という幾何学的操作の過程を示しているからである。

　双正方形は基本正方形の中に内接正方形を描き作られる2つの正方形からなる接合図形で、その幾何学的特徴のひとつに内接正方形と基本図形の辺の長さが、5対7の整数比[11]になることがある（図4）。この辺長比とこれまで述べてきたパッケの設計基準線上の寸法値を比較して見ると、先ず40Pのストリングコースの高さは、8Pの各目寸法の5倍になることが分かる。さらに、同じ8Pから基本図形の辺長7の比から56Pの大きさが決まり、この寸法値はパッケの設計基準線上では、左右の側廊扉口を規定している外側の各作図線間距離、即ち72Pの大聖堂の幅から8Pの控え壁の正面幅（控え壁厚）を差し引いた距離に等しくなることが分かる。

　従って、8Pの各目寸法を双正方形の辺長の比に対応して考えると、内接正方形の辺は40Pでストリングコースの高さに、そして基本正方形の辺は56Pの控え壁厚を除いた正面の幅に対応することになる。そこで、これらの関係を回廊双正方形[12]で表現する。それはロリッツアーが説明している方法であり、またヴィラール・ド・オヌクールがアルバムで「回廊と中庭のあるクロイスターを作る」[13]と説明している方法で、内接正方形を45°回転させて利用する方法である。図形にして表すと図5のようになり、パッケの8P

第7章　ランス大聖堂西正面の設計法

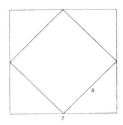  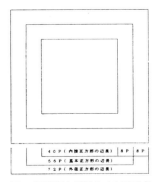

図4　内接双正方形、辺長比5対7　　図5　回廊双正方形（内接正方形を45°回転させてできる）　　図6　回廊幅を反転させた双正方形

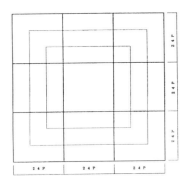 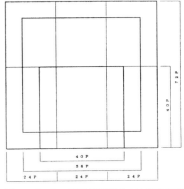

図7　辺長を9目格子で表現　　図8　パッケの設計基準線を9目格子で表現

の基準寸法はヴィラールが回廊幅と表現している部分に相当している。

　大聖堂の幅及び高さ共に72Pの正方形が適用されているが、この正方形の辺の長さの出来方を見ると、56Pの基本図形に8Pの控え壁厚（正面幅）、すなわち回廊幅を加えたものに等しい。すなわち図5の双正方形の中の回廊幅を外側四方に反転させることで容易に作り出すことができる[14]（図6）。そして72Pの辺長になる回廊幅反転後の双正方形の辺は、回廊幅の大きさ8Pにより9等分することができる。このようにして双正方形を利用してパッケが示し

171

ている9目格子を容易に作り出すことができる。

　ここでロリッツアーの説明する幾何学的操作に新たに回廊幅反転という幾何学的操作を加えることによって西正面全体の構図3×3の格子（図7）ができ、この格子目を更に3等分すると9×9の格子ができ、その格子目の大きさは回廊幅の大きさ8Pになる。そして、身廊扉口の幅を表すため24Pで縦方向に3等分し、40Pのストリングコースの高さに内接正方形があてはまる様子を示すため同正方形を回廊幅反転後の外側の正方形の底辺に接するようにしたのが図8である。このことは3の2乗×3の2乗という幾何学的操作がなされていることを示している。すなわち、3×3の格子目を、9×9の格子目へと展開している。

　以上、内接双正方形を基本図形とし、先ず回廊幅双正方形を作り、次に、回廊幅を反転させた双正方形を作図して西正面を設計している。回廊反転双正方形の形は72Pの正方形及びその9目格子を作り出している。9目格子単位の回廊幅8Pの整数倍になっている。40Pのストリングコース、56Pの正面の控え壁内法間がそれである。しかしながら、身廊扉口及び側廊上部のトレイサリーの形態に適用されている6Pと3Pはこれまで述べてきた幾何学操作では作り出すことはできない[15]。これは全体の図形から派生する単位から同じような幾何学的操作で作り出す大きさであろう。

4　まとめ

　ゴシック工匠は、正多角形、特に、正方形を一定の幾何学操作のもとで展開させ、ひとつの基準寸法から平面と立面のあらゆる大きさを決定していた。そして過去の史料から、活用されていた幾何学図形として双正方形（内接双正方形）がある。そしてその一定の幾何学操作は内接正方形を45°回転させることで、さらに回廊幅反転の幾何学的操作を加えれば、回廊双正方形ができる。この図形によりパッケのランス大聖堂西正面の設計基準線の研究を説明できる。すなわち、双正方形がランス大聖堂西正面に応用されている。

第7章　ランス大聖堂西正面の設計法

注記
1　ランス大聖堂は、同地のロマネスクの大聖堂が炎上したため、その翌年の1221年から内陣から再建が開始され、1241年に内陣、1375年頃に外陣が完成し、西正面の第2層まで再建された。その後、工事の速度は遅くなり、1350年頃に第3層となる諸王のギャラリーを完成させた。1400年頃双塔上部の工事に着手したが、百年戦争に妨げられ、1475年頃ようやく現在の高さまで鐘塔を築いたが、尖頭屋根は未完成に終った。日本建築学会編：西洋建築史図集、彰国社、1981年。

パッケの設計基準線は、ランス西正面の第2層までになっており、その上部は解析されていない。これは、建設経緯の年代からも、現場尺の変更を伴う設計が変化されたと考えられる。デヒオの図面を用いて解析すると、第3層の人像の彫刻群は第2層のトレイサリーに対応した寸法になっているが、双塔の形態はパッケ基準寸法によって明確に規定することができない。

Jean-P. Paquet: *Les traces directeurs des plans de quelques edifices du domain royal au moyen age*, M.H. Vol. IX, n.2, 1963, pp.5984, 飯田喜四郎抄訳「建築雑誌」1965、Vol. 180, no.949, pp.55-57.

2　例えば前川道郎はレッサーの解析法を、平面、断面、立面を共通の基本図形によって分析しているのが興味深いとしているが、巧みに操作すればいかなる形態をも説明できるのではないかとし、特に彼の図形構成が基本となる星型正八角形を除けば、歴史的な実証性に乏しいものであると指摘している。建築学大系6　建築造形論、彰国社、1985年、pp.30-31.

また、フランクルは、中世の教会堂を多様な幾何学図形を組み合わせて解釈しようとする研究の起源は、実際の立面とは異なる図面上で行われた。またブラマンテの弟子チェザリアーノによるミラノ大聖堂の解釈に起源があるとして、この種の研究はルネサンスの建築比例の概念にもとづき、中世の教会堂の研究としては成立しないものとの見解を示している。

P. Frankl: *The secret of medieval masons*, Art Bulletin, 1945, March, Vol. XVII, n.1, pp.59-60

3　パッケは、フランクルが指摘した幾何学図形を乱用する研究方法の危険性を十分承知している。

4　幾何学的操作の中で双正方形が用いられているゴシック建築書として、ヴィラール・ド・オヌクールの「アルバム」、ロリッツァーの「ピナクルの正しい扱いに関する小冊子」、レヒラーの「教本（"unterweisung"）」などがよく知られている。

173

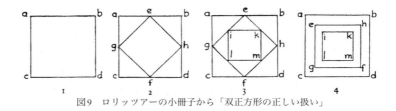

図9 ロリッツアーの小冊子から「双正方形の正しい扱い」

5 Jean-P. Paquet, *op. cit.*
6 ブールジュ大聖堂の現場尺は59.8cmで検尺が179.4cm、パリ大聖堂が62cmと186cm、シャルトル大聖堂が58.5cmと175.5cm、ランス大聖堂が59.4cmと178.2cmとなっている。パッケは当時現場尺の寸法は工匠により自由に選択できると推測し、それは人体の大きさに関係した寸法に関係したものであったと論じている。しかし、飯田喜四郎は各大聖堂の検尺は、パッケが主張するように人体の大きさに関係した寸法のように考えられるが、100～150kmにおよぶ各大聖堂の相互間の距離を考え、慣用尺の地域差を考慮すれば175.5～186cmの範囲に収まる検尺は当時のイール・ド・フランスの慣用尺（32.48cm）の6尺（194.88cm）とも考えられ、慣用尺に無関係に工匠が現場尺を決定していたと言うパッケの考えは受け入れがたいとしている。

飯田喜四郎：ゴシック建築のリブ・ヴォールト、中央公論美術出版、1989年、p.212

7 ランス大聖堂平面の設計基準線は、交差部に正面同様に9目格子が適用されているが、各格子はさらに2等分されている。即ち、最も大きな正方形の一辺は6等分されている。そして、交差部での各格子の寸法と等しい16目格子が祭壇と外陣部の設計基準線として規定されている。また、上記の各正方形格子図形の中には円が描かれている。

8 パッケはランス大聖堂西正面の図面に関して、「よく知られているように現存している建物は多かれ少なかれ変形している。またきわめて大きな建物の寸法を正確に実測することは現在の技術でも甚だ困難である。ランスの立面は特に精密な実測によって作成されているので、この点について心配ない」と述べている。また、同じ分析方法で立面と平面の現場尺の誤差が1cm以下になった結果は、同大聖堂の実測図の精度の高さを立証しているとともに、パッケ自身の研究方法の有効性を示している。

9 パッケは、立面では垂直は下げ振り、水平は水準器で正確に出せるのでピタゴラス三角形は平面におけるような効用がないとしている。しかし、フラン

第7章　ランス大聖堂西正面の設計法

クルは「直角を作るのにピタゴラス三角形は有効であり、特に大建築物の高所で直角を作るのに有効であった」とし、ミラノ大聖堂の立面上部にピタゴラス三角形を採用した理由のひとつとしている。
P. Frankl, op. cit., p.56

10　G. Dehio・G. Bezold：*Die Kirchliche Baukunst des Abendlandes 4*, Georg Olms Hildesheim, Buch III, Taf. 412

11　厳密には双正方形の基本正方形と内接正方形の実際の辺長比は$\sqrt{2}:1$（7：5.0507627）になる。シュムッテルマイヤーは同図形から7：5という簡単な整数比に置き換えようとしており、またハイデルベルグ出身で、15世紀末から16世紀初めに活躍した石切工匠ローレンツ・レヒラーが息子に書いた「教本」においても、横断アーチや交差リブ、方立、付柱、控え壁などの断面厚の求める方法としての幾何学は、正方形の接合図形（3つの連なる接合図形及び斜交正方形）が基本図形となっているが、その辺長比も10：7：5の整数比に置き換えられている。
Lon R. Shelby and Robert Mark, Late Gothic Structural Design in the "*Instructions*" of Lorenz Lechler, Architecture, Architecture, 9.2, 1979, pp.113-132
幾何学図形（双正方形）と整数比例の関係については、五島がグリッド・シンメトリーとして考察している。五島利兵衛：パルテノン神殿の設計手順、日本建築学会計画系論文報告集、1990年5月、第411号、pp.147-164

12　マティス・ロリッツアー（1430/1440～1492/95年）は、1486年に「ピナクルの正しい建設法に関する小冊子」のなかで、ひとつの正方形の中に内接正方形を作図し、さらに後者の中に内接正方形を描いた3つの連なる正方形接合図形からピナクル平面・立面の描き方（幾何学の操作方法）を解説している。ロリッツアーの方法と呼ばれるものは正方形接合図形の中の2番目は45°回転させて作る双正方形図形である。この図形がよく知られている理由のひとつは、ヴィラール・ド・オヌクールの「アルバム」の中でも同じ図形が描かれていることと、ロリッツアーの同書と関連させることで、それまで不明であったヴィラールの図形の意味がほぼ明らかになった。
しかし、同図形が重要視されている第一の理由は、ロリッツアーが解説している幾何学は、司教の許可を得て公にされたもので、それは1459年ドイツ全土の石工親方たちによってレーゲンスブルグで採択された、「また、いかなる職人、親方、世話役、日雇技術者と雖も石切工の職業に所属せず、石切工の作業に従事したことのない者に平面から立面を導く方法を教えてはならない」の規約の内容を示していることである。そして、すべての辺を平行に

させた双正方形が「平面から立面を導き出す」幾何学的作図法の基本図形になっている。
ロン・R・シェルビー編著、前川道郎・谷川康信共訳：ゴシック建築の設計術——ロリッツアーとシュムッテルマイヤーの技法書——、中央公論美術出版、1990年。
ジャン・ジェンペル著、飯田喜四郎訳：カテドラルを建てた人びと、鹿島出版会、1969年、pp.158-161.

13　同図形は、ヴィラールの「アルバム」の図版39に描かれている。
藤本康雄：ヴィラール・ド・オヌクールの画帳、鹿島出版会、p.135

14　この双正方形図形の中の回廊幅を反転させる幾何学的操作は、五島が古代ローマ・パンテオンの周壁求厚決定法として推定したもので、幾何学的比例上は双円形形双正方形接合図形の内差（回廊幅）を反転させる方法と全く同じものとなり、パンテオン図法と称する。
五島利兵衛：古代ローマ・パンテオンの幾何学比例について——設計図法の考案とその適用に関する研究——、日本建築学会計画系論文報告集、1986年7月、第365号、pp.113-126.
五島は同図法を、シャルトル、ランス、アミアン等の大聖堂の平面・断面にも適用し、構造上最も重要な機能をもつ石造天井を支持する控え壁厚の決定法の考察を行っている。五島利兵衛：シャルトル、ランス、アミアン大聖堂の形態解析、日本建築学会関東支部研究報告集、1986年、pp.113-124.
16世紀スペインのゴシック工匠、ロドリコ・ヒル・デ・オンタニョンが「最も精巧」とする控え壁厚決定法紹介している幾何学第一法則も、幾何学的には双正方形双円形図形による反転法になっており、同法則の中の半円の直径を控え壁内法間距離の2分の1に適用することで、パンテオン図法と全く等しくなる控え壁厚を規定している。
五島利兵衛：パンテオン図法と中世のロドリコ・ジルの作図法の類似性、日本建築学会大会学術講演梗概集（東海）、1985年10月、pp.777-778
また、15世紀ルネサンス建築家、フランチェスコ・ディ・ジョルジオの建築書で記されている円筒ヴォールトを支える控え壁求厚法は、上記ロドリコの図法に類似したもので、求められる控え壁厚はパンテオン図法と全く等しくなる。高柳伸一、五島利兵衛：ロドリコ・ジルの幾何学的作図法に関する考察（3）、日本建築学会東海支部研究報告集、第34号、1996年2月、pp.861-864．
Simon Garcia：*Compendio de Architectura y Simetria de Los Templos*, edicion de La

Universidad de Salamanca, Jose Camon Aznar , 1941.

15 双正方形の5：7の辺長比を保った状態では、16目格子を作ることはできないが、内接正方形をもった基本正方形に立ち戻り、16目格子にするためには次のような操作手順を行えばよい。内接双正方形が基本正方形に接する4つの接点を垂線と水平線で結んで2分する（2の1乗、2×2）。さらにその格子の辺長を2分する（2の2乗、4×4）。この格子の辺長を2分、即ち2の3乗すると、8×8目格子ができる。16目格子図形は、ヴィラール・ド・オヌクールの「アルバム」の図版38の「人体の組模様」と「人物の顔」に重ねて描かれている。また小規模教会堂の平面図の作図法として、ロドリゴが示している幾何学図形の中でも同図形と同じものがある。5：7の比からは、3の2乗×3の2乗が導かれる。上記のように2の4乗とすると、16×16目格子ができる。16×16＝2の4乗×2の4乗と9×9＝3の2乗×3の2乗は、形態（デザイン）と構造とに使い分けが行われていたと思われる。

第8章　ケルン大聖堂南袖廊の飛梁取替え工事報告

序

研究の目的・意義

　本章は、ケルン大聖堂の南袖廊（図1）の飛梁取替え工事（2006年）を調査したものである。特に、本稿は、工事に際して作成された構造計算書及び、そのために実測された南袖廊の全断面図を取り上げ、飛梁にかかる実際の推力を調べ、断面の設計法について考察した。

　これまで多くの調査を行ってきたが、飛梁を新しく取り替える工事に直面する機会がなかった。多くのゴシック建築関連文献でも飛梁の取替え作業工事の記録は公刊されていない。

　飛梁は、ゴシック建築の3大要素のひとつとして述べられ、その機能についても明瞭であるが、実際どのくらいの推力を負担しているかとなると、明らかでない。その意味でゴシック建築の構造や形態を考察する上で大きな意義を持っている。

　更に、その取替え工事となると、どのようになされるのかその技術や方法

図1　ケルン大聖堂南袖廊・足場櫓が飛梁改修工事個所

も気になるところでこの点についても調べた。

筆者たちの調査は、工事が行われた2006年の8月と工事終了後の2009年1月、9月に行った。取替え工事期間は、中断を含め1年かけて行われた。

研究の対象

ケルン大聖堂は、着工1248年で内陣は1320年献堂した。その後交差廊や外陣の工事に取りかかったが、1560年に中断した。このとき、南袖廊も工事が中断した。19世紀、1842年に工事を再開、1880年に現在の姿に完成した。第2次世界大戦で大きな被災を受け、石造天井も爆風で落下したが現状に復旧した。

ケルン大聖堂では維持管理のために、支柱・壁などの軸線には、A、B、C……、石造天井の交差リブヴォールトには1、2、3……などの符号を付けている（図2）。

建築平面形状は、ラテン十字形で、交差部を中心に交差廊が南北に直交している。今回、その交差廊の南側（南袖廊）の部分のH軸の西側の飛梁が対象である（図2）。

構造計算もH軸にかかる飛梁の推力を調べたものである。

また、断面図は、H軸上において、床から屋根までを実測したものである。

構造計算書では、飛梁上部の装飾、控え壁の壁龕、交差リブヴォールトの腰固め上面や要石などが掲載されておらず、特に断面の考察に欠かせないセットバックが記載されていないため実測した。

研究の方法

構造計算書については、その概要を取り上げ、その計算式と工事中の引張力の計測器から実際の推力を計算した。飛梁取替えの工事の様子は、図版とともに報告する。

構造計算書に示された断面図（図3）は、全容の寸法値を示したもので、断面にとどまらずケルン大聖堂がどのように設計されたかを数量的に分析する資料として重要である。本稿では、中世で使用された双正方形の適用法[1]

第8章 ケルン大聖堂南袖廊の飛梁取替え工事報告

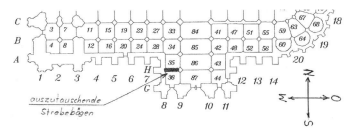

図2 番号付平面図（南側）とH軸（黒太線が工事された飛梁）

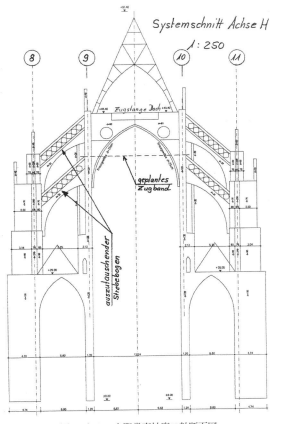

図3 ケルン大聖堂南袖廊H軸断面図

の視点から分析考察した。

1　飛梁の推力

1-1　構造計算書の概要

　当計算書は「ケルン大聖堂　軸線Hにおける南袖廊の西面飛梁に修理のための静力学計算」と銘打ち、ケルン大聖堂の要請で、構造計算事務所が行ったもので、2003年2月26日提出、サインがされている。
　計算書の前書きには、次のように記されている。
「南側廊において軸線H上の西側飛梁をこれからも長く機能するように遅滞なく修復または取替えを行う。
　飛梁は、風と石造天井（ヴォールト）推力を控え壁に伝える。屋根の構造は、下部にターンバックルを持っているからそれ自体推力はない。
　飛梁の解体の足場を組み、袖廊を貫通して結束バンドZugbandを外から外へ取り付ける。これによって新飛梁が出来るまでの間、石造天井の推力に釣り合う。風からの推力は現存の飛梁（筆者注：2段ある飛梁の上のもの）に伝達される。
　計算は、石造天井の推力と、Hの9と10の間に張られる結束バンドの引張力に限定した。
　多様な種類の石材からなっているので、不測の事態がある。現状の構造にゆがみが生じないように、力の端部で、大聖堂管理事務所が管理するものとする。」
　以下、内容の要点を記す。

　以下の荷重は東西方向に推力を生み出す。
　①H軸上の区画壁アーチ（筆者注：下部がアーチ状になっている）
　②袖廊上の交差ヴォールト部分（筆者注：南北）
　③高窓上の交差ヴォールト部分

④腰固め
⑤屋根の巡回通路

〔①〜⑤についての説明〕
①区画壁アーチの重量
　区画壁厚：$b = 0.60$ m
　区画壁厚の大きさ：$A = 28.8$ ㎡
　材料：砂岩、単位重量 $\delta = 27$ KN／㎥
　$G = 28.8 \times 27 = 466.56$ KN
　作用点 $x = 2.20$ m
②袖廊上の交差ヴォールト部分
　材料：トゥフ石
　肉厚　$d = 25$ cm
　荷重点 $x = 334.49／78.10 = 4.28$ m
　重量 $G = 78.10 \times 2 = 156.2$ KN
③高窓上の交差ヴォールト部分の重量
　(原文では、8分の1のヴォールト[2]の重量として計算)
　材料：トゥフ石
　ヴォールトの肉厚　$d = 25$ cm
　単位重量 $\delta = 20$ KN／㎥
　(筆者注：ヴォールトウェブを5等分して各々重量を計算、後で2倍)
　5等分の重量合計 $\Sigma G = 121.40$　　$Gx = 232.20$（筆者注：このxは、5等分した各部分の、交差線から端部までの水平距離）
　作用点 $x = 232.20／121.40 = 1.91$ m
　ヴォールト重量 G（筆者注：4分の1ヴォールト）$= 121.4 \times 2 = 242.80$ KN
④腰固め Gewöltrichfüllung の重量
　材料：トゥフ石のくず
　上面の大きさ　$2.20 \times$ 高さ
　ヴォリュームはピラミッド状のため、3で割る

腰固めの重量 G ＝ 2.20 × 1.10×3.50 ／ 3 × 16 ＝ 45.17KN

⑤屋根の巡回通路の重量

プロイセン屋根1（長さ）＝ 7.50m

屋根の重量負荷

屋根瓦　0.125 × 18 × 7.5 ＝ 16.88KN／m

セメントたたき　10cmiH 0.10 × 22 × 7.50 ＝ 16,50KN／m

鋼鉄骨組み　ca. 0.50KN／m

$$g ＝ 37.13KN／m$$

動的荷重　1.00KN／㎡ ×7.50　p ＝ 7.50KN／m

$$計 Q ＝ 44.63KN／m$$

巡回通路幅　b ＝ 2.70m

巡回通路の重量 p ＝ 44.63 × 2.70 ≒ 120.0KN

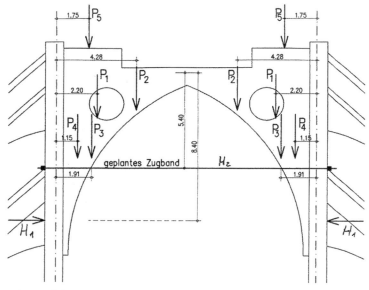

図4　リブヴォールト荷重図（構造計算書在中、添付資料参照）数値は、表1参照。

表1 荷重表（計算書在中の表、筆者訳）

		荷重（kN）	距離（m）	M（kN/m）
P1	1.区画壁アーチ	466.56	2.20	1026.43
P2	2.袖廊上の交差ヴォールト部分	156.20	4.28	668.54
P3	3.高窓上の交差ヴォールト部分	242.80	1.91	463.75
P4	4.腰固め	90.34	1.15	103.89
P5	5.屋根の巡回通路	120.00	1.75	210.00
				ΣM=2472.61

1〜5までの合計 $\Sigma M = 2472.61 KNm$
飛梁推力 $H1 = 2472.61 / \sim 8.40 = 294.4 KN$
結束バンドの推力（水平力）は $2472.61 / 5.40 = 457.9 KN$
（筆者注：結束バンドの位置と飛梁の位置のずれのための計算）
結束バンドのワイヤーの応力
ひとつのワイヤー引張応力 $Z = 457.9 / 2 = 229 KN$
（筆者注：ワイヤーは口の型に2本張られている）
ワイヤーの断面形状　Aタイプ　$\phi 49mm$　最大荷重60 t
Fタイプ　$\phi 31mm$　最大荷重60 t
安全率 $\tau = 2.26$

以上を図示したのが、図4である。

以下、ワイヤーの受け材 Traverse の算定の計算については省く[3]。

以上が構造計算書の概要である。

1-2　飛梁の推力

ワイヤーの取り付けに際して、計測器（図5）を設置しているので、その針の示している数値より飛梁の推力を計算で求める。

結束バンドの計器は、バンド受け材の左右に取りつけられている。その計器は、ともに7トンを指している。左右合計で14トンである。この数値から構造計算書の手順に沿って逆に計算して飛梁（H1）の推力を出す。先ず、14トンは137.2KNである。これを5.4で乗じると全重量740.88が出る。この値を8.4で除すると、

図5　結束バンドの受け材に取り付けられた左右計器

飛梁にかかる推力88.2KN（9トン）が得られる。

2　工事概要

2-1　工事期間

　工事期間は、2006年の1年間で、工事の段落ごとに中断を入れている。工事の手順は次の通りである。

(1)結束バンドをH軸の東西面に渡す。
(2)古い飛梁に型枠を取り付け、解体・取り外す。
(3)型枠の上に新しい飛梁を架構する。

　結束バンドは保管されている（図6）また、東西両サイドに取り付けた受け材と引張応力測定器は図5参照。
　古い飛梁の型枠の上に新しい飛梁が積み上げられる（図7）。この時の飛梁の石材は、すでにアーチ状に湾曲し、アーチ幅で作られている。図6に見るように、3段の外形を示しているが、1つの石材で出来ており、3段の外形は繰形として作られている。更に、アーチ石材の目地には、鉛を用いて、風化対策をとっている（図8）。アーチ石材は、型枠に密着させないで、型枠と石材の間には角材を入れている。

2-2　使用された石材とその特性

　飛梁建設当時採石されたのは、シュテュッツガルトの近く、ネッカー川ほとり、シュライトドルフSchlaitdorfの地から運ばれた石材で、その材料の性質は次の通りである。今回の飛梁取替え工事には同質の材料であるチェコのボザノフ（Bozanov in Tschechien）から運んできたものである。このほか、手すりや小円柱に用いられている材料も合わせて、その材料・構造特性について表にした（表2)[4]。

第8章　ケルン大聖堂南袖廊の飛梁取替え工事報告

図6　結束バンドの取り付け（左）と丸めて保管された結束バンド（右）

図7　工事中の新しい飛梁（目地には鉛が用いられている）

図8　鉛を溶かして目地に注ぐ

表2　シュライトドルフの砂岩の特性（管理事務所所提供）

	ρ^r	WA^n	WA^v	θ	D	S_g	V_M	V'_M	MIP	MAP	GRP	r_m
	g/cm^2	vol%		nPm	m^2/g	vol%			μm			
砂岩（粗）	2.25	12.1	16.6	15.3	3.358	0.82	15.3	6.2	3.3	2.9	9.1	10.00
砂岩（細）	2.37	8.0	9.5	10.6	0.036	1.33	10.6	10.1	6.2	3.9	0.5	1.50

3 リブヴォールトの一部実測

リブヴォールトの一部と飛梁詳細部を実測したので報告する。

図9 リブヴォールト天井裏腰固め・要石実測の様子

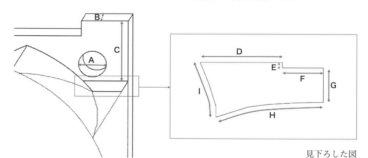

図10 リブヴォールト天井裏腰固め実測位置

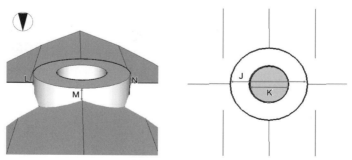

図11 リブヴォールト天井裏要石実測位置

第8章 ケルン大聖堂南袖廊の飛梁取替え工事報告

表3 リブヴォールト天井裏腰固め・ボス実測数値(単位cm)

A	B	C	D	E	F	G	H	I	J	K	L	M	N
186.0	59.0	389.0	167.0	12.0	84.0	75.5	217.0	125.0	158.0	78.0	9.5	26.0	16.5

図12 南袖廊工事足場から西を見た飛梁の光景

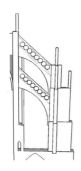

図13 飛梁実測の様子

表4 飛梁測量数値(単位cm)

A	B	C	D	E
100	39	100	80	30

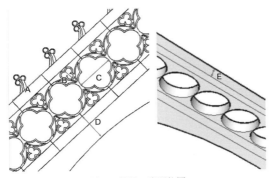

図14 飛梁の実測位置

189

4　セットバックの実測

　本章では、控え壁（20m以下）のセットバックを実測したので、図解とともに実測値を示す（図15）。なお、控え壁（20m以下）のセットバックの実測は、足場の都合でH軸のものに代わって、同時期に建設された北側廊控え壁のセットバックを実測した。実測に使った道具は、スケール、テープロッド、下げ振りである。

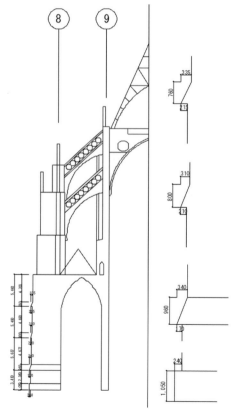

図15　セットバック実測図

図15に示すように、20m以下の控え壁のセットバックは、3段あり、その大きさ（出）は上から1段目が120mm、2段目が100mm、3段目が130mmである。最下段の基礎の出240mmである。3段の合計は350mmで、基礎の出を合わせると590mmである。これは、西面だけで、東面を入れると出はその2倍とすると1180mmである。

5 実測断面図の分析

南側廊断面の分析に当たって、東西方向の空間は、2重側廊であるが、袖廊空間は1重側廊になっている。本来であれば、東西の身廊・側廊空間の構成が優先されているから、それを先に検討し、それとの関連で袖廊断面の形態を解析する必要がある。しかし、東西の身廊・側廊空間については、同様な実測がないので、切り離して考察する。

高さレベル（床上）は、東西方向の身廊側廊空間と袖廊空間は全く同じである。

次に、実測図の主な寸法構成を見ると、次のようである。

(1)高さ方向は、交差リブヴォールトの上の区画壁の高さで45.40m、側廊を構成している20mのところで、断面の構成が異なっているので、2段構成で設計されている。
(2)次の水平方向（幅）は、身廊空間の内法が13.20m、身廊支柱の幅が1.20m、側廊空間内法が6.80m、側廊外側支柱と控え壁の幅が4.74m（セットバックは含まない）である。

次に、前述のセットバックについて見る。
セットバックの出は上述したように、3段の合計は350mmで、その下の基礎の出を加算すると590mmである。両方（東西2面）で1180mmである。

5–1 双正方形について

本稿で、断面図の分析に双正方形を適用して考察する。

本論に入る前に、双正方形の図形の特徴について述べる。

1つは、内接双正方形（図16）で、中世の文献に出てくるものである。これは、正方形（大正方形）の4辺の中点を結んで得られる正方形（小正方形）が接する形態の図形で、この大小2つの正方形を双正方形の図形と称する。

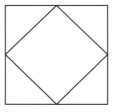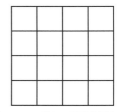

図16　内接双正方形（左）と4×4のグリッド図形（右）

この内接正方形から、偶数の2対2、4対4のグリッドが派生される。つまり、1、2の2乗（4×4）、2の3乗（8×8）、2の4乗（16×16）の数列である。

2つ目は、双正方形の図形の使い方を中世の文献が述べているもので、小正方形の45°に傾いた辺は、大正方形に平行になるように45°回転させる。そうすると、回廊双正方形（図17）が生まれる。これを、グリッド図形の中で比例に置き換えると、奇数の5対5、7対7というグリッドが派生する。これは近似解である。このグリッドは、後述するように、9×9へと発展する。

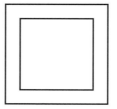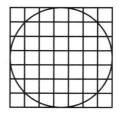

図17　回廊双正方形（左）と7×7のグリッド図形（右）

さらに、経験力学の原点である古代ローマ・パンテオンへの双正方形の適用から、壁厚は、1単位で出来ていることがわかる[5]。つまり、回廊幅を外側に反転させて、全体として9×9のグリッド図形を経験力学的方法として利用している。

それで、9×9＝3の2乗×3の2乗であるから、経験力学的設計法として3

第8章　ケルン大聖堂南袖廊の飛梁取替え工事報告

×3のグリッドを適用し、次に9×9のグリッドへと派生させる。このグリッドは、1、3の2乗、3の3乗の数列として存在する。

　ここで、双正方形をグリッドに置き換えたが、これをギリシア以来、シンメトリーと言われるものでここでは、割愛する[6]。

5-2　4対4のグリッドの適用

　床面に合わせた4対4のグリッド図形（図18）の適用を見る。20mの高さの1階側廊は、4対4のグリッド図形が用いられている。ここでの1単位は993cmである。幅2単位に対して、2単位の正方形で決められている。交差リブヴォールト上の区画壁の高さは1単位、さらに屋根の高さ61.40mは区画壁の高さから2単位の大きさで決められている。この61.40mは、南北袖廊の長さとほぼ一致している（図11）。

5-3　9対9のグリッドの適用

　次に、リブヴォールトの頂点に合わせて9対9のグリッド図形（図19）を用いる。9×9のグリッドを、身廊幅を1とすると建物全体が3分され、その支柱間の単位は3単位の大きさになっている。⑧と⑪の軸線は、身廊支柱に次いで構造上重要で、7単位の大きさは、⑧と⑪の軸線の幅と一致している。ここでの1単位は身廊支柱幅1324cmの2分の1＝662cmである。その1単位を外側にとると、控え壁（バットレス）は、1単位の大きさで出来ている。ここで、セットバックの大きさ590cm（片側）を考慮した。セットバックを入れた合計は1760cmで、差436cmは、9×9グリッドの底辺が床上より上がっていることと関連あると推定される。身廊支柱間内法1324cmより控え壁の高さは、交差リブヴォールトから1単位下がったところで決められている。そのほか、飛梁の傾きは、高さ4単位に対して幅4.5単位の傾き（42°）で決められている。ちなみにパンテオンの腰固めの傾きは、38.8°である[7]。

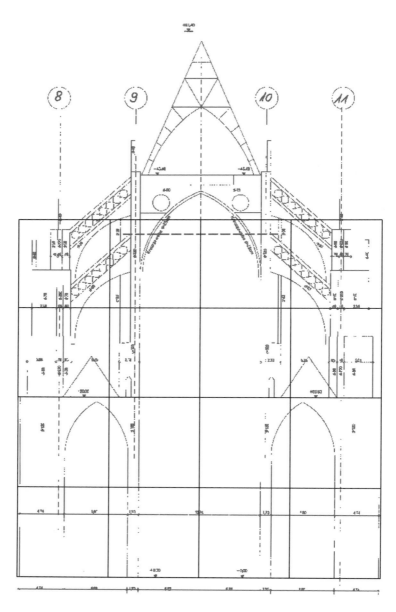

図18　4×4のグリッドの適用

第8章 ケルン大聖堂南袖廊の飛梁取替え工事報告

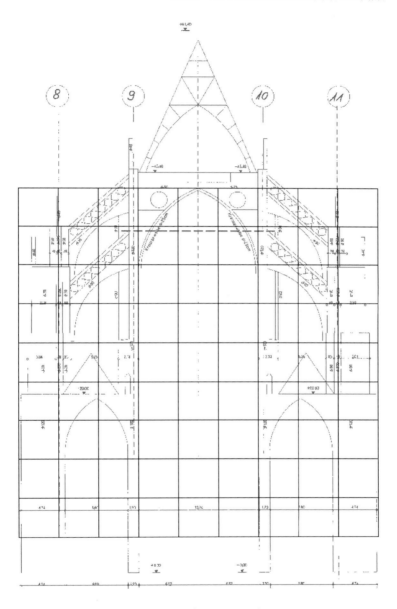

図19 9×9のグリッド図形の適用

6　まとめ

　本調査考察で、1996年8月に行われたケルン大聖堂南袖廊の飛梁取替え工事の調査と、そのとき実測された断面図の分析を行った。その結果、飛梁にかかる推力が、88.2KN（9トン）であることが判明した。また、ケルン大聖堂南袖廊断面の分析から、中世以来の双正方形の図形が用いられていることが分かった。その場合、内接双正方形による4×4のグリッドと回廊双正方形の9×9のグリッドの2つが併用されている。これらのことは、ケルン大聖堂にとどまらずゴシック建築の考察にも大きな示唆を与えるものである。

付論　9×9設計法の由来

　ここで、西欧石造建築で著名な建築、古代ギリシア・パルテノン神殿と古代ローマ・パンテオンの設計法を振り返り、ゴシック建築の設計法である9×9の設計法の由来を探る。

　パルテノン神殿では整数比（グリッド法）が知られている。これは正確にはシンメトリー（グリッド・シンメトリー）と言う。他方、パンテオンの設計法である双正方形作図法が知られている。これら2つの設計法は、古代オリエント文明（メソポタミアとエジプト）から導入され、ギリシアで設計法として磨かれたものである。主にシンメトリーは古代エジプト、双正方形作図法はメソポタミア文明で栄えた。

　古代ギリシアがどのようにして建築設計法として確立したのであろうか。それは両方の設計法を結びつけ、グリッド・シンメトリーとしてわかりやすく、それでいて厳しい美と構造の設計法としたことによる。

　グリッド・シンメトリーは、平面数を使って整数比で双正方形を表現する。双正方形の小正方形と大正方形は辺長比で1対$\sqrt{2}$の関係になっている。これを整数比で表現すると5対7の整数比で表現できる。この方法を拡大すると、1対$\sqrt{5}$は4対9で表現できる。これはパルテノンで用いられた整数比である。

正方形を2つ横に並べた格好である。

　古代ローマのパンテオンの場合、ドームの円形（球形）が入ってくる。それで、最も原型に近い円形と双正方形を組み合わせ、回廊幅（双正方形の回廊）を外側に反転させた図形によって周壁厚を決定している。これはドームやヴォールト架構をする西欧石造建築設計法の原点となった。この反転法を、グリッド・シンメトリーで表現すると9対9である。これは3の2乗×3の2乗となるので、3対3から設計を開始し、更に各々を3等分すれば控壁厚が導かれる。これはパンテオンの周壁厚に相当する厚さである。このグリッド・シンメトリーと双正方形の両者を使ってゴシック建築は設計されたと考えられる。

　注記
　1　正方形とその適用法については、五島利兵衛：古代パンテオンの幾何学的比例について、設計図法の考案とその適用に関する研究、日本建築学会計画系論文報告集、第365号、1986年7月、pp. 113-126を参照。
　2　8分ヴォールトとは、ヴォールトウェブのこと。4分ヴォールトの各ヴォールトは左右対称であるからヴォールトを8等分して荷重を計算している。
　3　第2次世界大戦で被災し、そのために飛梁の修復を行っている。その時は、鉄骨を掛け渡して工事を行った。しかし、工事終了後の取り外しに極めて難儀し、今回、その教訓を生かして、ねじれのないワイヤーを用いた結束バンドを利用した。
　4　材料特性表は、構造計算書とは別途で、管理事務所提供のものである。
　5　注1の文献参照。
　6　シンメトリーに関しては、五島利兵衛：パルテノン神殿の設計手順、日本建築学会論文報告集、第411号、1990年5月、pp.147-164を参照。
　7　注1の文献参照。

添付資料　構造計算書（版権：ケルン大聖堂管理事務所）

Statische Berechnung

zur Sanierung der Strebebögen an der Westfront des südl. Querschiffs in Achse H

am Dom zu Köln

Bauherr:
Metropolitankapitel
Margarethenkloster 5
50667 KÖLN

Dombauverwaltung
Roncalliplatz 2
50667 KÖLN

Aufsteller:
FINCK • BILLEN
Ingenieurgesellschaft mbH
50667 Köln, Elisenstr. 8-10
Tel.: 0221 / 92 58 13 - 0 Fax: - 99

Aufgabenstellung

Im südlichen Querhaus sollen in der Achse H die Strebebögen auf der Westseite saniert bzw. ausgetauscht werden. Die Bögen werden Zug um Zug saniert, sodaß immer ein Bogen funktionstüchtig bleibt.

Die Strebebögen leiten die Horizontalkräfte aus Wind und Gewölbeschub an die Strebepfeiler weiter. Die oberen Bögen dienen hauptsächlich zur Weiterleitung der Windkräfte, die unteren Bögen übernehmen den Gewölbeschub. (s.S. 82 Segger)

Aus der Dachkonstruktion entsteht kein Horizontalschub, da die Dachbinder am Fuß durch Zugstangen verbunden sind.

Um eine Entlastung der Strebebögen zu erreichen, wird durch das Querschiff ein Zugband von Außenwand zu Außenwand angeordnet, damit die Horizontalkräfte aus dem Gewölbeschub während der Bauzeit gegenseitig ausgeglichen werden. Die Horizontalkräfte aus dem Wind werden dann von dem noch vorhandenen Bogen in die Strebepfeiler abgetragen.

Die Berechnungen konzentrieren sich auf die Ermittlung der Horizontalkräfte aus dem Gewölbeschub und die Bemessung des Zugbandes sowie die Krafteinleitung in Pfeiler Achse H/9 und H/10.

Es sind verschiedene Steinsorten mit unterschiedlichem spezifischen Gewicht zu berücksichtigen. Die Abmessungen sind aus Bestandsplänen bzw. nach Rücksprache mit der Dombauverwaltung festgelegt worden.

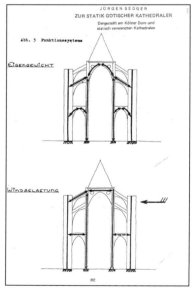

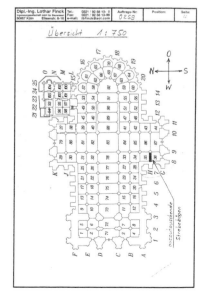

第8章　ケルン大聖堂南袖廊の飛梁取替え工事報告

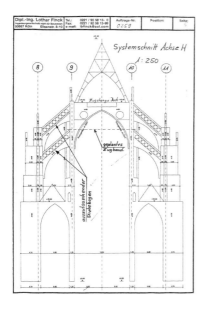

Lastannahme für ein Achtel Gewölbe und Schwerpunktbestimmung

Streifen Nr.	d m	ℓ m	b m	G kN	x m	G·x
1	0,25	2,00	3,01	20,3	6,08	124,22
2	0,25	2,01	2,14	21,51	4,37	94,00
3	0,25	2,15	1,26	14,62	2,84	41,52
4	0,25	2,00	0,73	7,30	1,62	11,82
5	0,25	2,13	0,30	3,23	0,73	2,53
6	0,25	2,16	0,10	1,08	0,26	0,29
				ΣG =	78,10	334,43

Schwerpunkt $x = \frac{334,43}{78,10} = 4,28\ m$

Auf die Achse H wirken jeweils zwei Achtel Gewölbe

gesamt $G = 78,10 \cdot 2 = 156,2\ kN$

3. Kreuzgewölbeanteil über Fenster
Material: Tuffstein $\delta = 20\ kN/m^3$
Gewölbestärke: $d = 25\ cm$

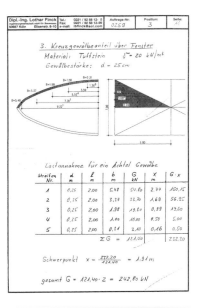

Lastannahme für ein Achtel Gewölbe

Streifen Nr.	d m	ℓ m	b m	G kN	x m	G·x
1	0,25	2,00	5,48	54,80	2,74	150,15
2	0,25	2,00	3,37	33,70	1,68	56,95
3	0,25	2,00	1,98	19,80	0,99	19,60
4	0,25	2,00	1,00	10,00	0,50	5,00
5	0,25	2,00	0,31	3,10	0,16	0,50
			ΣG =	121,40		232,20

Schwerpunkt $x = \frac{232,20}{121,40} = 1,91\ m$

gesamt $G = 121,40 \cdot 2 = 242,80\ kN$

4. Gewölbetrichterfüllung
Material: lose Füllung Tuffsteinreste $\delta = 16\ kN/m^3$
Sichtbare Grundfläche $2,20 \cdot 1,10\ m$
Volumen: Grundfl. × $\frac{Höhe}{3}$ (Pyramide)

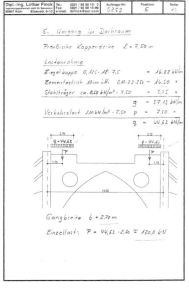

1 : 125

Gewicht für einen Trichter
$G = 2,20 \cdot 1,10 \cdot \frac{3,50}{3} \cdot 16 = 45,17\ kN$

5. Umgang im Dachraum

Preußische Kappendecke $\ell = 7,50\ m$

Lastannahme
Ziegelkappe $0,125 \cdot 18 \cdot 7,5$ = 16,88 kN/m
Zementestrich 10cm i.M. $0,10 \cdot 22 \cdot 7,50$ = 16,50 "
Stahlträger ca. $0,50\ kN/m^2 \cdot 7,50$ = 3,75 "
                                        g = 37,13 kN/m
Verkehrslast $1,00\ kN/m^2 \cdot 7,50$ p = 7,50 "
                                        q = 44,63 kN/m

Gangbreite $b = 2,70\ m$
Einzellast: $P = 44,63 \cdot 2,70 \approx 120,0\ kN$

第8章　ケルン大聖堂南袖廊の飛梁取替え工事報告

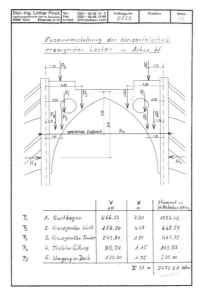

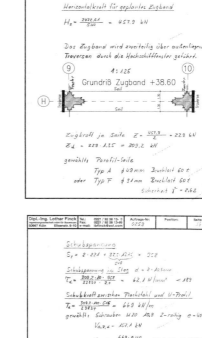

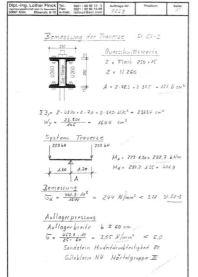

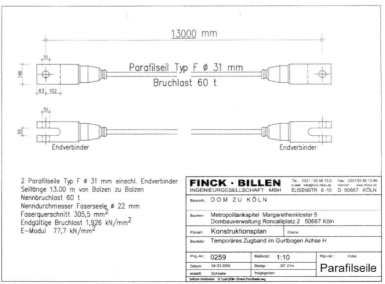

第8章　ケルン大聖堂南袖廊の飛梁取替え工事報告

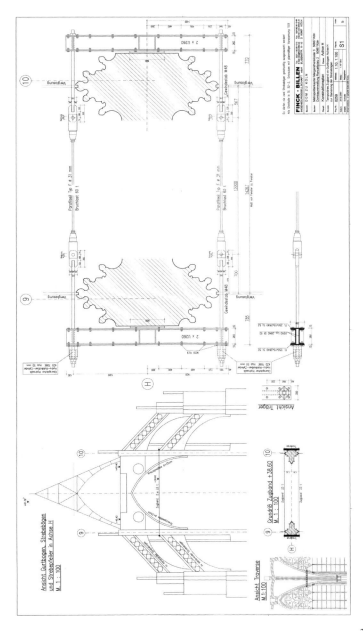

第9章　ライン河流域の教会堂石造天井の調査

序

　19世紀初頭、プロシア王室建築家ラッソー Johan Claudius von Lassaulx がライン河沿岸のアーヴァイラーの教会を調査した結果、その石造天井が素手（フリーハンド）で施工されていること、その最初の事例はケルン大聖堂北側廊天井であると述べている。

　本調査[1]はラッソーの主張を指針とした追認調査であるが、それにとどまらず、石造天井の施工法が中世から現在に至るまで時系列で継続している歴史性を確認する意義を持っている。フリーハンド施工法による石造天井の形状や石層目地を調べ、工法の普及性、その同一性、継続性を確認した。また、改修現場のフリーハンド作業中を実見した。

　現場作業のフリーハンド施工法に学術的視点を導入し、職人技術を学術的に把握し、西欧石造天井の成立・展開を検討することが可能になったことも本調査の意義である。

　初めに、調査の指針としたラッソーの主張に触れ、次いで、ケルン大聖堂の屋根裏及びフリーハンド修復作業現場

図1　石造天井調査中の筆者、サン・マーチン教会堂、2005年7月

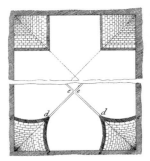 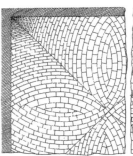 

図2　ラッソーの石層平面図
（左上半は、交差ヴォールトの石積み、左下半はケルン型フリーハンドの石積み）

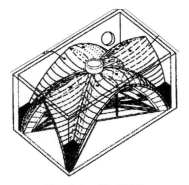

図3　ケルン型の透視図

や各教会の屋根裏から見た石造天井の形状を報告する。

　中世の石造天井リブヴォールトの工事に関する記録や資料は全くなく、ヴォールト内輪に残る痕跡などから施工法を推定せざるを得ない。ラッソーは、「素手（フリーハンド）でスパンの大きい教会堂のヴォールト天井を作ることは、人類の発見した最も大胆な構造であり火災に強く、教会に最も適切であるだけでなく工費も安い」と述べ、その施工法について図面（図2）を残している。

　これらの図面から、石層がアーチ状に湾曲し、傾斜して積まれていることが分かる。その石層目地がヴォールト全体の頂点（要石）に収束するだけでなく、分割されたヴォールト曲面ウェブの中に収束する頂点ができている。

　更に、ラッソーは、この施工法（ケルン型）について、ケルン大聖堂の北側廊が起源であり、その時期は1322年から16世紀の初頭の間である、と述べている。すなわちフリーハンド工法の技術は中世から19世紀当時まで継続している施工法である。19世紀当時ラッソーはオーストリアで実際にフリーハンド工法の施工現場を見ている[2]。

第9章　ライン河流域の教会堂石造天井の調査

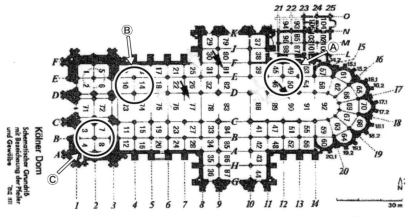

図4　ケルン大聖堂平面図とヴォールト番号（管理事務所提供、筆者加筆）

1　ケルン大聖堂石造天井

　調査は1993年より開始、ここで掲げる図版は1999年1月の調査に基づく。ケルン大聖堂身廊天井（図4の矢印部分、矢印は見た方向を示す：内陣No.90、袖廊No.81、外陣No.77）、側廊天井（内陣No.45、外陣No.10）、ナルテックス（南塔1階）、北塔2階石造天井を調査した。北塔2階の天井は、1960年代の修復工事でフリーハンド施工の写真が撮影されている。調査内容は、天井の形状と石層目地の湾曲と方向である。内陣は、中世の身廊（図8）、側廊（図11）ともに創建時のものである。袖廊、外陣の身廊天井（図9・10）は第2次世界大戦後の再建である。袖廊の崩壊の見上げ、再建の屋根裏を図6・7に示す。被災時の崩落寸前のヴォールト天井（図5）から石層目地がアーチ状に湾曲している様子が窺える。側廊天井は15世紀、19世紀のものが混在しているが、調査したものは15世紀のものである。これらの天井は内外ともにモルタル塗装が施されている。これに対してナルテックスや北塔2階の天井は、形状や目地が確認できる。

207

図5　被災した外陣身廊天井
（1948年1月28日撮影）

図6　被災した北袖廊天井

図7　再建された北袖廊天井

図8　内陣No.90

図9　袖廊No.81

図10　外陣No.26

第9章　ライン河流域の教会堂石造天井の調査

1-1　身廊、袖廊の石造天井

身廊天井は、内陣のNo.90、袖廊のNo.81、外陣のNo.77を図8・9・10に掲げる。東端部の放射状祭室を除いてすべて4分ヴォールトである。内陣のヴォールト天井は被災せず、中世創建時のものである。他は第2次世界大戦後に再建している。石層目地は内陣では、頂線に平行なフランス型を示す。他は、内外とも塗装してあり、石層は確認できない。戦前のヴォールト天井（図5。第2次世界大戦で被災し、崩落寸前のヴォールト天井。被災は爆風による）から、石層目地がアーチ状に湾曲しているケルン型が窺える。現在の袖廊、外陣天井も同じ石層であると推定される。

1-2　側廊天井

内陣（図4のⓐ）

ヴォールト番号No.45天井裏は、図11に示すとおりである。中央部分が少し高くなった交差ヴォールトである。ヴォールトの頂線は中ほどでたるんでいるが、これは経年変化に伴うものである。わずかに見える迫石の並び具合から石層はフランス型を採用していることが分かる。

図11　内陣の側廊天井裏

外陣（図4のⓑ）

外陣側廊天井（北側）は、中世（14、15世紀）にNo.9、10、13、14、17、18の6個が完成したが、残りの4個、No.21、22、25、26は完成されておらず、19世紀に完成された。最初の6個のうち18番の天井はその後、改修された。中世に完成され、現存する5個の1つ（No.10）を屋根裏から調べた。それは、

209

図12　北側側廊天井裏

図12に見るように、4分曲面が膨らんだ形態を示す。保存のために内外装モルタルが施されている。そのため、残念ながら石層目地は確認できない。この北側廊天井については、ラッソーがフリーハンド施工法の発祥地となった天井として論じているものである。

19世紀後半に完成したヴォールトはラッソーの生存期間には完成されていず、ラッソー自身（1848年没）は19世紀完成のヴォールトを見ていない。

ナルテックス（図4の©）

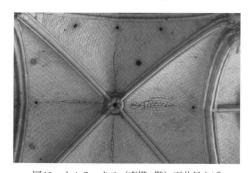

図13　ナルテックス（南塔1階）天井見上げ

　ケルン大聖堂の南塔1階（19世紀）のナルテックスの天井（図13）は、ラッソーが述べる北側廊（14、15世紀）のフリーハンド施工法と同じ石層目地を持っている。その特徴は、リブで区画された4分曲面のヴォールト・ウエブが自立して各々が頂点を持ち、それに向って石層が収束するように積み上げていることである。ケルン独自のものでイギリスやフランスでは見られない。ここではケルン型と称する。

北塔2階天井裏

　北塔の石造天井（図15矢印部分）は修復時の作業（図16）が撮影されており、型枠を用いず石層アーチが順次手前に積まれている様子が窺える。完成した天井裏は、4つのドーム状4分ヴォールトから出来ており、それぞれの

第9章　ライン河流域の教会堂石造天井の調査

図14　北塔2階天井裏。ドーム状ヴォールト4つで1組

図16　北塔2階天井施工中の写真（1953年撮影）
　　　フリーハンド工法で積まれている。

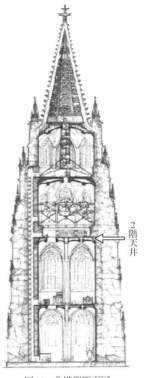

図15　北塔縦断面図
（矢印部分が2階天井）

図17　北塔2階の石造天井見上げ図

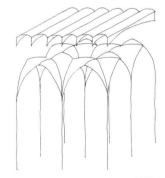

図18　同左天井と3階床との関係図

211

ドーム状ヴォールトの4分割された天井の各部分(ヴォールト曲面)が各々独立して頂点(石層収束点)を形成している。中央の一段低くなった部分が全体の石造天井の要石である(図14・17)。このドーム状天井の上にトンネル・ヴォールトを連ねた3階床が作られている(図18)。

2　ザンクト・アポステルン、ケルン

調査は1998年1月、ザンクト・アポステルン St. Aposteln(11世紀前半再建～1200年頃)(図19)の屋根裏に上った。同教会はケルンに残る6棟のロマネスク教会堂のひとつで、2重内陣式の特徴を持っている。天井は、6分ヴォールトで、側廊の天井は天井裏にリブが見えるなど興味深い建築である。

第2次世界大戦ですべての天井が被災し、再建された。その被災した天井(図20)から6分ヴォールトであることが窺える。

建立時の天井は不明だが、13世紀に6分ヴォールトに改修された。天井見上げは図21、それを天井裏から見た形状は、図22に示す。側廊天井の見上げは図23、その天井裏は図24に示す。身廊では、山のように膨らんだ6分ヴォールトの形状が窺える。側廊では稜線部分の背後にリブを持つ貫入リブで積まれている交差ヴォールトが窺える。石層目地の形状はモルタル塗装のため確認できなかった。

3　サン・アントニウス教会堂のフリーハンド改修工事

3-1　調査の経緯

ケルン大聖堂北塔2階天井のフリーハンド施工者を追い求め、ドイツ・デュッセルドルフのサン・アントニウス St. Antonius 教会堂交差廊の石造天井(平面図は図26)を現在(当時)改修していることを知った。2001年1月から調査開始し、交差廊に続いて行われた翌年の内陣石造天井(バレル・ヴォールト)の改修工事を調査した。これらの作業内容はビデオに収めた。以下に

第9章　ライン河流域の教会堂石造天井の調査

図19　ザンクトアポステルン外観

図20　第2次世界大戦で被災した天井
　　　（管理事務所提供）

図21　身廊天井見上げ

図22　身廊天井裏

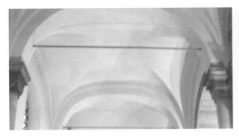

図23　側廊天井見上げ

図24　側廊天井裏

示す図版はこの撮影から取ったものである。

この教会堂は19世紀ゴシック・リヴァイヴァルの時代に計画され、建設工事および完成は20世紀初頭（1905年に着工、1909年完工）である。調査した2001年当時には、すでに外陣の改修は完了しており、交差廊（交差部および袖廊）と内陣を残すのみであった。被災による応急工事（薄い鉄筋モルタル補強）により現在に至っていたが、劣化が激しく、今回の全面改修となった。

外陣の石造天井は6分ヴォールトで、交差部の石造天井は6分ヴォールトの形状に峰リブをもった8分ヴォールト型式である。内陣天井はバレル・ヴォールト[3]である。

今回の改修工事の施工法がフリーハンド工法によるものである。工事施工者は、ケルン大聖堂北塔2階天井をフリーハンドで施工していた作業者が所属するブロイヤー・ファーム Breuyer Firm[4] である。

3-2　改修作業の概要

改修工事は、既設の天井を取り壊し、アーチ、リブに型枠を取り付けて行われた。石造天井の改修工事の

図25　創建時の概観（同教会冊子より引用）

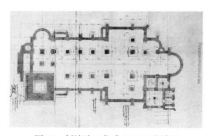

図26　創建時に作成された平面図
（同教会冊子より引用）

図27　横断アーチと交差リブの様子を1階フロアーから望む。手前に6分ヴォールト、奥に今回の改修工事を行った交差部の8分ヴォールト（足場解体中）が見える。

第9章　ライン河流域の教会堂石造天井の調査

手順は次の通りである。

(1)既設のアーチ、リブに型枠を取り付ける（図28）。

型枠は、厚さ25mm程度の板材3枚を貼り合わせて用い、上部をアーチ状に組み立てて用いる。左右で1組をなす。1つのリブには、リブを挟みこむように2組使用する。幅広の横断アーチには、4組の型枠を使用する。型枠とアーチ、リブの間には、小さな木片を挟めている。

図28　下部に型枠を施された後、既設ヴォールト・ウェブが全部取り除かれた状態を示す。

(2)応急措置の天井を取り壊す。

応急措置のモルタル天井は、空爆の穴を、鉄筋とモルタルで塞いだものであった。

(3)リブ、アーチ間のヴォールト曲面は次の2段階で施工されている。

①腰固めの施工を行う。レンガとモルタルを用いて壁体を作るように施工する。レンガの大きさは、237×113×70mmである。ここで、リブに鉄筋を貫通させ、その鉄筋を腰固めの中に埋めてリブを構造的に安定させている（図29）。

②腰固めより上部はビムズBIMS 235×115×90mm[5]を用いて、素手

図29　腰固め作業中、交差リブの鉄筋は、腰固めの中に埋め込む。

（フリーハンド）で迫石をモルタル貼り付けしている。すでに完成した石層が型枠の役割を果たしている（図30・31）。ヴォールト完成直後（図32）の図版に見るように石層はケルン型でドーム状に積まれている（現在は防水シートで

215

図30 フリーハンド工法で作業中。フリーハンドで曲面を構成する石層アーチの石材を、モルタルを用いて圧着・施工している。

図31 右側横断アーチに溝があり、貫入アーチになっている。交差リブとこの溝の間を掛け渡している。型枠との間に木片が見える

図32 6分割されたドーム状ヴォールトの1区画の様子。石層はケルン型

図33 側廊交差線の背後の施工：貫入リブとして作っている。

図34 内陣天井（バレル・ヴォールト）の改修作業、中間横断アーチは貫入リブとして作られ、ヴォールトと同時に施工されている。天井曲面の石殻は迫石が縦、横交互に積まれる。

図34 内陣天井（バレル・ヴォールト）の頂上部分の作業、石層が直角に積まれている。アーチ作用が働かないので木のくさびを打ち込み、モルタル塗りをする。

第9章　ライン河流域の教会堂石造天井の調査

覆われて石層目地は見えない）。

(4)側廊交差ヴォールトの形成作業

側廊天井には、交差リブはなく、稜線のみが形成されている。その稜線部分を挟みこむように型枠をかけ、身廊ヴォールトと同じように石層アーチをフリーハンド工法で積んでいく。背後（天井裏）にもリブを作り、貫入リブとしてヴォールト曲面と同時に作って行く。稜線を作る石材は曲面に貫入し、それを囲うように貫入リブを形成している（図33）。

(5)内陣天井バレル・ヴォールトの作業

内陣は2ベイあり、2つともバレル・ヴォールトで造られた。横断アーチから横断アーチへと石層アーチが架けられる。トンネル・ヴォールトの直線の石層をアーチ状に変え、フリーハンド工法で施工できるようにされている。その石層を2段積みする場合、迫石は、横2段に、縦1段を交互に使用して殻厚を形成している。上部では横1段に積まれる。作業方法は図34・35に示す。

4　アーヴァイラーの教会堂

アーヴァイラー Ahrweilerの教会堂は1269年に創建され、正式名をSt. Laurentiusと言う。アーヴァイラーは1248年開村、1689年フランス軍によって焼き討ちに遭っている。

19世紀の王室建築家ラッソーが本教会の天井裏に上り、その調査結果からフリーハンド Freehand（ドイツ名フライハンデ Freihande）で施工されたと述べたゆかりの教会堂である。その天井裏の外観は、図36に示す。

図36　アーヴァイラーの教会身廊天井裏

5　クサンテンの大聖堂

ドイツ西部ライン河下流のクサンテン Xanten に、当地の Victor 大聖堂のチャプター（司教座参事会室）の天井裏を実見した。すでにフリーハンド施工として知られ、見学用の通路も整備されている。案内者は、同大聖堂の管理事務所 Dombauhuette の工匠長 master mason ヨハネス・シュベルト Johanes Shubert である。クサンテンのヴォールト天井は、地盤の不動沈下により生じたクラックやジョイントをモルタル詰めして修理されたものであるが、15世紀の創建時のものである。第2次世界大戦後、ヴォールト天井の上面がモルタル荒打ち（ラッフル ruffle、波打った状態）された。ヴォールト天井の上の土台（歩行用の板敷き＝見学用）を作るために数年前同管理事務所がラッフルを取り除いて、ヴォールトを再び元の表面に戻した。この作業の進行中にヴォールトの重みが不均一となり、ヴォールト天井に危険なクラックが入った。それで木製のタイバーを入れて補強した。天井は貫入リブとヴォールト曲面で構成されており、そこには両者の剥離現象が見られた。その天井裏の外観は図37・38に示す。身廊天井裏は図39に示す。ヴォールト曲面が膨れている様子が分かる。

図37　クサンテン・チャプターの天井裏

図38　同上

図39　身廊天井裏

第9章　ライン河流域の教会堂石造天井の調査

図40　ラインポスト RHEINISCHE POST 紙に掲載された調査内容

図40　翻訳

極東からの訪問者
(Gäste aus Fernost)

　クサンテン、中世以来ヨーロッパ教会堂は石造天井が架けられてきた。昨日、日本の名古屋の工科大学（注：大同工業大学）の一行が建築管理事務所マイスター、ヨハネス・シューベルトの説明を受けた。

解説
(Angemerkt)
見学対象としての大聖堂

文・ピーター・コルテ

　研究対象としてのクサンテン大聖堂は、はじめてではない。かって、何度も管理事務所マイスター、ヨハネス・シューベルトは、学術上の目的に対して関心を払ってきた。そして、昨今、ケルンの同僚の要請を受け、ヴィクター大聖堂（注：クサンテンの大聖堂）に招くことができるように取り計らった。ケルンでは、石造天井はクサンテンほどフリーハンドで出来ていないので、日本からの小一行は専門家（注：シューマッハー氏）に持ちかけ、日本では未知の石造天井の謎を解こうとした。機能的に非常によくできているので、初めに、梟塔内の巨大な山のような石造天井に案内した。シューベルトは自信を持って、極東からの訪問者に数百年前の石工マイスターの極めて芸術的な作品を紹介することが出来、訪問者は非常に興味を示し、次々と質問し、ビデオカメラもしっかり手にして観察した。クサンテンは、かってと同様それ以上に見学対象として堂々とした大聖堂であることが出来た。

石造天井の秘伝
(Das Geheimnis der Tonnengewölbe)

文・ピーター・コルテ

　クサンテン。例えば、この教会堂の石造天井はどのように建てられたのか。ヨーロッパでは、何世紀にも亘って、ほとんどの教会堂で「古い帽子」（注：石造天井）を見ることができる。しかし、日本では今世紀まで頻発する地震のため軽い建築方法

第9章　ライン河流域の教会堂石造天井の調査

がとられていた？　だからこの国では見られない。日本、本州の港湾都市名古屋の工科大学の共同研究グループの訪問はこれらの未知を補うのに有益である。五島教授とその共同研究者がクサンテンの訪問者で、ヴィクター大聖堂にある石造天井について詳しく情報を得た。管理事務所の長であるヨハネス・シューベルトへのコンタクトは、ケルン大聖堂に勤めているトーマス・シューマッハーを通して実現した。ケルン大聖堂では、石造天井はクサンテン大聖堂ほどにフリーハンドではなく、見学対象としてのヴィクター大聖堂が学問的対象として選ばれた。昨日は気象も良く、内部を縦横に見ただけではなく大聖堂外部も見学した。極東からの訪問者は外部で絶えずカメラを構え、詳細な報告ができるようにしていた。

500年前の傑作

梟塔の石造天井は、第1級の作品である。100トンにも上る建築砕石によってできた石造天井が、古くそのままにされているのを、ごく最近になって教育的に生かすようにされた。ヨハネス・シューベルトは、「石造天井建築物のヨーロッパ的文化」に関して教えてくれた。大聖堂のまとまった場所にオリジナル（注：石造天井）が建設され保たれていることから分かるように、これだけの建築作品を作り出す石工マイスターの巧みな技術がほぼ500年前にすでにあったことを指摘した。建築的には単に木材をリブやアーチに切り替えたもので本来「肋骨」である、専門概念ではそうであるが、しかし、違う。これらの石造天井は、約12cmの厚みの曲面迫石の強度だけで持っている。当時しばしば目分量で制作したことは、今日なお摩訶不思議なことである。シューベルトが解釈するように曲面迫石の目地に「接着剤」である石灰モルタルが使用されている。貴重な壁画のある僧侶控室の上の梟塔の石造天井は1529年から1533年にかけて建てられ、第2次世界大戦の折も被災を免れてきた。ヨハネス・シューベルトは、広い回り階段や狭い通路を登って大聖堂の外部に出て創建当時のもので永らく保存されてきた側廊上部（木組屋根裏の内部）へと小一行を案内してまわった。

石造の樋

とりわけ細部について注意深く造られている。石造の樋は、雨水をいち早く外に吐き出すように導く方法で造られていることが分かる。昨日水曜日、尊い大聖堂のお導きにより無事、身廊上部の石造天井の見学をもって終了した。石造天井建設の「秘伝」を日本からの訪問者は一部であるが身近に接した。（解説あり）

6 サン・マーチン教会堂

図41 フリーハンドで石積み作業中

　この教会天井は、ブロイヤー・ファーム Breuyer Firm が1987年にフリーハンドで施工したもので、その時の作業の様子を写真に収めており、そのアルバムを、ケルン大聖堂管理事務所を通じて筆者が施工法を調査していることを知り提供してくれた。2005年7月、その現場を訪れ天井裏の現況を調べた。この年、ブロイヤー・ファームは廃業している。この教会はライン河沿いのオイスキルヘン Eus-Kirchen の町の近く、ストッツハイム Stotzheim の村にある。アイフェル山脈の中、アーヴァイラーにも近い場所である。

　サン・マーチン St. Martin 教会堂の歴史は次の通りである。

①1860年代に建立。建築家ヴィンツェンツ・スタッツ Vinzenz Statz はケルン大聖堂で技術を磨き、1845年から1854年まで副工匠長を勤めた石工である。1863年にはケルン大聖堂大司教の主任建築家、同年リンツ（オーストリア）の司教の主任建築家にもなっている。1898年没。

②1945年、サン・マーチンの南側廊の東部分が火災で損傷した。それは当地の石工が修復した。

③1980年代、戦争で被災した身廊、側廊の石造天井のクラックがひどくなり、すべての石造天井を取り壊し、改修することになった。その工事を請け負ったのがブロイヤー Breuyer（1987年没）のファームである。1989年にヴォールトの修復工事を終えた。そのときの作業を写真撮影し、アルバムとして残している。

第9章　ライン河流域の教会堂石造天井の調査

図42　内観見上げ、奥が内陣方向、左手側廊、右手身廊

図43　屋根裏の現況。防水シートがかぶせられてある。

図44　ベイ区画壁の石積み（模型）

図45　サンマーチン教会堂前にて
左から：シューマッハー氏、同教会堂管理人、筆者

④2005年、廃業

　サン・マーチンは、3廊等高形式のハルレンキルへの教会堂で、身廊の幅と側廊の幅は2対1になっており、そのため、天井が直交している印象を与える（図42）。天井裏は、防水シートが覆われ、天井の石層が直に見られないが、中高のふくらみの形状については確認できる（図43）。

　サン・マーチンのベイ区画壁の石積みの方法について調べた。その方法は次の通りである。

　ベイ区画壁の積み方は石材を図42に見るように、小口並び、長手並び、小口並びと交互に積まれている。レンガの連結を強め、ベイ区画壁の壁体を一体的強固さに持つための技術を示している。

223

7　マリア・ラーハ修道院教会堂

図46　身廊天井見上げ

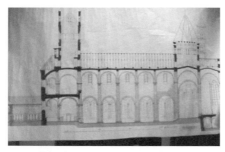

図47　縦断面図、天井の中央がわずかに膨らんでいる。

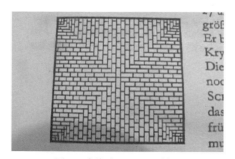

図48　交差ヴォールト石層図

　マリア・ラーハMaria Laach（1093年頃〜1156年）はコブレンツ西方、ラーハ湖畔に建つライン沿岸最美のロマネスク修道院教会堂として知られる。修道院は1093年開設され、教会堂は1162年に献堂された。1200年頃、それまでの木造天井を改め石造の交差ヴォールト天井を架けた。同教会の屋根裏に上がり、実見したが写真撮影は出来なかった。

　しかし、実見・観察した範囲で述べると、交差ヴォールトの中央がわずかに高くなっている。これは図46からも確認できる。全体は防水シートで覆われており、詳細な部分は確認できない。この天井は、図47・48（両図とも同修道院牧師提供）から判断してケルン大聖堂の内陣側廊の形状と同じである。

8　マインツ大聖堂

マインツMainzは神聖ローマ帝国の選帝侯で、その聖堂は、トリアー、ケルンとともに3大聖堂の1つである。その石造建築は第2次世界大戦で被災せずに中世の形態を残し現在に至る。石造天井は20世紀に修復されている。

マインツ大聖堂の歴史は次の通りである。（Mainz Dome 文献より）

① 975～1011年　　大司教Willinsの下で創建。
② 1009年　　　　火災に遭う。
③ 1009～1036年　大司教Bardoの下で再建（大司教像は東塔、内陣の基礎、西側袖廊に現存している）。
④ 1081年　　　　第2回目の火災に遭う。
⑤ 1106年　　　　東内陣の建設工事開始。
⑥ 1125～1130年　東側建築の2ヶ所が完成。
⑦ 1130～1137年　内陣、Gothardチャペル及び市街が火災。
⑧ 1183年　　　　大司教Konardの下で再建。側廊の外壁、内陣のすべてのヴォールト天井、西側袖廊、西側内陣が完成。
⑨ 1239年　　　　大司教Siegfriedの下で献堂式が執り行われ、現在に至る。

8-1　身廊天井

身廊天井は2スパン毎にドーム状の交差ヴォールトが架けられている。図49は天井見上げ、図50は天井裏から見たものである。ドーム状に膨らんだ形状が見える。

8-2　内陣ドーム天井

内陣はドーム天井になっている。図51はその見上げ、図52はその天井裏である。ドームは下部の腰固めがされているのが窺える。

図49　身廊天井見上げ

図50　身廊天井裏

図51　ドーム天井見上げ（石層はリング型）

図52　ドーム天井裏、下部は腰固め

図53　側廊天井見上げ図

図54　側廊天井裏

8-3　側廊天井

側廊見上げ図は図53に示すように交差ヴォールト、ドーム状に膨らんだ天井裏は図54に示す。

9 アーヘン礼拝堂

ライン河沿岸ではないが、西欧石造建築の原点と言える建物であり、その歴史的重要性からその天井裏をここで掲載する。アーヘンAachen礼拝堂（796～805）は八角形のドームを頂く円堂である。ドームを取り巻く1階天井裏は図55、中心のドームの天井裏は図56に、八角ドーム屋根裏見上げは図57、その屋上は図58に示す。

図55　アーヘン1階側廊天井裏

図56　八角ドーム天井裏

図57　八角ドーム屋根裏を見上げる

図58　屋上

注記

1 この調査は、平成10年度~平成13年度科学研究補助金（基礎研究（c）(2)）課題番号10650641「フリーハンド応用工法の再現とリブヴォールトのルーツ解明」（研究代表者　五島利兵衛）による。日本建築学会大会学術講演梗概集にて随時発表のものである。

2 参考文献：Johann Claudius von Lassaux：*Beschreibung des Verfahrens bei Anfertigung leichyer Gewölbe über Kirchen und ähnlichen Räumen*, August Kopold Crell（Hrsg）：Journal für die Baukunst（4. Hoft）, /Bd. In der Heftes.

この雑誌は、1829年の第1号から1851年の第51号まで発刊されている。この論文が掲載されている第4巻は1932年刊行のものである。「ライン地方の教会についてのノート」として出されたものの一部で、それが第4巻として綴じられたものである。V. Lassaulx：*Über Gewölbe aus freier Hand*（V. ラッソー、フリーハンドによる石造天井について）と、各ページのヘッダーに書かれている。ラッソーは、オーストリアで石塊とロープを使った簡単な石積み施工の現場を見ている。

3 バレル・ヴォールト Barrel Vaultの形状は右図のように曲線の石層アーチを持った偽トンネル・ヴォールトである。石層がアーチなのでフリーハンドで施工できる。

図59　バレル・ヴォールトの図

4 ブロイヤー・ファームの概要は次の通りである（廃業に際しての新聞記事より）。

1880年、石工ポール・ブロイアーが、今日のケルン郊外にあるロンドルフという村に、彼自身の小さな会社を興した。設立当時、自宅、隣人、労働者の住居を建設した。

1899年、彼は、息子たちクリスチャンおよびジョセフと一緒に、ロンドルフ教会の建設、特にヴォールトを注意深く施工した。1911年12月、彼は、これまでで最も大きな仕事であるカトリックの学校をロンドルフに建てた。第2次世界大戦中、この教会は大きな被害を受け、ヴォールトは崩壊した。

クリスチャン・ブロイアー、彼の兄弟のジョセフ、およびクリスチャンの息子ピーターは、内陣を修理し、その仕事は強い衝撃を持って受けとめられた。数年後、ヴォールト天井の修復、復元に特化された建築事業に乗り出した。

ケルン、およびブルーパレス宮殿を含む、遠方の郊外の多くの教会が、ブロ

第9章　ライン河流域の教会堂石造天井の調査

イアーによって再建または復元された。

ピーター・ブロイアーは、1950年から1963年にかけて手掛けた、サンマリエ・ヒンファルト（誤記、正確にはセント・マリー）教会は身廊および内陣が大きいスパンの網状ヴォールト（net-vaults）でかけられ、彼らにとって最大かつ最も高度な仕事になった。

その時、会社は、「ピーター・ブロイアーファーム」と名づけられ、現在、第4代のブロイアー、およびクリスチャン・ブロイアーが率い、約100人の職人および従業員がいる。

5　ビムズ（図60右）は石造天井の石材で、凝灰岩トゥフの粉を石灰（後にセメント）で練り固めて出来ている。19世紀、ビムズの前身となるSchwemmstein（floating stone）が人工的な石材としてデュッセルドルフで開発された。今日は、更に強硬なビムズが用いられている。どれも火山灰volcanic ashの自然石（凝灰岩）のトゥフtuffの粉（くず）を有効活用して製作されている。石灰モルタルが固まるには、数ヶ月から数年かかる。アーチ、装飾、そして身廊のリブには、ビムズやトゥフより硬く、きめが細かく、重い砂岩sandstoneを用いる。

図60　左：トゥフ Tuff
　　　右：ビムズ BIMS（235×115×90）

229

添付資料　ブロイヤー・ファームのアルバム（抜粋）

（撮影：1989 〜 1990年）

第9章　ライン河流域の教会堂石造天井の調査

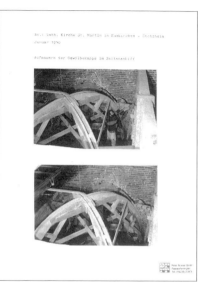

Bv.: kath. Kirche St. Martin in Euskirchen – Stotzheim
Januar 1990

Schließen der Gewölbekappen im Seitenschiff

Bv.: kath. Kirche St. Martin in Euskirchen – Stotzheim
Januar 1990

Schließen der Gewölbekappen im Seitenschiff

Bv.: kath. Kirche St. Martin in Euskirchen – Stotzheim
Januar 1990

Im Hintergrund eine geschlossene Gewölbekappe mit Entlastungsmauerwerk im Seitenschiff

Bv.: kath. Kirche St. Martin in Euskirchen – Stotzheim
Februar 1990

Gewölbekappen mit Entlastungsmauerwerk

第10章　結　び

　本書の結論として、リブヴォールトの施工法はフリーハンド工法であり、リブヴォールトのルーツはビザンチン建築のドーム状ヴォールトにある。この結論は古典説への回帰であると同時に古典説の持つ交差ヴォールト・ルーツ史観の克服である。
　フリーハンド工法は古代オリエント文明発祥の建築技術で、3000年の時を超えて西欧の地でリブヴォールト様式を生んだ。途中東ローマ帝国ビザンチンを経由することで支柱組織と結びついたヴォールティングを形成し、それが直接的にリブヴォールト発展の出発点となった。すなわちこの支柱組織とヴォールティングを中核に変遷して開花したものがリブヴォールトである。
　以下、同工法の特性について整理し、リブヴォールトの成立過程についてまとめる。
　フリーハンド工法の石層はアーチ状の曲率を持っている。通常アーチ状の石層は迫石（石材）をくさび状に作らねばならない。しかし、フリーハンド工法は、モルタルを利用するため石層の曲率を目地モルタルで調整できる。このため矩形（非くさび形）の迫石でよく、目地モルタルの調整から「無限」のアーチ曲率変化が可能となる。すなわちヴォールト形態が「無限」に変化できる。この可能性がリブヴォールトの変遷の源泉である。
　更にこの工法は型枠が不要な「素手」（フリーハンド）で行うので、現場の状況に対応でき、「どうにでもなる」ので、その適用範囲や応用効率が広く高い。この施工技術の利点が中世暗黒時代を通じて発展する力であった。
　フリーハンド工法は石層のアーチアクションを活用している。その中で、

石層を分割させたり連続させたりできる。正方形平面の対角線（交差線）上で、石層を分割する方法がビザンチン建築で採用されている。ここから交差線上に木造センタリングを用いる必要性が出て来る。ヴォールティング全体の石層がドーム状で滑らかな状態で造られるときは、センタリングはいらない。しかし、4分割された石層が各々自立し曲率が変わりだすと下からの支えなしでは石層端部の安定は保たれない。すなわちヴォールトの複曲面が分割され、ウェブが形成され分蓋工法になると石層端部の長期的安定保全が必要になる。すでにある四周アーチをまねて石造センタリング（交差リブ）が必然性を伴って出て来る。ここで言う交差リブは外観での有無ではなく、先行架構としてのリブである。リブの下部（下から見上げたときの形態）は、切り出し方によって稜線だけのリブになっているからである。

　以下、フリーハンド工法の技術史を総括し、その過程で西欧石造天井のゴシック建築リブヴォールトが柔軟なヴォールティングを中核にどのように成立したかを描いてみよう。

　西欧石造天井ゴシック・リブヴォールトの出発点は、東ローマ帝国ビザンチン建築のドーム状ヴォールト（ペンデンティブ・ドーム）に置くことができる。すなわちベイシステム（4支柱四周アーチ）の上のヴォールティングを原点とする。このドーム状のヴォールティングが古代オリエント以来のフリーハンド工法で作られたことが柔軟なヴォールトへの技術史的転換点で、このドーム状ヴォールティングとベイシステムを軸にその後の石造天井の展開が生まれる。

　フリーハンド工法は第1にモルタル工法であり、モルタルによって石層アーチの曲率やヴォールトの形状（曲率）を自由に変化させることができる。従って形態に関して極めて柔軟である。第2に初期モルタル圧縮塑性強度を利用した締め固めによって堅固な目地網ができる。この締め固めによってウェブ曲面板が成立する。この方法は、石灰モルタルの特徴を生かした施工である。

　次の2点が柔軟なリブヴォールトが変遷する場合の要点である。
　第1は、フリーハンド工法の基礎である石積みの型式の変化である。

第10章　結　び

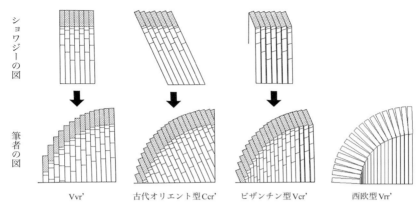

図1　上段はショワジーの図、下段はそれに対応するドーム状ヴォールトの石積み（筆者作図）。これを表記法で示すと、Vvr'、Ccr'（古代オリエント型）、Vcr'（ビザンチン型）、この系譜の流れの中で迫石が放射型に変化するVrr'（西欧型）が生まれる。

　第2は、複曲面ドーム状ヴォールトの形態変化である。この課題は、更に2つに分けて述べることができる。1つ目は、交差リブの発生に関連した分蓋工法である。2つ目は、周辺アーチ（壁付きアーチ）の2分化と高さ調整の課題である。

1　石積み型式の変化

　ショワジーが、古代オリエントとビザンチンの石積み方法の違いについて述べている。この方法は図1、左2つのように表記できる。さらに、西欧への石積みの変化を加えてその流れを見ると、Ccr'→Vcr'→Vrr'へと変化していることが分かる。
　この西欧型の石積み型式Vrr'について補足説明する。
　ヴィオレ・ル・デュックの述べる石層平面図とフランス型、イギリス型の図（図2・3・4）において石層は、平面図（図2）では直線の石層を示すが、見取り図（図3・4）から分かるようにビザンチン型の石層アーチ垂直型で迫石積みが放射型となって複曲面ドーム状ヴォールトを形成しているから、上記のように西欧石積みは表記法でVrr'になる。

235

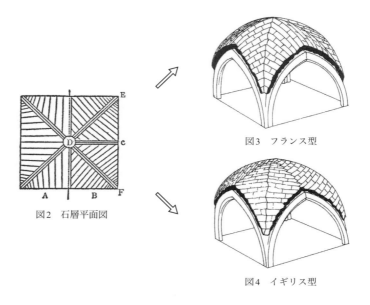

図2 石層平面図

図3 フランス型

図4 イギリス型

2 形態の変化

　ビザンチン建築における複曲面のドーム状ヴォールト（ペンデンティブ・ドーム）は、4支柱の上に4個のアーチを作り、そのアーチの上にヴォールトを架構する。このヴォールトの工法がフリーハンドである点に建築技術史上の意義を持っている。ここから派生する形で西欧石造天井ゴシック・リブヴォールトが成立する。これには等断面支柱組織のバシリカをつくり出す過程と結びついている。この過程について既往研究を①分蓋工法、②周辺アーチの輪郭機能と高さ調節という2点で整理する。なお、4個のアーチは横断アーチと壁付きアーチと分けられ、縦断方向の壁付きアーチは支柱組織の変遷と結びついているため大きな変化を伴う。

　分蓋工法は、複曲面ヴォールトの内部に石層アーチの端部を持つためヴォールトをいくつかのウェブに分割して、ウェブ毎の独自の石層で造る方法で、その組み合わせでヴォールトを作ることができる。これが交差リブの発生とも関係していることは上記した。この点について再考する。高さ調節

第10章 結 び

もフリーハンド工法の柔軟性と関連している。

2-1　分蓋工法とリブの発生

　ドーム状ヴォールトの曲面板を作る時、石層アーチの連続性を持たせるにはリング型式となるが、リング型式では頂点付近での施工が困難である。石層アーチはほとんど水平になり、パンテオン・ドームに見られるように、頂点は天窓として積まないで置くのが安全である。それで交差リブが用いられ、頂点付近でリブが交差していると、天窓に相当する石殻を積むことができ、頂点を穴空きのままにしなくとも良い。ここでは、交差リブは頂部の迫石を支えている。こうした頂点の架構が交差リブ発生の理由の1つであろう。加えて、技術が低下した時代、木造センタリングの上に積まれた迫石が落下しないようにするために、木造センタリングが外せず、そのために外す必要のない石造センタリングを採用したことも交差リブ採用の1つであろう。

　これに対して、傾斜型石層アーチの古代オリエント型は石層アーチが立っているのでそのような問題点はない。ビザンチン型のように迫石のみが傾斜している場合もそうである。そのため、迫石を立てて用いることがその後のヴォールト天井（石殻）を作る主流となっていく。ここには曲面の殻（ヴォールト）施工において、石層アーチが点への収束か線への収束かという問題が存在している。

　古代オリエント型やビザンチン型の場合、しかし、石層アーチの端部がヴォールト曲面内部に持つことになるため、その端部を安全に施工することが課題として出てくる。そのために端部の部分に木造のセンタリングを架けて施工すれば問題は解決する。

　だが、フリーハンド工法はモルタル締め固めの技術であり、モルタルの乾燥収縮を吸収しながらゆっくり時間をかけて締め固めていく。そのため、ヴォールト石積みを終えた時点で完成ではなく、石積み完了時点から長時間をかけてモルタル目地網が硬化して行く。従って、石層アーチ端部同士の結合を堅固にし、端部の変移が起きないように気をつけなければならない。

　更に、石層端部の変移が起こらないようにするためヴォールト全体の曲率

と石層アーチの曲率を一致させ、対応する石層アーチとうまく均衡するように施工しなければならない。これは施工技術の「高度な」レベルの問題となる。

こうした問題を簡単に解決する方法としてセンタリングを取り外す必要のない貫入リブ(両側面に石層受けの溝付きのリブ)が採用されたと考えられる。貫入リブによってウェブ毎に石層アーチの曲率を「自由」に決めることができ、石層端部の安定が確保できる。

貫入リブの発生は、断面の大小は別として、先行して作られる横断アーチの形態(貫入リブの形状になっている)を模倣して生まれものであろう。貫入リブの「堅固な」アーチに対するウェブ架構の「粗末さ」、ドーム状の形態への「無関心さ」から見て、これは西欧中世暗黒時代に成立したものと考えられる。文化的に西欧木造建築が底流している。貫入リブが次第に、上下の外観のリブ(交差リブと背後のリブ)とヴォールト内部のリブ(稜アーチ)に分離し、西欧石造天井の交差リブへと発展したと考えられる。

分蓋工法のもたらす効果は、石積み型式の変化発展にも現れる。石層の向き(方向)や傾きに変化をもたらす。4隅から立ち上げると、カタロニア型(図5)、更にイギリス型へと発展する。イギリス型ではリブが発生しており、石層端部であるヴォールト頂線に峰リブが発生している。交差リブにより4隅が8隅として溝の窪みが明瞭化するとフランス型が生まれる。

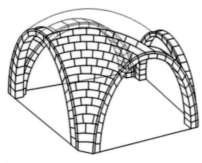

図5 カタロニア型:カタロニア・ヴォールトではリブの発生はなく、カテナリーによるシェル曲面構造へと発展する。

フランス型は、石層アーチの造り方に工夫と「いい加減さ」が見られる。フランス型では石層アーチそのものが頂線に向って収束するので石層アーチの連続体としてヴォールト・ウェブができる。ドーム状に膨らんでいるために石層幅が変化する。

イギリス型やケルン型では同一幅の石層のため頂部に架け残しの穴が生じる。そのためその部分の石層は

第10章 結　び

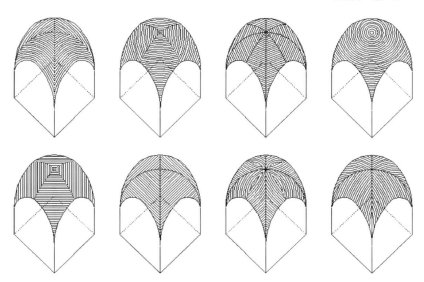

図6　分蓋工法の各種形状、上：左からビザンチン型、イギリス型、ひとつ飛んでリング型、下：右からフランス型、ケルン型

石層アーチとはならず塞ぐだけで、アーチ作用が働かない欠点があり、それを補うための「仕掛け」が必要となる。筆者が観察したフリーハンド工法では木片のくさびを利用している。

2-2　周辺アーチの輪郭機能と高さ調節

　輪郭機能と高さ調節の問題は、ヴォールト天井の壁付きアーチの変化のあり方の問題である。その最初はフランス・ロマネスクのトンネルヴォールトにおいてである。

　ロマネスク・トンネルヴォールトは、バシリカ型式のモデルで、ゴシック・リブヴォールトの自己完成を目指すものを提供している。

　ロマネスク建築の先進地域であるロンバルディアでは、身廊ベイ１に対して側廊ベイ２が対応するシステムを確立した。それで、身廊と側廊を区切る支柱列とその上のアーチ列に注目すると、強弱をもちながらも支柱は連続し、周辺アーチの中に側廊の２連アーチが組み込まれている。バシリカの連続性

239

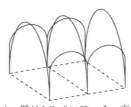
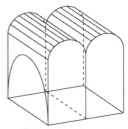

a　ロンバルディア・ドーム状ヴォールト　　b　壁は2スパンアーチ、交差リブを放棄した状態　　c　横断方向のトンネル・ヴォールト、サン・フィリベール

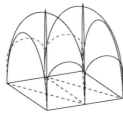
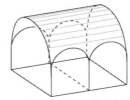

d　柱間単位の交差ヴォールト、ヴェズレー　　e　フランス・ロマネスクのトンネルヴォールト

図7　フランス・ロマネスク、トンネルヴォールトの成立

の特徴は側廊の2連アーチにおいて実現している。

　そこで、周辺アーチの壁付きアーチを放棄して側廊の2連アーチを残すと、西欧バシリカが実現する。その最初はトンネルヴォールトによって実現している。従来の説ではロンバルディア型からトンネルヴォールトへの変化は述べていないので注意を要する。この変化は、横断アーチや形態変化の論理性を考えれば理解できる。

　さて、この時、2連アーチの高さ調節という課題が生じることがわかるであろう。その解決の方法がトンネルヴォールト架構で、さらにその中に高さ調節という問題が生じている（図7-a〜e）。

　トンネルヴォールト架構における施工面でもフリーハンド工法との連続性を持っている。フリーハンド工法の特徴である石層アーチという特徴を放棄しているが、モルタル工法は継続しており、それ故、型枠を利用するフリーハンド応用工法によってトンネルヴォールトを実現できる。型枠を使用する

が、モルタルが柔らかい内に型枠を取り外し、フリーハンド工法と同じように初期モルタル圧縮強度を活用して締め固めを利用する方法を用いていることを本書で実験的に検証した。

　ドイツ・ロマネスクでは、ロンバルディア型交差（ドーム状）ヴォールトをそのまま継承している。しかし、2階トリビューンをなくし、壁付きアーチの中の2連アーチを直接採光の高窓としている。フランス・ロマネスクのトンネルヴォールトでは高窓はなく、間接採光となっている。だが、2階トリビューンに横断アーチがあり、ヴォールト殻や屋根を取り除けば直接採光をもたらす飛梁となる。

3　ドーム状ヴォールトからリブヴォールトへの変遷（図解）

　フリーハンド工法の史観はペンデンティブ・ドームのドーム状ヴォールトが西欧のドーム状ヴォールト（ロンバルディア・ドームヴォールト）へと繋がることを意味する。
　以下、発展の要点を述べると次の通りである。
　ロンバルディア・ドーム状ヴォールトを出発点としてフランス・ロマネスクとドイツ・ロマネスクの2つの技術を結合したところにノルマン型の6分ヴォールトの成立がある。バシリカの連続性と直接採光の2連アーチ架構を軸に飛梁の発生、2連アーチの尖頭アーチ化によりリブヴォールトの発展へと繋がる。
　ノルマン型とフランス・ロマネスクのトンネルヴォールトの違いは、複曲面か単曲面の違いがあり、単曲面の場合は幾何学的に固定し、変化を受け入れないが、複曲面の場合は、フリーハンド工法の柔軟性から形の変化を自由に受け入れる。
　周辺アーチとなった2連アーチの高さ調節（低さを補う調節）は6分ヴォールトにおいて尖頭化による、4支柱に荷重を有効に集中させるための高さ調節を経てゴシック盛期の4分ヴォールトが成立する。以上の形態変遷を図示したのが図8である。

241

図8 西欧石造天井成立への変遷図

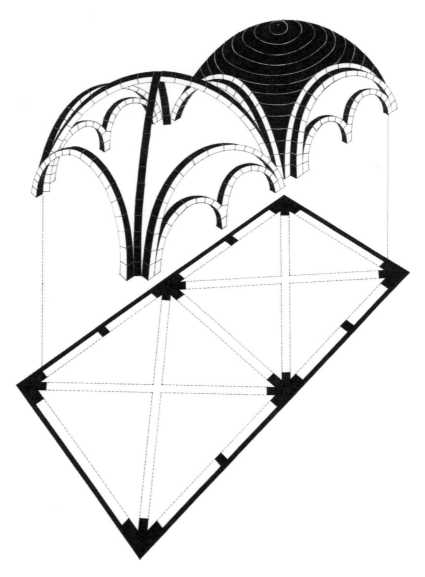

a ロンバルディア・ドーム状ヴォールト

第10章 結び

b　ノルマンロマネスク・偽6分ヴォールト

c　ノルマンロマネスク・半円形6分ヴォールト

第10章 結び

d　初期ゴシック・尖頭形6分ヴォールト

e　盛期ゴシック・四分ヴォールト

参照文献目録

本論文で使用した主たる参照文献をまとめた。

1) ABRANAM, Pol：*Viollet-le-Duc et le rationalisme medieval*, Paris, 1934
2) ACKERMAN, J. S.：*Gothic Theory of Architecture at the Cathedral of Milan*, The Art Bulletin 1949, Vol.XXXI, pp.84-111
3) ACLAND, James H：*Medieval Structure,the Gothic Vault*, Unibersity of Toronto Press, 1972.
4) AUBERT, Marcel：*Les Plus anciennes croisees d'ogives,leur role dans la construction*, Bulletin Monumental, 1934, vol. xciii pp.5-67 and 137-237.
5) BILSON, John：*Les voutes de la nef de la cathedrale d'Angers*, Congres Archeogique de France, 1910, t. II pp.203-223.
6) BILSON, John：*The Beginnings of Gothic Architecture*, Journal of the Royal Institue of British Architects, 3rd ser, VI（Nov. 1998-Oct. 1899）, pp.259-330
7) BONY, Jean：*French Gothic Architecture of the 12th and 13th Centuries*, University of California Press, 1983.
8) BOOZ, Paul：*Der Baumeister der Gotik*, Berlin, 1956.
9) BRANNER, Robert：*Gothic Architecture*, London, New York, 1961.
10) CHAPPUIS R：*Geometrie et structure des coupoles sur pendentifs dans les eglises romanes entre Loire et Pyrenees*, Bulltin Monumental, 1962-1, pp.7-39.（飯田喜四郎抄訳：ロワール川とピレネー山脈にはさまれた地域のロマネスク教会堂に用いられているペンデンティブ式ドーの形と構造、建築雑誌、1963年、vol.78、№.925、pp.257-258）
11) CHOISY, Auguste：*Histoire de l'architecture*, 2vols, Paris, 1899（reprinted 1964）.
12) CONANT, Kenneth, J.：*Carolingian and Romanesqure Architecture 800 to 1200*, Harmondsworth and Baltimore,1959.
13) CONANT, Kenneth：*Observations on the Vaulting Problems of the Period 1088-1211*, Gazette des Beaux-Arts, 1944, ser. 6, vol. xxxi. p. 32.
14) CONGRES ARCHEOLOGIQUE DE FRANCE, *La Societe francaise d'archeologie*, 1902（Troyes, Provins）, 1905（Beauvais）, 1911（Reims）, 1919（Paris）, 1926（Rouen）, 1944（Ile-de-France）, 1946（Paris, Mantes）, 1977（Champane）.
15) COWAN, Henry.：*The Master Builders*, Florida 1985.
16) CROSBY, Sumner M.：*L'abbaye royale de Saint-Denis*, Paris, 1953.
17) DEHIO, Georg und Bezold, Gustav：*Die kirchliche Baukunst des Abenlandes*, 2vols. of text and 5vols of plates, Stuttgart, 1884-1901（reprint, Hildesheim 1969）
18) ENLART, Camille：*Manuel d'archeologie francaise depuis les temps merovingiens jusqua la Renaissance*, Paris, 1902（3rd ed. , 3vols., 1927 − 1930）.
19) ESCHAPOSSE, M.：*Nortre-Dame de Chartres*, Paris, 1963
20) FITCHEN, John：*The Construction of Gothic Cathedrals, A Study of Medieval Vault Erection*, Oxford, 1961.
21) FOCILLON, Henri：*Art d'Occident, Le moyen ade roman et gothique*, Paris, 1938.（神沢栄三、他訳：

西欧の芸術、Ⅰロマネスク、Ⅱゴシック、鹿島出版会、1976年)
22) FRANKL, Paul : *Gothic Architecture* (Pelican History of Art), Harmondsworth and Baltimore, 1962.
23) FRANKL, Paul : *The Gothic. Literary Sources and Interpretaions through Eight Centuries*, Princeton, 1960.
24) FORMIGE, Jules : *L'abbaye royale de Saint-Denis, Recherches nouvelles*, Paris, 1960.
25) GALL, Ernst : *Die gotische Baukunst in Frankreich und Deutschland*, Teil I, Leipzig, 1925.
26) GILMAN, Roger : *The theory of Gothic Architecture and the Effect of Shell-fire at Rheims and Soissons*, American Journal of Archaeology, 2series, vol. xxiv, 1920, No.1, pp.37-72.
27) GRODECKI, Louis : *Architektur der Gotik*, Belser/Electa, 1976.
28) HEYMAN, Jacques : *On the Rubber Vaults of the Middle Ages and Other Matters*, Gazette des Beaux-Arts, 6th ser., LXXI 1968, pp.177-188.
29) HEYMAN, Jacques : *The Stone Skelton*, International Journal of Solids and Structures, 1966, vol 2, pp.249-279.
30) HEYMAN, Jacques : *The Masonry Arch*, Ellis Howard Limited, 1982.
31) HARVEY, John H. : *Cathedrals of England and Wales*, London,1974.
32) JACKSON, Thomas G. : *Gothic Architecture in France, England and Italy*, 2vols., Cambridge, 1915. (Hacker Art Books, New York, 1975)
33) KATO Shiro, HIDAKA Kenichiro and AOKI takayoshi : *Analytical Study of the Historical Masonry Structure, The Florentine Dome of Santa Maria del Fiore*, Shells, Membranes and Space Frames, Vol.1, pp.225-232, Elsevier, 1986. (同梗概は、日高健一郎、青木孝義、加藤史郎、河辺康宏：サンタ・マリヤ・デル・フィオーレ大聖堂のドームの構造特性、1・2、日本建築学会大会学術講演梗概集、pp.2795-2798、1984年)
34) KNOOP, D, Jones, G. P. : *The Medieval Mason, Manchester 1933*, New York, 1967 (3rd ed.).
35) LASSAULX, M. de : *Description of a Mode of Erecting Light Vaults over Churches and Similar Spaces*, Journal of R. I. G. B. 1831 (ケンブリッジ大学のWilliam Whewell教授が紹介しているものをFitchenが引用・紹介、Fitchen, *op. cit.*, pp.180-186).
36) LAVEDAN, Piere : *L'architecture francaise*, 1944 (translated in English, French Architecture, 1956)
37) *LES MONUMENTS HISTORIQES DE LA FRANCE*, 1956, No.2, 1957, No.4, 1958, No.3
38) MARK, R. K. D. Alexander and J. F. Abel : *The Structural Behavior of Medieval Ribbed Vaulting*, Journal of SAH, XXXVI, 1977, pp.241-251.
39) MARK, Robert : *Experiments in Gothic Structure*, London, 1982. (飯田喜四郎訳：ゴシック建築の構造、鹿島出版会、1983年)
40) MASSON, Henry : *Le Rationalisme dans L'architecture du Moyen age Bulletin Monumental*, 1935, pp.29-50.
41) MUSSAT, Andre : *Le style gothique de l'ouest de la France (XIIe-XIIe siecles)*, Editions A. et J. Picard et Cie, Paris, 1963.
42) PAQUET, J. P : *Les traces directeurs des plans de quelques edifices du domaine royal au moyen age*, Les Monuments Historiques de la Franse, Vol IX, No.2, 1963, pp.59-84)
43) PANOFSKY, Erwin : *Abbot Suger on the Abbey Church of St.-Denis and its Art Treasures*, second edition by Gerda Panofsky-Soergel, 1979.
44) PORTER, A. Kingsley : *Medieval Architecture,Its Origins and Develotment*, 2vols, New York, 1909.
45) PORTER, A. Kingsley : *Lombard Architecture*, 4vols, New Haven, 1915-1917.

46) SABOURET, Victor : *Les voutes d'arete nervurees, role simplement decoratif des nervures*, Le Genie Cicil, 1928.Mars, vol.XL Ⅱ, p.205-209.
47) SALVADOR, Mario G. Thin Shells, *Architectural Rocord*, New York, 1954, pp.173-179.
48) SALZMAN, L. Francis : *Building in England Down to 1540, A Documentary History*, Oxford,1952.
49) SHELBY, Lon R : *Gothic Design Techniques, the fifteenth-Century Design Booklets of Mathes Roriczer and Hanns Schmuttermayer*, Southern Illinois University Press, 1977.
50) SIMSON, Otto von : The Gothic Cathedral, New York, 1956.（前川道郎訳：ゴシックの大聖堂、みすず書房、1985年）
51) STEWART, Cecil : *Simpson's History of Architectural Development Volume* Ⅱ , *Early Christian, Byzantine and Romanesque Architecture*, London, 1954
52) STREET, G. E. : *Some Account of Gothic Architeture in Spain*, 2vols., London, 1914.
53) VIOLLET-LE-DUC. Eugene E. : *Dictionnaire raisonne de l'architecture francaise du XIe au XVIe siècle*, 10vols., Paris, 1858-1868.1979（復刻版）.
54) WARD, Clarence : *Mediaeval Church Vaulting*, Princeton, 1915.
55) 飯田喜四郎：12～13世紀のゴシックの交差リブ、学位論文、私家版、1966年。
56) 飯田喜四郎：フランス・ゴシック——交差リブの機能、建築雑誌、vol. LXXXIII、1968年、pp.25-28.
57) 飯田喜四郎：中世建築史の研究——ゴシック建築の構造合理主義、建築雑誌、vol.XCIII、1982年、pp.6-9.
58) 飯田喜四郎：中世フランスの建築工人組合、建築史研究、4号、1951年、pp.44-70.
59) 飯田喜四郎：中世後期のヨーロッパの建築家について、建築雑誌、787号、1952年、pp.21-26.
60) 五島利兵衛：ゴシック交差状リブヴォールトのドーム起源について（2）、大同工業大学紀要、第14巻、1974年3月。以下、本書論文目録参照。
61) ローランド・J・メインストン著、山本学治・三上祐三訳：構造とその形態、アーチから超高層まで、彰国社、1984年。
62) N. デヴィー著、山田幸一訳：建築材料の歴史、工業調査会、1969年。
63) S.P. ディモシェンコ著、川口昌宏著：材料力学史、鹿島出版会、1974年。
64) N. シュトラウブ著、藤本一郎著：建設技術史——工学的建造技術への発達、鹿島出版、1980年。

図版出典一覧

本論中の図（写真類を含む）及び表の出典は以下の通りである。
（　）内の数字は本論文の参照文献目録中の番号を表わす。

第1章　序論
図1　　　筆者撮影
図2　　　メインストン（61）p.75
図3　　　メインストン（61）p.127
図4　　　国際建築、昭和38年7月号、p.106
図5　　　ブロイヤーファームのアルバムより
図6　　　Bony（7）p.13
図7　　　M.H.1958（37）p.115
図8A～D　Viollet-le-Duc（53）第4巻、pp.106～107
図9　　　Choisy（11）p.216
図10　　 Fitchen（20）p.101
図11　　 飯田（55）付図p.46
図12　　 Choisy（11）p.216
図13　　 Frankl（22）pl.1
図14　　 Fitchen（20）pl.11
図15　　 Fitchen（20）p.154
図16　　 Fitchen（20）p.119
図17　　 Fitchen（20）p.140
図18　　 Fitchen（20）p.182
図19　　 図18に筆者が修正加筆
図20　　 M.H.1957（37）p.173

第2章　リブ論争とルーツ
図1・2　 筆者撮影
図3　　　筆者作図
図4　　　ケルン大聖堂管理事務所
表1～11　筆者作成

第3章　ケルン大聖堂内陣石造天井の形態分析
図1・2　 筆者撮影
図3・4　 ケルン大聖堂管理事務所、図4は筆者が加筆
図5～8　 筆者撮影
図9～13　Maren Lupnitz実測図、
図14～18　筆者作成

図19・20　筆者撮影

第4章　リブヴォールトの腰固めと施工順序
図1　　　筆者作図
図2　　　Viollet-le-Duc（53）第4巻、p.38
図3　　　Viollet-le-Duc（53）第4巻、p.27
図4～13　筆者作図
図14　　　筆者撮影
図15　　　Frankl（23）pl.1
図16　　　Crosby（16）17図
図17　　　Crosby（16）18図
図18　　　飯田（55）付図p.30
図19・20　M.H.1958（37）p.141
図21　　　メインストン（61）p.128
図22　　　筆者作図
図23　　　パッケ、M.H.1957（37）p.70
表1～3　筆者作成

第5章　石造天井殻迫石積み形式の分類と表記法
図1～10　筆者作図

第6章　ケルン大聖堂内陣石造天井一部実物大模型実験
図1～39　筆者撮影及び作図

第7章　ランス大聖堂西正面の設計法
図1　　　筆者撮影
図2　　　Paquet（42）p.83
図3　　　Dehio（17）の図に筆者が加筆
図4～8　筆者作成
図9　　　Mathes Roriczer：*Buechlein von der Fialen Gerechtigkeit*

第8章　ケルン大聖堂南袖廊の飛梁取り換え工事報告
図1　　　筆者撮影
図2～4　ケルン大聖堂管理事務所
図5～9　筆者撮影
図10・11　筆者作図
図12・13　筆者撮影
図14　　　筆者作図
図15～17　筆者作図
図18・19　ケルン大聖堂管理事務所の図に筆者が加筆
表1～2　ケルン大聖堂管理事務所（筆者訳）
表3　　　筆者作成
表4　　　筆者作成

第9章　ライン川流域の教会堂石造天井の調査
図1　　　筆者撮影
図2　　　Lassaulx（35）
図3　　　筆者作成
図4　　　ケルン大聖堂管理事務所の図に筆者が加筆
図5〜6　 ケルン大聖堂管理事務所
図7〜14　筆者撮影
図15　　 Ute Kaltwasser：*Der Kolner Dome, Dumnt*, 1999, p.83.
図16　　 ケルン大聖堂管理事務所
図17　　 筆者作図
図18　　 シュマッハー氏（ケルン大聖堂管理事務所）
図19〜24 筆者撮影
図25・26 サンアントニウス教会堂冊子
図27〜39 筆者撮影
図40　　 ブロイヤーファームのアルバムより
図41〜58 筆者撮影
図59　　 筆者作成
図60　　 筆者撮影

　　第10章　結び
図1　　　筆者作成
図2〜4　 Viollet-le-Duc（53）
図5〜8　 筆者作成

論文目録及び教材資料

著者論文等の名称	発行日	発行書・発表雑誌	編者・著者名
日本建築学会・IASS審査論文			
ヴォールト殻迫石積み形式の分類と表記法〜リブ・ヴォールトの殻施工に関する研究 その1〜	1985年7月	日本建築学会計画系論文報告集 No.353 pp.129-140	五島利兵衛
リブ・ヴォルトの腰固めと施工順序〜リブ・ヴォールトの架構法に関する研究〜	1985年10月	日本建築学会計画系論文報告集 No.365 pp.110-119	五島利兵衛
古代ローマ・パンテオンの幾何学的比例について〜設計図法の考察とその適用に関する研究〜	1986年7月	日本建築学会計画系論文報告集 No.365 pp.113-126	五島利兵衛
サン・セルジュ教会堂のドーム状ヴォールトのフリーハンド施工に関する実験的研究〜ドーム状リブ・ヴォールトの施工法に関する研究〜	1988年1月	日本建築学会計画系論文報告集 No.383 pp.108-120	五島利兵衛
サン・セルジュ教会堂のドーム状ヴォールトの形態的特性の研究	1988年5月	日本建築学会計画系論文報告集 No.387 pp.154-169	五島利兵衛 飯田喜四郎
ケルン大聖堂内陣の平頭ヴォールトの実物大模型によるフリーハンド施工と施工法に関する研究	1989年2月	日本建築学会計画系論文報告集 No.396 pp.85-99	五島利兵衛
パルテノン神殿の設計手順	1990年5月	日本建築学会計画系論文報告集 No.411 pp.147-164	五島利兵衛
パッケのランス大聖堂西正面の設計基準線にみられる幾何学図形について	1997年8月	日本建築学会計画系論文報告集 No.498 pp.203-208	五島利兵衛 高柳伸一
煉瓦造アーチの製作実験〜フリーハンド応用工法によるトンネル・ヴォールトの施工法に関する研究〜	1999年5月	日本建築学会計画系論文報告集 No.519 pp.287-294	五島利兵衛 堀田雄一郎 青木伸浩
アーチ目地石灰モルタルの初期圧縮塑性強度に関する実験的考察〜フリーハンド応用工法によるトンネル・ヴォールトの施工に関する研究その2〜	2000年8月	日本建築学会計画系論文報告集 No.534 pp.277-284	青木伸浩 五島利兵衛 堀田雄一郎
ケルン大聖堂リブ・ヴォールトNo.90の幾何学的考察	2009年2月	日本建築学会計画系論文報告集 No.636 pp.471-477	木村暁彦 五島利兵衛
ESTIMATION OF ATRUCTURAL DESIGN TECNIQUE	1988年5月	DOMES from Antiquity to the Present: Minar Sinan University-Istanbul pp.131-138	五島利兵衛

Study on the connection between Double Squares and Catenary Mechanism at Panteon Dome	2009年5月27日～29日	APCS2009 Nagoya	Rihee Goshima, Hiroshi Ohmori, Nobuyuki Hagiwara, Nobuyuki Aoki
INVESTIGATION OF THE CROSS-SECTION OF THE PANTHEON DOME THROUGH CATENARY MECHANISM	2011年3月	March 2011 issue of the Journal of the International Association for Shell and Spatial Structures.	Rihee Goshima, Hiroshi Ohmori, Nobuyuki Hagiwara, Nobuyuki Aoki

大同工業大学紀要

ゴシック教会堂の成立について～西洋建築史研究（1）～	1976年5月	大同工業大学紀要第11・12巻 pp.82-88	五島利兵衛
ゴシックリブ論争について～西洋建築史研究（2）～	1978年3月	大同工業大学紀要第13巻 pp.81-89	五島利兵衛
ゴシック交差リブヴォールトのドーム起源について～西洋建築史研究（3）～	1979年3月	大同工業大学紀要第14巻 pp.93-99	五島利兵衛
ドーム状ヴォールトの幾何学的性状について～ゴシック建築研究（3）～	1980年11月	大同工業大学紀要第16巻 pp.61-73	五島利兵衛 佐藤達生
ゴシック交差リブヴォールトのドーム起源について（2）～ゴシック建築研究（4）～	1981年11月	大同工業大学紀要第17巻 pp.59-73	五島利兵衛
リブヴォールトにおける貫入リブの役割について～ゴシック建築研究（5）～	1982年11月	大同工業大学紀要第18巻 pp.95-106	五島利兵衛
ゴシック交差リブ・ヴォールトのドーム起源に関する諸問題～ゴシック建築研究（6）～	1983年11月	大同工業大学紀要第19巻 pp.107-125	五島利兵衛
リブ・ヴォールトの迫石の大きさ、形状、比重～ゴシック建築研究（8）～	1984年11月	大同工業大学紀要第20巻 pp.159-168	五島利兵衛
パンテオンの周壁求厚図法について～西洋建築史研究～	1985年11月	大同工業大学紀要第21巻 pp.179-188	五島利兵衛
アミアン大聖堂の設計法について～ゴシック建築に関する研究～	1986年11月	大同工業大学紀要第22巻 pp.183-194	五島利兵衛
就職指導に関する研究	1986年	大同工業大学紀要第22巻 pp.195-214	五島利兵衛 桑山忠
ゴシック大聖堂の設計法について～シャルトル、ランス、アミアンの場合～	1987年11月	大同工業大学紀要第23巻 pp.193-214	五島利兵衛
サン・セルジェ・ドーム状ヴォールトの形態特性～ドーム状リブヴォールトの設計施工法に関する研究～	1988年11月	大同工業大学紀要第24巻 pp.97-121	五島利兵衛
双正方形グリッド方式による基壇化・柱数決定法～ギリシア・ドリス式周柱神殿の設計法に関する研究～	1989年11月	大同工業大学紀要第25巻 pp.171-181	五島利兵衛
フリーハンド応用工法によるアーチの施工実験	1990年12月	大同工業大学紀要第26巻 pp.133-138	五島利兵衛

論文目録及び教材資料

題目	発行年月	掲載誌	著者
台湾・澎湖島三合院民家調査～1990年8月および12月の調査報告～	1991年11月	大同工業大学紀要第27巻pp.97-114	五島利兵衛 荘国備
レンガ造アーチの施工実験（2）～フリーハンド応用工法からの考察～	1992年12月	大同工業大学紀要第28巻 pp.85-102	五島利兵衛 堀田雄一郎
ランス大聖堂西正面の設計法について～ゴシック建築に関する研究～	1993年12月	大同工業大学紀要第29巻pp.237-243	五島利兵衛 青木伸浩 高柳伸一
レンガ造アーチの施工実験（3）～フリーハンド応用工法からの考察～		大同工業大学紀要第29巻pp.165-207	堀田雄一郎 青木伸浩 荘国備
瀬戸築窯工法の調査～1991年から1992年の調査～	1993年12月	大同工業大学紀要第29巻pp.209-236	五島利兵衛 青木伸浩
瀬戸築工法の調査（2）～1994年の調査～	1994年12月	大同工業大学紀要第30巻pp.181-202	五島利兵衛 青木伸浩
ロドリゴ・ジルの建築概要について	1994年12月	大同工業大学紀要第30巻pp.147-159	五島利兵衛 高柳伸一
レンガ造アーチの施工実験（4）～フリーハンド応用工法からの考察～	1994年12月	大同工業大学紀要第30巻pp.161-179	五島利兵衛 青木伸浩 堀田雄一郎
レンガ造アーチの施工実験（5）～フリーハンド応用工法からの考察～	1995年12月	大同工業大学紀要第31巻pp.113-163	五島利兵衛 青木伸浩 堀田雄一郎
ヨーロッパにおける木造建築についての考察	1995年12月	大同工業大学紀要第31巻 pp.99-103	五島利兵衛 佐藤尚樹
ロドリゴ・ジルの建築概要の研究～ロドリゴ・ジルの算術的法則に関する考察～	1995年12月	大同工業大学紀要第31巻pp.105-111	五島利兵衛 高柳伸一
ヨーロッパの木造建築に関する研究～スカンセン、構法についての考察～	1996年12月	大同工業大学紀要第32巻pp.121-127	五島利兵衛 佐藤尚樹
ロドリゴ・ヒル・デ・オンタニョンの建築概要に関する研究～塔に関する記述内容の考察～	1996年12月	大同工業大学紀要第32巻pp.129-135	五島利兵衛 高柳伸一
ケルン大聖堂のリブ・ヴォールトの複曲面形状と考察について（1）	1998年12月	大同工業大学紀要第34巻pp.161-166	山田一郎 五島利兵衛 青山裕昭
ケルン大聖堂のリブヴォールトの曲率と同大聖堂の断面、内陣平面との関係	1999年12月	大同工業大学紀要第35巻pp.157-164	山田一郎 五島利兵衛 青山裕昭 原田康次郎
ケルン大聖堂リブ・ヴォールトの解析	2000年12月	大同工業大学紀要第36巻pp.149-153	五島利兵衛 青山裕昭 原田康次郎
面密度カテナリーとパンテオン断面（1）	2001年12月	大同工業大学紀要第37巻pp.119-126	五島利兵衛 大森博司

論文題目	発行年月	掲載誌	著者
EXPERIMENT OF FREEhAND CONSTRUCTION OF DOMICAL VALULT	2001年12月	大同工業大学紀要第37巻 pp.115-117	五島利兵衛 青木伸浩
ケルン大聖堂におけるリブ・ヴォールトNo.90の幾何学的解析（2）	2001年12月	大同工業大学紀要第37巻 pp.127-137	山田一郎 五島利兵衛
グリッド・シンメトリーと「平面から立面を導く方法」の考察	2002年12月	大同工業大学紀要第38巻 pp.109-113	五島利兵衛
ドイツ・デュッセルドルフ聖サン・アントニウス教会堂におけるフリーハンド工法によるリブ・ヴォールト天井補修工事について	2002年12月	大同工業大学紀要第38巻 pp.115-122	山田一郎 五島利兵衛
岐阜県山岡町輿運橋（石造アーチ）に関する研究	2002年12月	大同工業大学紀要第38巻 pp.123-129	五島利兵衛 小澤優二
ハギア・ソフィアの平面の設計手順について	2003年12月	大同工業大学紀要第39巻 pp.87-90	五島利兵衛 加藤史郎
無理数とグリッド・シンメトリーに関する考察〜西洋建築史研究〜	2003年12月	大同工業大学紀要第39巻 pp.91-97	五島利兵衛
ケルン大聖堂におけるリブ・ヴォールトNo.90の幾何学的解析（3）	2003年12月	大同工業大学紀要第39巻 pp.99-106	五島利兵衛 山田一郎
The examination of the section of the Pantheon, Rome, as an empirical dynamics by the theory of catenary arch changing in mass density（面密度変化カテナリー理論による、古代ローマ・パンテオン断面の経験力学の考察）	2004年12月	大同工業大学紀要第40巻 pp.115-120	五島利兵衛 大森博司 青木伸浩
ドイツ・ストッツハイム・サンマーチン教会堂調査研究　ライン河流域のフリーハンド工法調査	2005年12月	大同工業大学紀要第41巻 pp.79-83	五島利兵衛
岐阜県・石造パゴダと石造アーチの調査報告	2005年12月	大同工業大学紀要第41巻 pp.85-90	五島利兵衛 山田貞
古代スリランカ・パゴダ図面	2005年12月	大同工業大学紀要第41巻 pp.91-98	五島利兵衛
輿運橋の移築に伴って判明した大正期の石造アーチの構築技術（1）	2006年12月	大同工業大学紀要第42巻 pp.57-71	五島利兵衛 小澤優二
ハギア・ソフィア大聖堂の平面、断面の幾何学的考察	2008年12月	大同工業大学紀要第44巻 pp.105-109	原　愛 五島利兵衛
東方正教会・キエフ聖ソフィア大聖堂を中心とした聖堂研究	2008年12月	大同工業大学紀要第44巻 pp.101-104	原　愛 五島利兵衛
ケルン大聖堂のデジタル建築空間化に関する研究	2008年12月	大同工業大学紀要第44巻 pp.111-115	木村暁彦 五島利兵衛
ウクライナにおける校倉造木造教会堂の内部空間	2009年12月	大同大学紀要第45巻 pp.65-71	シェフツォバ・ガリーナ 櫻井敏雄 五島利兵衛

ウクライナ木造教会堂のもう1つの起源研究（内部空間分析に基づく）	2009年12月	大同大学紀要第45巻	pp.73-77	シェフツォバ・ガリーナ 五島利兵衛
ケルン大聖堂の調査研究	2009年12月	大同大学紀要第45巻	pp.79-88	木村暁彦 五島利兵衛
インテリアデザイン専攻造形実習の授業開発の研究	2009年12月	大同大学紀要第45巻	pp.89-105	岡部昌子 五島利兵衛
東欧木造建築に関する歴史的考察	2009年12月	大同大学紀要第45巻	pp.107-110	原　愛 五島利兵衛

日本建築学会大会梗概集

英国ルネサンス建築家　サーベィヤーとアーキテクト	1970年9月	日本建築学会大会学術講演梗概集（関東）　pp.751-752	五島利兵衛
中世のSurveyorについて～英国建築職能史研究～	1973年10月	日本建築学会大会学術講演梗概集（東北）　pp.1419-1420	五島利兵衛
発生期のSurveyorとClerk～英国建築職能史研究～	1974年10月	日本建築学会大会学術講演梗概集（北陸）　pp.1463-1464	五島利兵衛
ViewerからSurveyorへ～英国建築職能史研究～	1975年10月	日本建築学会大会学術講演梗概集（関東）　pp.1403-1404	五島利兵衛
MasterとSurveyor～英国建築職能史研究～	1976年10月	日本建築学会大会学術講演梗概集（東海）　pp.1663-1664	五島利兵衛
IngeniatorとSurveyor～英国建築職能史研究～	1977年10月	日本建築学会大会学術講演梗概集（中国）　pp.1785-1786	五島利兵衛
Director,DevizorとSurveyor～英国建築職能史研究～	1978年10月	日本建築学会大会学術講演梗概集（北海道）　pp.1979-1980	五島利兵衛
アンジェ、サンセルジュ教会堂ヴォールト解析（2）	1981年9月	日本建築学会大会学術講演梗概集（九州）　pp.2133-2134	五島利兵衛
ドーム状ヴォールトの構造～ドーム状ヴォールトの研究（3）～	1982年10月	日本建築学会大会学術講演梗概集（東北）　pp.2537-2538	五島利兵衛
貫入リブについて～ドーム状ヴォールトの研究（4）～	1983年9月	日本建築学会大会学術講演梗概集（北陸）　pp.2767-2768	五島利兵衛
サン・セルジュ教会堂ヴォールト・パネルの迫石の大きさ～ドーム状ヴォールトの研究（5）～	1984年10月	日本建築学会大会学術講演梗概集（関東）　pp.2787-2788	五島利兵衛
パンテオン図法と中世のロドリゴ・ジルの作図法との類似性～西洋石造建築比例法に関する研究～	1985年10月	日本建築学会大会学術講演梗概集（東北）　pp.777-778	五島利兵衛
サン・セルジュ・ドーム状ヴォールト殻迫石積みフリーハンド工法実物大実験～ドーム状ヴォールトの研究（7）～	1986年8月	日本建築学会大会学術講演梗概集（北海道）　pp.653-654	五島利兵衛
サン・セルジュ・ドーム状ヴォールト殻迫石積みフリーハンド工法実物大実験　その2～ドーム状ヴォールトの研究（8）～	1987年10月	日本建築学会大会学術講演梗概集（近畿）　pp.975-976	五島利兵衛

題目	年月	掲載誌	著者
ヴィオレ・ル・デュックの伸縮せき板工法の実験的検討～平頭状ヴォールトのフリーハンド工法の実物大実験に関する研究～	1988年10月	日本建築学会大会学術講演梗概集（関東）　pp.877-878	五島利兵衛
パルテノン神殿の設計手順～堀内の平面グリッドからの幾何学的展開・グリッドの派生システム～	1989年10月	日本建築学会大会学術講演梗概集（九州）　pp.863-864	五島利兵衛
トンネル・ヴォールト施工法としてのフリーハンド応用工法の理論～フリーハンド応用工法に関する研究（1）～	1990年10月	日本建築学会大会学術講演梗概集	五島利兵衛
レンガ造アーチの施工実験～フリーハンド応用工法に関する研究（2）～	1990年10月	日本建築学会大会学術講演梗概集（中国）　pp.967-968	堀田雄一郎 五島利兵衛
レンガ造アーチの施工実験Ⅱ～フリーハンド応用工法に関する研究（3）～	1991年9月	日本建築学会大会学術講演梗概集（東北）　pp.1131-1132	五島利兵衛 堀田雄一郎
レンガ造アーチの施工実験Ⅱ～フリーハンド応用工法に関する研究（4）～	1991年9月	日本建築学会大会学術講演梗概集（東北）　pp.1133-1134	堀田雄一郎 五島利兵衛
瀬戸築窯工法の調査（3）	1994年9月	日本建築学会大会学術講演梗概集（東海）　pp.1499-1500	五島利兵衛 青木伸浩
フリーハンド応用工法によるアーチ製作実験の原理	1995年8月	日本建築学会大会学術講演梗概集（北海道）　pp.437-438	五島利兵衛 青木伸浩 堀田雄一郎
フリーハンド工法によるアーチ製作実験の原理（Ⅱ）	1995年8月	日本建築学会大会学術講演梗概集（北海道）　pp.439-440	佐藤尚樹 五島利兵衛 青木伸浩
フリーハンド工法によるアーチ製作実験の原理（Ⅲ）	1995年8月	日本建築学会大会学術講演梗概集（北海道）　pp.441-442	青木伸浩 五島利兵衛 堀田雄一郎
ロドリゴ・ジルの幾何学的作図法に関する考察（2）	1995年8月	日本建築学会大会学術講演梗概集（北海道）　pp.453-454	高柳伸一 五島利兵衛
フリーハンド応用工法によるアーチ製作実験の原理～アーチ施工法の原理に関する研究（アーチ破壊実験6）～	1996年9月	日本建築学会大会学術講演梗概集（近畿）　pp.407-408	五島利兵衛 青木伸浩 堀田雄一郎
フリーハンド応用工法によるアーチ製作実験の原理～アーチ施工法の原理に関する研究（アーチ破壊実験7）～	1996年9月	日本建築学会大会学術講演梗概集（近畿）　pp.409-410	土井政文 五島利兵衛 青木伸浩
ロドリゴ・ヒル・デ・オンタニョンの大聖堂平面の法則	1996年9月	日本建築学会大会学術講演梗概集（近畿）　pp.419-420	高柳伸一 五島利兵衛
フリーハンド応用工法によるアーチ製作実験の原理～アーチ施工法の原理に関する研究（アーチ破壊実験9）～	1997年9月	日本建築学会大会学術講演梗概集	五島利兵衛 青木伸浩 堀田雄一郎
フリーハンド応用工法によるアーチ製作実験の原理～アーチ施工法の原理に関する研究（アーチ破壊実験10）～	1997年9月	日本建築学会大会学術講演梗概集（関東）　pp.299-300	青木伸浩 五島利兵衛 堀田雄一郎

論文名	年月	掲載誌	著者
天井裏から見たケルン大聖堂のリブ・ヴォールトの複曲面形状（調査報告）〜リブ・ヴォールトの複曲面に関する研究（1）〜	1998年9月	日本建築学会大会学術講演梗概集（九州） pp.247-248	山田一郎 五島利兵衛 青山裕昭
複曲面リブ・ヴォールトの成立過程のモデル化〜リブ・ヴォールトの複曲面に関する研究（2）	1998年9月	日本建築学会大会学術講演梗概集（九州） pp.249-250	五島利兵衛 山田一郎 青山裕昭
天井裏から見たケルン大聖堂のリブ・ヴォールトの複曲面形状（調査報告2）〜リブ・ヴォールトの複曲面に関する研究（4）〜	1999年9月	日本建築学会大会学術講演梗概集（中国） pp.249-250	青山裕昭 五島利兵衛 山田一郎 原田康次郎
ケルン大聖堂のリブヴォールトの曲率と同大聖堂内陣の断面、平面の関係	1999年9月	日本建築学会大会学術講演梗概集（中国） pp.249-250	山田一郎 五島利兵衛 青山裕昭 原田康次郎
ケルン大聖堂のフライング・バットレス下の小円柱の役割について	1999年9月	日本建築学会大会学術講演梗概集（中国） pp.253-254	原田康次郎 五島利兵衛 山田一郎 青山裕昭
フリーハンド応用工法によるアーチ製作実験の原理〜アーチ施工法の原理に関する研究（アーチ破壊実験11）〜	1999年9月	日本建築学会大会学術講演梗概集（中国） pp.255-256	五島利兵衛 青木伸浩 堀田雄一郎
フリーハンド応用工法によるアーチ製作実験の原理〜アーチ施工法の原理に関する研究（アーチ破壊実験12）〜	1999年9月	日本建築学会大会学術講演梗概集（中国） pp.257-258	堀田雄一郎 五島利兵衛 青木伸浩
フリーハンド応用工法によるアーチ製作実験の原理〜アーチ施工法の原理に関する研究（アーチ破壊実験13）〜	1999年9月	日本建築学会大会学術講演梗概集（中国） pp.259-260	青木伸浩 五島利兵衛 堀田雄一郎
ケルン大聖堂リブ・ヴォールトの修復におけるフリーハンド工法について	2000年9月	日本建築学会大会学術講演梗概集（東北） pp.385-386	五島利兵衛 山田一郎 原田康次郎
第二次世界大戦で被災したケルン大聖堂のリブ・ヴォールトについて	2000年9月	日本建築学会大会学術講演梗概集（東北） pp.387-388	原田康次郎 五島利兵衛 山田一郎
ケルン大聖堂の修復工事について	2000年9月	日本建築学会大会学術講演梗概集（東北） pp.389-390	山田一郎 五島利兵衛 原田康次郎
ケルン大聖堂リブ・ヴォールトNo.90の幾何学的解析	2001年9月	日本建築学会大会学術講演梗概集（関東） pp.33-34	山田一郎 五島利兵衛
ケルン大聖堂リブ・ヴォールトの修復におけるフリーハンド工法について（2）	2001年9月	日本建築学会大会学術講演梗概集（関東） pp.35-36	五島利兵衛 山田一郎
サン・アントニウス教会堂の、フリーハンド工法によるリブ・ヴォールト改修工事（調査報告1）	2002年8月	日本建築学会大会学術講演梗概集（北陸） pp.55-56	五島利兵衛 山田一郎

題目	年月	出典	著者
サン・アントニウス教会堂の、フリーハンド工法によるリブ・ヴォールト改修工事（調査報告2）	2002年8月	日本建築学会大会学術講演梗概集（北陸） pp.57-58	山田一郎 五島利兵衛
アーヴァイラーとクサンテンの教会堂リブ・ヴォールト天井フリーハンド工法の調査報告	2003年9月	日本建築学会大会学術講演梗概集（東海） pp.505-506	五島利兵衛 山田一郎
ケルン大聖堂リブ・ヴォールトの調査フリーハンド工法の調査報告工法調査に関する研究	2004年8月	日本建築学会大会学術講演梗概集（北海道） pp.7-8	五島利兵衛 山田一郎
フリーハンド工法施工詳細に関する調査研究サン・マーチン教会堂の例	2004年8月	日本建築学会大会学術講演梗概集（北海道） pp.9-10	山田一郎 五島利兵衛
ドイツ、サン・マーチン教会堂のフリーハンド工法	2006年9月	日本建築学会大会学術講演梗概集（関東） pp.117-118	五島利兵衛
カタロニア・ヴォールトのフリーハンド工法について	2007年8月	日本建築学会大会学術講演梗概集（九州） pp.235-236	五島利兵衛 青木伸浩
ザンクト・アポステルンの天井裏調査	2009年8月	日本建築学会大会学術講演梗概集（東北） pp.79-80	五島利兵衛 青木伸浩 木村暁彦

日本建築学会研究報告（支部別集）

題目	年月	出典	著者
西洋建築史の方法と課題	1973年4月	日本建築学会東海支部研究報告集 pp.223-226	五島利兵衛
門下生制度〜英国建築職能史（1）〜	1973年4月	日本建築学会東海支部研究報告集 pp.227-230	五島利兵衛
自立営業の発生について〜英国建築職能史（2）〜	1973年4月	日本建築学会東海支部研究報告集 pp.231-234	五島利兵衛
近代建築教育運動〜英国建築職能史（3）〜	1973年4月	日本建築学会東海支部研究報告集 pp.235-238	五島利兵衛
発生期のSurveyorとCraftsman〜英国建築職能史研究〜	1974年2月	日本建築学会東海支部研究報告集 pp.213-216	五島利兵衛
建築におけるSheriffの役割〜英国建築職能史研究〜	1977年2月	日本建築学会東海支部研究報告集 pp.129-132	五島利兵衛
William of Wykehamについて〜英国建築職能史研究〜	1978年2月	日本建築学会東海支部研究報告集 pp.205-208	五島利兵衛
韓国の建築と日本建築の文化層	1979年2月	日本建築学会東海支部研究報告集 pp.229-232	五島利兵衛
双正方形作図法とパンテオンの形態	1985年2月	日本建築学会東海支部研究報告集 pp.501-504	五島利兵衛
16目正方形・双正方形作図法とランス大会堂断面形態	1985年2月	日本建築学会東海支部研究報告集 pp.505-508	五島利兵衛
サンタ・マリア・デル・フィオーレ大聖堂の形態〜正方形システムによる作図〜	1985年2月	日本建築学会東海支部研究報告集 pp.509-512	五島利兵衛 加藤史郎 河辺泰宏 日高健一郎 青木孝義

ケルン大聖堂の形態解析〜パンテオン図法の適用による解析的研究（1）〜	1986年2月	日本建築学会東海支部研究報告集 pp.461-464	五島利兵衛
ロマネスク・ゴシックの壁面構成に関する原理的考察〜西洋建築史研究（4）〜	1986年2月	日本建築学会東海支部研究報告集 pp.465-468	五島利兵衛
サン・セルジュ・ドーム状ヴォールトの形態解析〜ドーム状ヴォールトに関する研究（7）〜	1986年2月	日本建築学会東海支部研究報告集 pp.457-460	五島利兵衛
ロマネスク・ゴシックの支柱断面形状の論理性に関する一般的考察〜西洋建築史研究（5）〜	1986年2月	日本建築学会東海支部研究報告集 pp.469-472	五島利兵衛
西欧中世石造天井フリーハンド工法について〜西洋建築史研究〜	1987年2月	日本建築学会東海支部研究報告集 pp.501-504	五島利兵衛
リブ・ヴォールト腰積みの鋤状湾曲の発生理由について〜西洋建築史研究〜	1987年2月	日本建築学会東海支部研究報告集 pp.337-340	五島利兵衛
ゴシック・交差リブの発生と機能〜西洋建築史研究〜	1987年2月	日本建築学会東海支部研究報告集 pp.505-508	五島利兵衛
交差状ヴォールトの分解論の展開〜西洋建築史研究〜	1989年2月	日本建築学会東海支部研究報告集 pp.493-496	五島利兵衛
石灰モルタルの強度実験（1）〜レンガ造アーチの施工法に関する研究〜	1991年2月	日本建築学会東海支部研究報告集 pp.601-604	堀田雄一郎 五島利兵衛
石灰モルタルの強度実験（2）〜レンガ造アーチの施工法に関する研究〜	1991年2月	日本建築学会東海支部研究報告集 pp.605-608	堀田雄一郎 五島利兵衛

日本建築学会研究報告（支部別集）

台湾・澎湖島三合院民家調査〜その1.三合院のつくり方・荘欽華からの聞きとり調査（1）〜	1991年2月	日本建築学会東海支部研究報告集 pp.565-568	荘国備 五島利兵衛 野尻吉邦 堀田雄一郎
台湾・澎湖島三合院民家調査〜その1.三合院のつくり方・荘欽華からの聞きとり調査（2）〜	1991年2月	日本建築学会東海支部研究報告集 pp.569-572	荘国備 五島利兵衛 野尻吉邦 堀田雄一郎
台湾・澎湖島三合院民家調査〜その2.陳嶺宅	1991年2月	日本建築学会東海支部研究報告集 pp.573-576	荘国備 五島利兵衛 堀田雄一郎 野尻吉邦
台湾・澎湖島三合院民家調査〜その3.林財興宅・辛東啓宅・蔡有路宅	1992年2月	日本建築学会東海支部研究報告集 pp.641-644	荘国備 五島利兵衛 野尻吉邦
フリーハンド応用工法によるアーチ製作の原理〜フリーハンド応答工法のアーチ工法の原理の研究〜	1992年2月	日本建築学会東海支部研究報告集 pp.657-660	堀田雄一郎 五島利兵衛 青木伸浩
フリーハンド応用工法によるアーチ製作実験の原理〜アーチ施工法の原理に関する研究（アーチ破壊実験1）〜	1995年2月	日本建築学会東海支部研究報告集 pp.737-740	青木伸浩 五島利兵衛 堀田雄一郎

261

論文題目	年月	掲載誌	著者
フリーハンド応用工法によるアーチ製作実験の原理〜アーチ施工法の原理に関する研究（アーチ破壊実験2）〜	1995年2月	日本建築学会東海支部研究報告集 pp.741-744	五島利兵衛 青木伸浩 堀田雄一郎
瀬戸築窯工法の調査（5）〜1994年の調査、連房式登り窯の製作（1）〜	1995年2月	日本建築学会東海支部研究報告集 pp.745-748	青木伸浩 五島利兵衛
瀬戸築窯工法の調査（6）〜1994年の調査、連房式登り窯の製作（2）〜	1995年2月	日本建築学会東海支部研究報告集 pp.749-752	青木伸浩 五島利兵衛
フリーハンド応用工法によるアーチ製作実験の原理〜アーチ施工法の原理に関する研究（アーチ破壊実験3）〜	1996年2月	日本建築学会東海支部研究報告集 pp.841-844	青木伸浩 五島利兵衛 堀田雄一郎
フリーハンド応用工法によるアーチ製作実験の原理〜アーチ施工法の原理に関する研究（アーチ破壊実験4）〜	1996年2月	日本建築学会東海支部研究報告集 pp.845-848	青木伸浩 五島利兵衛 堀田雄一郎
フリーハンド応用工法によるアーチ製作実験の原理〜アーチ施工法の原理に関する研究（アーチ破壊実験5）〜	1996年2月	日本建築学会東海支部研究報告集 pp.849-852	五島利兵衛 青木伸浩 堀田雄一郎
瀬戸築窯工法によるアーチ製作実験の原理〜アーチ製作に関する研究（アーチ破壊実験1）〜	1996年2月	日本建築学会東海支部研究報告集 pp.853-856	青木伸浩 五島利兵衛
ロドリゴ・ヒルの幾何学的図法に関する考察（3）フランチェスコ・ディ・ジョルジオの作図法との類似性	1996年2月	日本建築学会東海支部研究報告集 pp.861-864	高柳伸一 五島利兵衛
ケルン大聖堂のリブ・ヴォールトの複曲面形状と考察について（2）	1999年2月	日本建築学会東海支部研究報告集 pp.925-928	山田一郎 五島利兵衛
正方形空間システムによる架構法の原理的考察〜西洋建築史研究（1）〜	1985年度	日本建築学会関東支部研究報告集 pp.229-232	五島利兵衛
アーチ・ヴォールトの分蓋型式に関する一般的考察〜西洋建築史研究（2）〜	1985年度	日本建築学会関東支部研究報告集 pp.233-236	五島利兵衛
アーチ・ヴォールトの六分蓋とアーチ尖頭化に関する考察〜西洋建築史研究（3）〜	1985年度	日本建築学会関東支部研究報告集 pp.237-240	五島利兵衛
シャルトル大聖堂の形態解析〜パンテオン図法の適用による解析的研究（3）〜	1986年度	日本建築学会関東支部研究報告集 pp.113-116	五島利兵衛

日本建築学会研究報告（支部別集）

論文題目	年月	掲載誌	著者
ランス大聖堂の形態解析〜パンテオン図法の適用による解析的研究（4）〜	1986年度	日本建築学会関東支部研究報告集 pp.117-120	五島利兵衛
アミアン大聖堂の形態解析〜パンテオン図法の適用による解析的研究（5）〜	1986年度	日本建築学会関東支部研究報告集 pp.121-124	五島利兵衛
フリーハンド工法の原理（その1）〜西洋建築史研究〜	1987年度	日本建築学会関東支部研究報告集 pp.273-276	五島利兵衛
フリーハンド工法の原理（その2）〜西洋建築史研究〜	1987年度	日本建築学会関東支部研究報告集 pp.277-280	五島利兵衛

フリーハンド工法の原理（その3）〜西洋建築史研究〜	1987年度	日本建築学会関東支部研究報告集 pp.281-284	五島利兵衛
サン・セルジュ・ドーム状ヴォールト・パネル施工の実物模型制作による検討〜ドーム状ヴォールトの研究（6）〜	1985年6月	日本建築学会北陸支部研究講演梗概集 pp.237-240	五島利兵衛
サラマンカ大聖堂の形態解析〜パンテオン図法の適用による解析的研究（6）〜	1986年6月	日本建築学会北陸支部研究講演梗概集 pp.385-388	五島利兵衛
双正方形グリッド図法による基壇化・柱数決定法〜ドリス式周柱神殿の設計法に関する研究〜	1989年6月	日本建築学会北陸支部研究講演梗概集 pp.345-348	五島利兵衛
フリーハンド応用工法について〜レンガ造アーチの施工実験〜	1990年7月	日本建築学会北陸支部研究報告集 pp.301-304	五島利兵衛
喜界島民家──政倉玄一郎宅	1975年2月	日本建築学会中国・九州支部研究報告集 pp.333-336	五島利兵衛
Keepero of the Workについて〜英国建築職能史研究〜	1975年2月	日本建築学会中国・九州支部研究報告集 pp.393-396	五島利兵衛
九・九正方形格子システムによるパルテノン神殿の作図〜西洋建築史研究〜	1985年5月	日本建築学会近畿支部研究報告集 pp.857-860	五島利兵衛
ミラノ大聖堂の形態解析〜パンテオン図法の適用による解析的研究（2）〜	1986年度	日本建築学会近畿支部研究報告集 pp.749-752	五島利兵衛

訳本、著作、寄稿など

フランク・ジェンキンズ著「建築家とパトロン」（Architect and Patron）〜16世紀から現代までの建築家の職能と実務の歴史〜	1976年	鹿島出版会	佐藤彰 五島利兵衛
名古屋市役所〜東海の名建築、大正・昭和前編〜	1980年6月	中日新聞	五島利兵衛
東海の近代建築	1981年	中日新聞	日本建築学会東海支部歴史意匠委員会編
パルテノン神殿の設計手順について	1989年3月	科研「地中海建築の設計法の研究」（研究代表者堀内清治）	五島利兵衛
古代ローマと西欧中世のアーチ工法に関する実験的研究	1988年	「オジーブ」（飯田喜四郎退官記念論文集）	五島利兵衛

学位論文

ゴシック・リブヴォールトに関する研究〜施工法からの考察〜	1987年10月	私家版	五島利兵衛

教材展示パネル

パルテノン神殿　グリッド・シンメトリーにより平面と立面の設計手順を明らかにする	2002年	教材展示用B0版	五島利兵衛

古代ローマ、パンテオン　古来、職業秘密とされた双正方形による作図法を明らかにする	2002年	教材展示用B0版	五島利兵衛
手作りアーチの実験　現在のドームの出発点・古代ローマのアーチ技術を木造模型で体験	2002年	教材展示用B0版	五島利兵衛
ケルン大聖堂　西欧精神の故郷・ゴシック建築の石造技術を明らかにする	2003年	教材展示用B0版	五島利兵衛
フリーハンド工法　石造建築で最も困難な石造天井を型枠なしで造る工法を明らかにする	2003年	教材展示用B0版	五島利兵衛
ラインポストに掲載　2003年ドイツ・クサンテン石造天井調査が新聞に掲載	2003年	教材展示用B0版	五島利兵衛
粘土造形による手造り実習　粘土に触れながら学ぶ建築模型の進め方	2003年	教材展示用B0版	五島利兵衛

教材用実験アーチ

実験実習用木製アーチの製作：スパン2mを積み上げ壊す（解体移動可能）（日本建築学会全国近畿大会2005年「特色ある建築教育」に出展） （本書163頁に「添付資料　軟らかいアーチの実験実習」として掲載）	2003年	実験実習教材	五島利兵衛 加藤史郎

あとがき

　私が学生であった昭和40年代は、未来学が盛んで、ばら色の未来像が描かれた時代であった。大阪万博でのパビリオン群に未来を実感した。コンピューターの出現は驚異的で、霞が関の超高層建築が話題になった。大学は成長のための混乱期で大学の一人ひとりが判断力や分析力が研ぎ澄まされた。しかし、自分はこれをやりたいと言うものはなかった。

　西欧石造天井の研究のきっかけは大学院生時代で、恩師・飯田喜四郎教授の講義を拝聴した時である。「リブヴォールトのルーツは解明されていない」という言葉は衝撃的であった。まだ右も左も分からない状況下であったが、問題や課題に対して果敢に挑む気持ちが芽生えた。ヴィオレ・ル・デュックの言う伸縮せき板工法を信じた。歴史的解釈に目を向け、間もなくリブヴォールトは、ドームと交差ヴォールトとの間を揺れ動くフリーハンド工法の複曲面構造であると感じとった。そしてドームをルーツとし、交差ヴォールトに向って変化発展する過程を論文化したのは、29歳、鹿児島大学に助手として赴任した時期である。この時の論文は大同工業大学紀要第11、12巻（1976年5月）「ゴシック教会堂の成立について」として掲載した。本書第2章はその考察を基に加筆した。

　30歳、大同工業大学に赴任したときからドーム・ルーツ説とフリーハンド工法について本格的研究のスタートを切った。以来ほぼ10年間隔で、文献考察、実験実証、調査活動を進めてきた。35年間一貫したテーマで、大きな岩を少しずつ砕くように進んできた。

　ゴシック建築リブヴォールトの石造天井の成立は施工法の解明に依存している。その石造天井の施工は実際に人の力で行われたものであるから、過去、現在、東西の如何を問わず人の力でできなければならない。石の大きさや形、石層のアーチ形状や工法のあり方など文献的考察の中で明らかにし、実物大での実験に挑戦した。そのための装置や実物大の伸縮せき板を作成した。この実験に関しては大同工業大学は立地条件に恵まれていた。工業地帯の中にあり、製

鉄所、鉄工所や型板を作る工場や技術者がすぐ近くにいたことである。特に葵工業所には感謝する次第である。また実験には恩師・飯田喜四郎教授に一度ならず立ち会って頂いた。学恩に深謝する次第である。その成果は、本書の第1章及び第3〜6章にまとめた。

　40代後半に私学振興財団の助成で海外へ1年間研修留学し、留学先のアーヘン工科大学滞在中にケルン大聖堂に初めて対面した。ドイツ・ケルンの地は、ゴシック建築の最高峰があるだけでなく、19世紀20年代、フリーハンド工法を提唱したラッソーゆかりの地である。この時はヨーロッパ一円の建築を回ることを優先し、再度ゆっくり時間を取って屋根裏に上ることを誓ってケルンを後にした。

　研修留学から3年後、再度、1ヶ月間の研修でケルンを訪れ、この時、アーヘン工科大学ヤンセン教授のお世話で予約し、ケルン大聖堂の屋根裏に上った。待ち望んでいたものとようやく対面した。日本国内で事前の実験や考察で既知の複曲面の形態を目の当たりにした。そのときの感動は今も忘れない。それ以来、現在までケルン大聖堂管理事務所との交流を続け、特にトーマス・シューマッハー博士 Dr. Thomas Shumacher から微に入り細にいり助言や指導を仰いだ。深く感謝する次第である。

　以降、科研費や私費で毎年のように訪れ、ライン河沿岸やケルン大聖堂の隅々まで見学し調査した。新しい発見が次々と得られた。なかでも、第2次世界大戦で被災した教会堂の修復工事がいまだに続いており、それも昔ながらのフリーハンド工法で施工されていたことである。直ちにその現場に赴き、その施工の実際をつぶさに観察、映像としても記録した。これがデュッセルドルフのサン・アントニウス教会堂で本書に掲載したものである。

　調査活動をさらに広げ、19世紀の王室建築家ラッソーがフリーハンド工法を提唱するきっかけとなったアーヴァイラーの教会堂の屋根裏を始め、ライン河流域の多くの教会堂の屋根裏に上り、観察調査した。また、2006年のケルン大聖堂南袖廊飛梁取替え工事を調べることができたことも大きな成果である。

　リブヴォールト石造天井施工法とルーツ解明の本格的研究から35年を経て60代半ばようやく目的が達成されたと思う。一貫して施工法の解明に心身を捧げ、懸命に努力した姿勢によってもたらされたものである。

あとがき

　ブロイヤー・ファームがアルバムをくれたこともこちらから要請したわけではなく、現場を訪れ同ファームの人に会い、研究の目的や姿勢を評価してくれた結果である。

　内陣天井No.90の詳細な実測図を提供（版権は実測者）してくれたマーレン・ループニッツ女史Mr. Maren Lupnitzも私のひたむきな研究姿勢を評価し、お土産でくれたものであった。実測者本人から多くの知見を得ることができたことも大きな成果である。そして何よりも飛梁取替えに関する構造計算書の提供は長年ケルン大聖堂管理事務所と交流してきた成果のお蔭である。これらは本書に収録させて頂いた。

　なお私の論文が単行書になることができたのは、大同大学（2009年4月、大同工業大学より校名変更）特任教員期間の2年目の春、中央公論美術出版から書簡で勧められ、そして幸いに「研究成果促進費」の交付を受けられたことによる。本書を世に送り出す契機を作ってくださったことに感謝する次第である。

　本書は、これまでの論文を元として、その後の調査研究成果を入れて充実加筆した。この作業は思いの他、作業と時間を要した。この作業には卒業生の堀田雄一郎氏、中島恵子氏、妻・邦代、娘・郁、秀樹、秀志など多くの方々の手伝いと協力を得た。謝意を表する。

　2011年5月2日不慮の交通事故で他界した故青木伸浩氏にはこの場を借りて冥福を祈る。青木氏は初期モルタル塑性強度をテーマに取り上げ、数多くの実験を精力的に行い、型枠を取り付けたままのアーチに対してフリーハンド応用工法による締め固めが極めて有効であることを実証し、2009年博士の学位を取得した。その研究成果は高く評価される。

　本書の企画から印刷・校正・刊行に至るまで骨の折れる面倒な事業を快く引き受けられた中央公論美術出版前代表取締役社長の小菅氏、代表取締役社長の日野啓一氏、編集部鈴木拓士氏の関係者の方々に心からお礼申し上げる。

　　　平成29年6月23日

　　　　　　　　　　　　　　　　　　　　　　　　　五島 利兵衛

著者略歴

五島 利兵衛（ごしま・りへえ）
　昭和20年（1945）福井県に生まれる
　昭和38年（1963）福井県立丹生高等学校卒業
　昭和48年（1973）名古屋大学大学院博士課程満了
　昭和50年（1975）大同工業大学に奉職
　平成24年（2012）大同大学特任教員経て退職
　大同大学名誉教授・工学博士

ゴシック建築　リブヴォールトのルーツ ©

平成二十九年 十月二十日印刷
平成二十九年 十一月十日発行

著　者　五島 利兵衛
発行者　日野 啓一
印　刷　藤原印刷株式会社
製　本　松岳社

中央公論美術出版
東京都千代田区神田神保町一‐一〇‐一　IVYビル6階
電話〇三‐五五七七‐四七九七

製函　株式会社加藤製函所

ISBN978-4-8055-0794-0